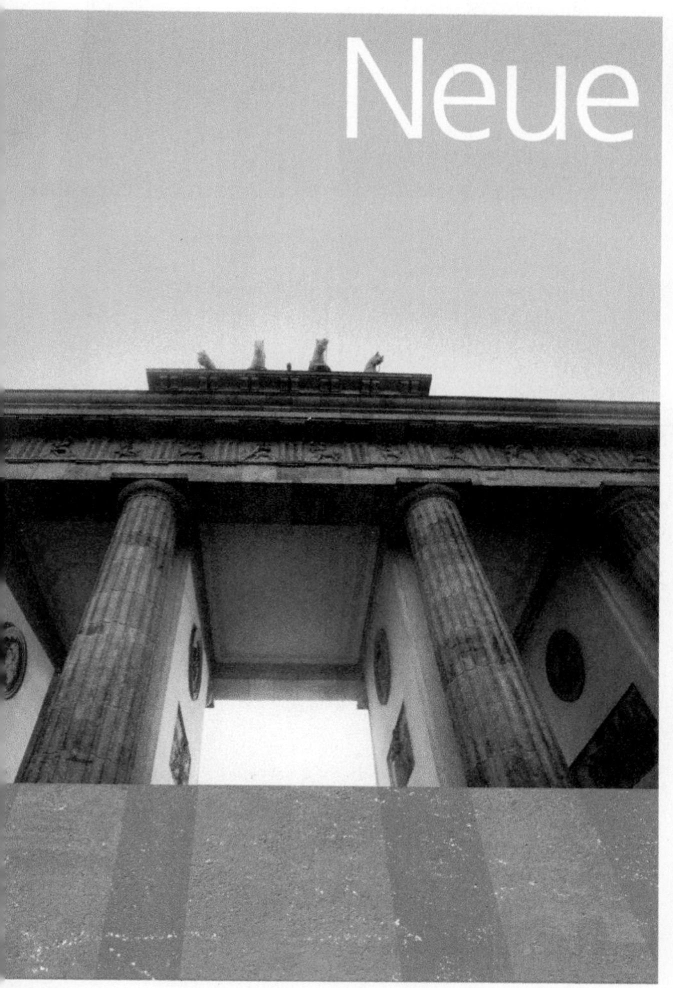

Neue Blickwinkel:

Wege zur Kommunikation und Kultur

Cynthia Chalupa
Heiko ter Haseborg

www.waysidepublishing.com

Printed in USA

ISBN 978-1-877-653-19-3 (hard cover)
ISBN 978-1-938-026-00-3 (soft cover)

INHALTSVERZEICHNIS

INHALTSVERZEICHNIS

KAPITEL

1

JUNGES LEBEN IN DEUTSCHLAND

Kapitel 1: Junges Leben in Deutschland

- Diese Bilder zeigen wichtige Stationen im Leben von jungen Menschen in Deutschland.
- Welche Stationen und Ereignisse stellen die Bilder dar?
- Sind diese Stationen und Ereignisse auch wichtig in den USA?
- Was denken Sie: Wie unterscheidet sich im Allgemeinen das junge Leben in Deutschland vom jungen Leben in den USA und in anderen Ländern?

DER ERSTE SCHULTAG!

Das sind unsere Schultüten!

- Schauen Sie sich die Bilder auf der vorigen Seite an. Was denken Sie: Was passiert am ersten Schultag eines deutschen Schülers/einer deutschen Schülerin?
- Besprechen Sie Ihre Ideen mit einem Partner/einer PartnerIn. Gibt es Ähnlichkeiten zwischen Ihren Erfahrungen und denen des Partners/der PartnerIn?
- Vergleichen Sie Ihre Erfahrungen mit denen der deutschen Schüler. Welche Unterschiede/Ähnlichkeiten gibt es?

So war es 1948 in Berlin!
Welche Traditionen gehörten damals zur Einschulung in Deutschland?

NEUE VOKABELN

das Bilderbuch
der Bonbon
die Einschulung
der Schultag
die Grundschule
die Hausaufgabe
das Interesse
der Junge
das Kind
die Kindheit
die Kinderkrippe
der Kindergarten
der Lehrer, –
die Lehrerin, –nen
das Mädchen
die Schokolade
der Schüler
die Schülerin
die Schulaufgabe
der Schulbus
die Schule
das Schulfoto
der Schulranzen
die Schultüte
das Spielzeug
die Süßigkeit
die Zuckertüte

...EREN UND ...EN:
Der erste Schultag

Lesen Sie folgenden Text zum ersten Schultag eines deutschen Kindes. Welche Ähnlichkeiten und Unterschiede sehen Sie?

NEUE VOKABELN

entgegenfiebern
das Ereignis
die Erinnerung
die Freude
der Leckerschmecker
die Leidenschaft
der Schmetterling
der Schulhof
die Träne
überrascht

FRAGEN ZUM TEXT

1. Wie wichtig war der erste Schultag für Detlev Jöcker?
2. Was meint er mit dem Wort "fieberte"?
3. Welche Fragen stellte er sich über die Schule?
4. Warum freute er sich über die Schültüte?
5. Warum war er enttäuscht, als er die Schultüte bekam?
6. Wen sah Detlev Jöcker, als er im Schulhof ankam? Was hatte diese Person?
7. Was bekam Detlev Jöcker an seinem ersten Schultag geschenkt?

Detlev Jöcker ist Spielliedpädagoge und Musikproduzent. Er gilt als der derzeit erfolgreichste Kinderliedermacher Deutschlands. Den Schulanfang hat er besungen auf seiner CD "Mile male mule, ich gehe in die Schule"(2004), für die er am 18. August im Rahmen der ARD-Sendung "Immer wieder sonntags" eine Goldene Schallplatte erhält. Seine Kinderlieder vertreibt er im eigenen "Menschenkinder Verlag". Zurzeit ist er mit seiner "Singemaus-Tour" unterwegs. Jöcker lebt im westfälischen Münster und ist Vater von vier Kindern.

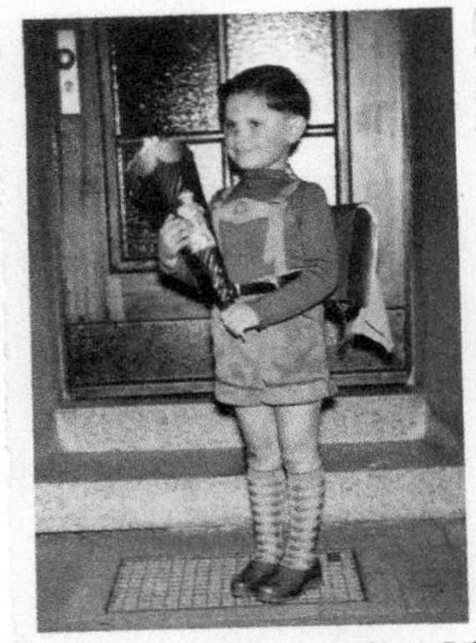
Detlev Jöcker als Schulkind.

Detlev Jöcker: Mein süßer erster Schultag

Es gab bestimmte Erlebnisse in meiner Kindheit, die mir bis heute intensiv in Erinnerung geblieben sind. Zu diesen besonderen Ereignissen gehört auch mein erster Schultag: Schon Wochen vorher fieberte ich dem großen Tag entgegen. Ich konnte es kaum erwarten. Wird die Lehrerin nett sein? Finde ich auch Freunde in der Klasse? Aber besonders doll freute ich mich auf die Schultüte, denn ich war als Kind ein Leckerschmecker, dessen Leidenschaft darin bestand, Drops, Eis und Schokolade nach Möglichkeit in vollen Zügen zu genießen. Meine Mutter achtete aber sehr darauf, dass sich mein Verzehr von Süßigkeiten in Grenzen hielt. So verband ich den ersten Schultag mit der Vorstellung, dass ich mit einer großen Schultüte, vollgepackt mit Süßigkeiten, das Schulgebäude beträte. Nur gut, dass meine Eltern mit zur Einschulung gehen würden, um notfalls beim Tragen helfen zu können. Endlich war es soweit, ich wurde eingeschult. Was für eine Freude. Als mir meine Mutter meine Schultüte in den Arm legte, spannte ich alle Muskeln an, um die vollgepackte Tüte auch tragen zu können. Aber was spürte ich da? Die Schultüte war leicht wie ein Schmetterling. Meine Mutter musste lachen, als sie mein verdutztes Gesicht sah. Ich öffnete die Tüte und sah... nur zusammengeknülltes Papier. Wo waren die erhofften Süßigkeiten? Da lachte meine Mutter noch lauter und nahm mich ganz schnell in den Arm, weil sich meine Augen schon mit Tränen füllten.

"So", sagte sie, "bevor du traurig wirst, erzähle ich dir, warum deine Schultüte noch leer ist. Der Papa hat gestern Abend den Karton, in dem sich die Sachen für deine Tüte befinden im Auto vergessen. Heute morgen ist er einkaufen gefahren. Aber keine Sorge, er wird gleich mit dem Auto zur Schule kommen. Dann werden wir dort deine Schultüte auffüllen. Puh, da war ich aber froh. Tatsächlich stand der Papa mit seinem Auto vor dem Schulhof und hielt einen Karton unter seinem Arm. Meine Mama füllte dann den Inhalt in meine Schultüte. Aber da gab es nicht nur Süßigkeiten, sondern auch viele andere kleinere Geschenke. Ich war nur froh, dass ich mit einer gefüllten Schultüte meinen ersten Schultag feiern konnte. Als ich später alles auspackte, freute ich mich so sehr über die schönen Dinge, dass ich die Süßigkeiten fast vergaß.

SPRACHFUNDAMENT 1: Über die Vergangenheit reden – Das Perfekt

Wie spricht und schreibt man über die Vergangenheit? Sie haben schon zwei Formen gelernt, die Sie jetzt wiederholen werden: **das Perfekt und das Präteritum. Das Perfekt** ist eine Form, die man verwendet, wenn man spricht und in informellen Schreiben, wie E-mails, SMS, Briefen, usw.

Wie bildet man das Perfekt?

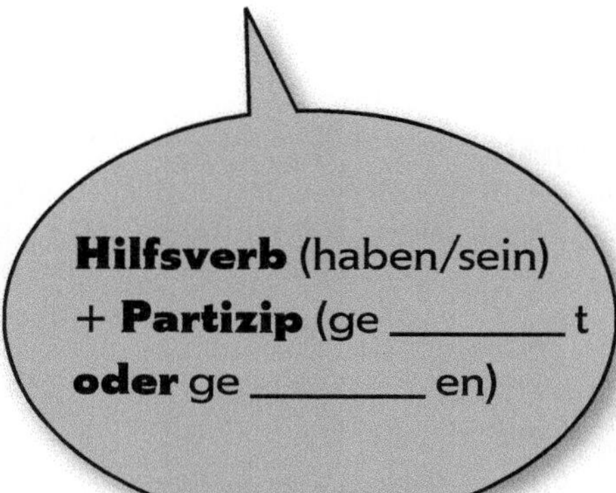

DAS PERFEKT	Was	Wie
Regelmäßige Verben	Verben, deren Partizip auf **–t** endet. Die Stammform ändert sich NICHT vom **Infinitiv**.	**tanzen** → Ich habe **getanzt.** **reisen** → Ich bin **gereist.**
Unregelmäßige Verben	Verben, deren Partizip auf **–en** endet. Die Stammform ändert sich manchmal vom **Infinitiv**.	**sehen** → Ich habe **gesehen.** **gehen** → Ich bin **gegangen.**
Mischverben	Verbe, dessen Partizip auf **–t** endet. Die Stammform ändert sich vom **Infinitiv**.	**denken** → Ich habe **gedacht.** **kennen** → Ich habe **gekannt.** **können** → Ich habe Englisch noch nicht **gekonnt.**
Doppelte Infinitive	Verben, die kein **Partizip** haben, sondern einen doppelten Infinitiv am Ende des Satzes. Das Hilfsverb passt zum zweiten Verb. *** Modalverben und Konstruktionen mit "lassen" sind die häufigsten doppelten Infinitive im Perfekt.	**können** → Ich habe viel Eis essen **können** **lassen** → Ich habe meine Kleidung überall **liegen lassen.**

Tipps:

- Verben die mit einem Präfix beginnen und auf –ieren enden brauche –ge im Partizip nicht.
- Die Partizipien müssen auswendig gelernt werden. Am besten lernt man sowohl die Perfekt- als auch die Präteritumformen sofort, wenn man ein neues Verb lernt.

Foto: M. Muecke (www.kankuna.de)

HILFSVERB	Wann
haben	• mit transitiven Verben • wenn es keine Änderung des Zustands gibt **Beispiele:** Ich **habe** einen Film gesehen. **(Transitiv)** Ich **habe** lange geschlafen. **(keine Zustandsänderung)**
sein	**Beispiele:** Ich **bin** gestern früh ins Bett gegangen. **(Intransitiv)** Ich **bin** erst um 8.00 Uhr aufgestanden. **(Zustandsänderung)**

PERFEKT

Aktivität 1: Die schöne Kindheit!

Astrid und Mark wohnten als Kinder im gleichen Stadtteil in Bremen und waren oft zusammen. Sie erinnern sich an die einfachen Tage der Kindheit. Ergänzen Sie ihre Sätze mit den passenden **Hilfsverben**.

Wir ________________ ein sehr schönes und unkompliziertes Leben geführt.

Wir ________________ am Wochenende immer lange geschlafen und ________________ erst relativ spät aufgestanden. Wir ________________ viele Süßigkeiten gegessen und ________________ bis spät am Abend draußen geblieben und ________________ Fußball gespielt. Danach ________________ wir lange am Computer gesessen. Wir ________________ Nachrichten geschickt und ________________ erst spät ins Bett gestiegen. Ach ja, wenn das Leben nur so schön und unkompliziert bleiben könnte!

Aktivität 2: Ein Gespräch über die Kindheit.

Astrid und Mark reden über ihre Erinnerungen an die Schulzeit. Ergänzen Sie den Dialog mit den passenden Verben im **Perfekt** und ihren Hilfsverben.

sein	*haben*	*brauchen*	*werden*	*leben*
wohnen	*denken*	*kommen*	*weinen*	*sagen*
gehen	*verlassen*	*finden*	*heißen*	

Astrid: Mark, erinnerst du dich daran, als wir in der Beinsteinerstraße ________________ ________? Du ________________ mit deiner Familie in einer schönen Wohnung zwei Häuser weiter von us ________________.

Mark: Ja, klar! weißt du noch, als wir in die Schule ________________ ________? Du ________________ so viel Angst ________________. Du ________________ ________, als deine Mutter "Tschüss" ________________ ________ und nach Hause ________________ ________. Du ________________ eine Weile ________________, bist du wieder ruhig ________________ ________.

Astrid: Ach ja, wie peinlich! Ich ________________ ________, dass sie mich für immer ________________ ________. Nach zwei Tagen ________________ ich die Schule natürlich ganz toll ________________.

Mark: Wie ________________ die Schule nochmal ________________?

Astrid: Das ________________ doch die *Silcher Grundschule* ________________.

Mark: Ja, ja. Die *Silcher Grundschule*.... wie lustig!

Aktivität 3: Ein Gespräch

Mark erzählt Astrid, was er und seine Brüder als Kinder immer gern gemacht haben. Ergänzen Sie den Text mit den passenden Verbformen im **Perfekt**.

Als kleine Jungen ________________ wir immer gern Fußball ________________ *(spielen)*. Wir ________________ jeden Samstag die Spiele im Fernsehen ________________ *(sehen)*. Ich ________________ natürlich meine Lieblingsspieler ________________ *(haben)* und meine Brüder ________________ andere Sportler toll ________________ *(finden)*. Meine Lieblinsposition in der Mannscahft ________________ immer Stürmer ________________. Der Stürmer ________________ immer sehr schnell ________________ *(rennen)* und ________________ viele Tore ________________ *(schießen)*. Nach den Spielen im Fernsehen ________________ wir immer nach draußen ________________ *(gehen)* und ________________ unsere eigenen Spiele mit Freunden ________________ *(organisieren)*. Wir ________________ dann durch die Straßen ________________ *(laufen)* und ________________ vor lauter Glück ________________ *(schreien)*.

Aktivität 4: Meine Autobiographie

Stellen Sie sich vor, Sie bekommen eine E-mail von einem Freund/einer Freundin in Deutschland, der/die viele Fragen über Ihre Kindheit gestellt hat. Sie schreiben zurück und erzählen von Ihrer Kindheit und Ihren Erinnerungen an die Schulzeit. Denken Sie an die folgenden Punkte und verwenden Sie das Perfekt. Denken Sie daran, wie Sie eine E-mail beginnen und beenden!

Beispiel: Ich habe sechs Jahre in Kalifornien gelebt.

- *wo leben*
- *wohin zur Grundschule gehen*
- *worauf Sie sich freuen*
- *welche Fächer Sie gern lernen....*
- *was Sie nach der Schule machen*
- *was Sie gern am Wochenende machen*
- *ob Sie (nicht) gern in die Schule gehen....*

________________ (Stadt), Datum

Lieber ________________, Liebe ________________

____

____

____

____

____

____

____

____

____

Mit freundlichen Grüßen

____

SPRACHFUNDAMENT 2:
Von der Vergangenheit erzählen – Das Präteritum

DAS PRÄTERITUM	Was	Wie
Eine Form, die man verwendet in formellen Schreiben und auch in informellen Schreiben, wie E-mails, SMS, Briefen, usw. Manche Formen werden auch im Sprechen verwendet, z.B., fand, gab, hatte, war, usw.		
Regelmäßige Verben	Verb, dessen Partizip auf **–t** endet. Die Stammform änder sich NICHT vom **Infinitiv**.	**Stamm** (ohne Stammvokaländerung) + **te** **tanzen → tanzte** **reisen → reiste**
Unregelmäßige Verben	Verb, dessen Partizip auf **–en** endet. Die Stammform ändert sich manchmal vom **Infinitiv**.	**Stamm** (mit Stammvokaländerung) + **keine Endung** **sehen → sah** **gehen → ging**
Mischverben	Verbe, dessen Partizip auf **–t** endet. Die Stammform ändert sich vom **Infinitiv**.	**Stamm** (mit Stammvokaländerung) + **te** **denken → dachte** **kennen → kannte**

Aktivität 1: Auf dem Campingplatz!

Astrid erinnert sich an einen Klassenausflug zum Campingplatz in der 5. Klasse und schreibt einer Freundin darüber. Wie sehen ihre Sätze im **Imperfekt** aus?

1. Wir haben uns um 17.00 am Parkplatz vor dem Rathaus getroffen.

____

2. Wir sind dann zwei Stunden bis zum Campingplatz im Wald gefahren.

____

3. Zuerst haben wir die Zelte aufgebaut.

____

4. Dann haben wir ein Lagerfeuer gemacht.

____

5. Ich habe Nudeln mit Tomatensoße zum Abendessen gekocht.

____

6. Wir haben nach dem Essen noch lange gesessen und Lieder gesungen.

____

7. Wir sind gegen Mitternacht ins Bett gegangen.

____

8. Ich bin sofort eingeschlafen und bin erst um 8:00 wieder aufgestanden.

____

9. Wir sind am nächsten Tag gewandert und manche haben auch geangelt.

____

10. Leider am Sonntag schon sind wir wieder in den Bus gestiegen und nach Hause gekehrt.

____

Aktivität 2: Ein Klassenausflug

Astrid und Mark reden über einen Klassensausflug, den sie in der 7. Klasse gemacht haben.Ergänzen Sie den Text mit den passenden Verben im **Präteritum**.

fahren	*machen*	*sein*	*sehen*	*fotografieren*	*gehen*
besichtigen	*ankommen*	*reden*	*stehen*	*trinken*	*essen*

In der siebten Klasse ______________ wir eine Reise nach Paris mit unserer Französisch klasse. Das ______________ eine tolle Erfahrung! Als wir in Paris ______________, ______________ wir in ein schönes Cafe und ______________ dort Croissants und ______________ Café au Lait. Dann ______________ mit dem Reisebus zum Eiffelturm. Viele von uns ______________ die Straßenkünstler, die an fast jeder Ecke ______________. Danach ______________ wir die Kathedrale Notre Dame. Das ist ein imposantes Bauwerk. Abends ______________ meistens Filme oder mit einander in unseren Zimmern. Diesen Klassenausflug werde ich nie vergessen!

SPRACHFUNDAMENT 3:
Wann ist das passiert? Als, wenn, wann

Mit den Konjunktionen **als**, **wenn**, **wann** kann man Ereignisse und Umstände in der Vergangenheit beschreiben. Sie werden in verschiedenen Zuzammenhängen verwendet und unterscheiden sich in der Bedeutung wie folgt:

	Was	Wie
ALS	"Als" bezieht sich auf ein Ereignis, das einmal in der Vergangenheit passiert ist. **(Als ich ein Kind war, aß ich nicht gern Spinat.)**	
WENN	"Wenn" bezieht sich auf ein Ereignis, das mehr als einmal passiert ist. **(Jedesmal wenn es regnete, spielte ich Computerspiele.)**	
WANN	"Wann" bezieht sich auf eine Uhrzeit oder ein Datum. **(Ich weiß noch, wann ich ins Bett musste)**	

ALS, WENN, WANN

Aktivität 1: Können Sie sich daran erinnern?

Bei einem Klassentreffen spricht Astrid mit ihrer Freundin Claudia über die guten, alten Zeiten. Ergänzen Sie den Text mit **als**, **wenn**, oder **wann**.

Astrid: Ich werde nie vergessen, ______________________ wir in der 10. Klasse waren. Unser Mathelehrer ... wie hieß er?

Claudia: Ach ja, Herr Hendriks! ______________________ er in das Klassenzimmer kam, lief er immer sofort zur Tafel und fing an zu schreiben. Er sagte kaum "Guten Morgen" zu uns.

Astrid: Aber der Biologielehrer war noch lustiger. Ich weiß nicht mehr, ______________________ wir ihn hatten... Er hörte doch nie auf, über seine lieben Pflanzen zu reden.

Claudia: Genau. Das war Herr Rosenheimer! Es war uns immer ganz peinlich, ______________ er seine Geschichten erzählte.

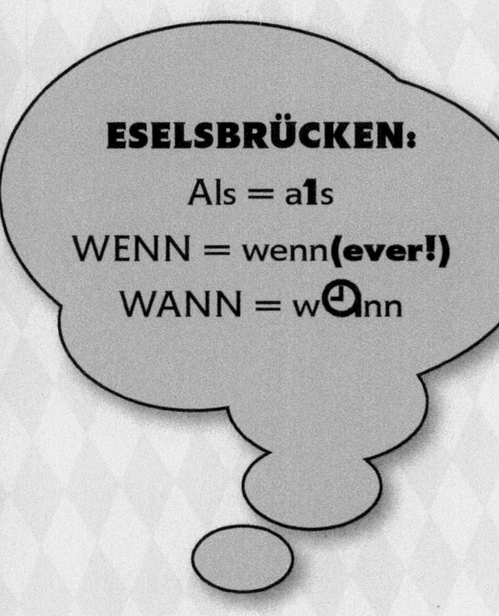

Aktivität 2: Damals.

Claudia redet mit ihrer Mutter über die Schulzeit. Ergänzen Sie die Antworten Claudias Mutter mit der passenden **Konjunktion (als, wenn, wann)**.

- Wann bist du in die Schule gekommen? ____________________ ich ______________ Jahre alt war.
- Du bist immer in die Scwheiz gefahren – wann war das? Immer ______________ wir Ferien hatten.
- Wann hast du mit Englisch angefangen? ____________________ ich in der fünften Klasse war.
- Und in welchem Jahr war das? Ich weiß nicht genau, ____________________ das war.... vielleicht 1960.
- Und wann hast du Papa kennengelernt? Im Jahre 1962, ______________ wir in der siebten Klasse waren.
- Ihr wart ja jung. Wie oft habt ihr euch gesehen? Immer ______________ wir Zeit hatten und unsere Eltern es erlaubten.
- Wann habt ihr euch entschieden zu heiraten? Ach, ich weiß es nicht mehr genau, ______________ das war.

Ich weiß aber, dass ich mich in ihn verliebt habe, ______________ wir zum ersten Mal zusammen getanzt haben.

Tipp:

Wenn man "dass" oder "Fragewörter" (z.B. warum, wann, wie, etc.) verwendet, geht das Verb ans Ende des Satzes!

Zum Beispiel:

Ich weiß noch, dass....
Ich kann mich noch erinnern, dass

Aktivität 3: Wissen Sie noch ...

Jetzt beschreiben Sie Ihre eigene Kindheit, indem Sie die folgenden Fragen beantworten. Achten Sie auf die **Zeitformen** und die **Wortstellung!**

Wie alt waren Sie, als Sie in die Schule kamen?

____

Welche Lehrer oder Lehrerinnen haben Sie gemocht?

____

Wie oft mussten Sie Hausaufgaben schreiben?

____

Wie hieß Ihr bester Freund/Ihre beste Freundin?

____

Wann sind Sie zum ersten Mal Auto gefahren?

____

Wie oft haben Sie sich mit Ihren Geschwistern/Eltern gestritten?

____

Tipp:

Wenn Sie sagen möchten, was Sie am besten fanden, dann können Sie den Ausdruck "Lieblings..." mit verschiedenen Wörter verbinden. Das neue Wort wird zusammen geschrieben.

Zum Beispiel:

Mein Lieblingsessen war Pommes.

VERSTEHEN & MITTEILEN:
Über Ihre Schulerfahrungen reden

Denken Sie an Ihren ersten Schultag und besprechen Sie folgende Fragen mit einem Partner/einer Partnerin.

Können Sie sich an Ihren ersten Schultag erinnern?

- Welche Kleidung haben Sie angezogen?
- Sind Sie mit dem Bus (Auto, Zug) gefahren oder sind Sie zu Fuß gegangen?
- Haben Sie einen Schulranzen getragen?
- Haben Sie ein Geschenk bekommen? Wenn ja, was und von wem?
- Wie haben Sie sich gefühlt? Sind Sie glücklich, nervös, aufgeregt gewesen?

Ich weiß noch, dass ich....

- einen neuen Rucksack bekommen habe
- mich auf neue Freunde gefreut habe
- meine Familie vermisst habe
- viele neue Erfahrungen gemacht habe
- mit dem Schulbus gefahren bin
- meine Mutter/mein Vater/meine Großeltern mitgegang en ist/sind

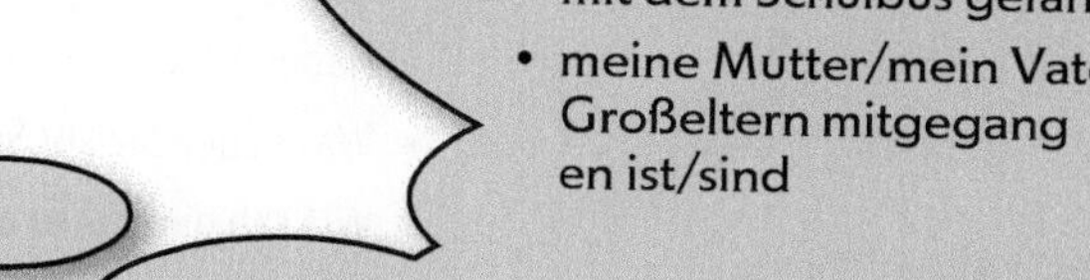

Weitere Fragen.....

- Wer war Ihr Lieblingslehrer/Ihre Lieblingslehrerin?
- Wie war sein/ihr Name?
- Was war Ihr Lieblingsfach?
- Was war Iher Lieblingsaktivität in der Schule?
- Was war Ihre Lieblingsbeschäftigung nach der Schule?
- Wer war Ihr bester Freund/Ihre beste Freundin? Wie war sein/ihr Name?

BESCHREIBEN UND ERKLÄREN:
Erinnerungen an die Kindheit

Aktivität 1: Ein besonderer Tag

Beschreiben Sie einen Tag aus Ihrer Kindheit, an den Sie sich immer erinnern werden. Was war an

Machen Sie Notizen, auf die Sie in Ihrem Aufsatz zurückkommen können. Schreiben Sie nur **Stichwörter!**

dem Tag besonders? Wer war dabei? Was ist passiert? Verwenden Sie **das Präteritum!**

Aktivität 2: Mein erster Schultag in Deutschland.

Stellen Sie sich vor, Sie sind in Deutschland aufgewachsen. Beschreiben Sie Ihren ersten Schultag. Denken Sie an Folgendes:

- Wann und wie sind Sie zur Schule gekommen?
- Haben Sie ein Geschenk bekommen? Was war es?
- Was haben Sie zur Schule mitgenommen?
- Wie sah die Schule aus?
- Wie war der Lehrer/die Lehrerin?
- Wann sind Sie wieder nach Hause gekommen?

Aktivität 1:

Ergänzen Sie den Text mit den passenden Vokabeln. Verwenden Sie jedes Wort nur einmal.

Einschulung	*ersten Schultag*	*Schultüte*	*Bonbons*	*Kinder*
Schulfoto	*Süßigkeiten*	*Schulbus*	*Schokolade*	*Spielzeug*

Eine ______________________ bekommt man nur einmal im Leben und das ist an dem ______________________. Sie ist mit ______________________ gefüllt, wie zum Beispiel ______________________ und ______________________ und anderen süßen Dingen. Manchmal bekommt ein Kind ein ______________________, wenn es Glück hat. Es gibt kleine Autos und Puppen, sowie Lego und Kartenspiele. Ein ______________________ ist auch wichtig, um die ______________________ zu dokumentieren. Am ersten Tag werden alle Kinder fotografiert. Am Ende des Tages fahren viele ______________________ wieder mit dem ______________________ nach Hause, denn es ist zu weit zu Fuß zu gehen.

Aktivität 2: Erinnerungen an die Kindheit: Andrea Markel, Kinderärztin in Berlin

Ergänzen Sie den Dialog mit der richtigen Form von als, wenn oder wann.

__________ ich ein Kind war, wusste ich schon, dass ich Kinderärztin werden möchte. Jedesmal __________ mein kleiner Bruder sich verletzte, habe ich ihm geholfen, ein Pflaster gegeben, und alles war wieder gut.__________ ich ins Gymnasium kam, begann ich schon über meine Zukunft nachzudenken. Ich habe mich auf Fächer wie Chemie und Biologie konzentriert und __________ ich Zeit hatte, habe ich in der Praxis unseres Hausarztes hospitiert. __________ ich nicht für meine Kurse gelernt habe, ging ich mit Freunden ins Kino. Später, __________ ich mit dem Medizinstudium an der Uni anfing, lernte ich viele andere Medizinstudenten kennen. Öfters, __________ wir eine Pause vom Studium nehmen wollten, gingen wir ins Cafe oder Restaurant. __________ ich meinen 25. Geburtstag feierte, haben wir zusammen eine Party gemacht. Ich weiß nicht genau, __________ es war, aber an dem Abend lernte ich meinen zukünftigen Mann kennen.__________ ich noch so jung war, aber, habe ich überhaput nicht an eine Hochzeit und Kinder gedacht; ich wusste nicht, __________ oder ob ich heiraten würde. __________ ich mit dem Studium fertig war, zog ich nach Berlin und fing meine Karriere als Kinderärztin an.

AUFBAUEN UND WEITER ARBEITEN:
Ein Blick in die Vergangenheit

Eine Studentin redet von ihrer Kindheit. Hören Sie dem Text zu und beantworten Sie die folgenden Fragen.

- Wie heißt die Studentin?
- Wann und wo ist sie geboren?
- Wo ist sie aufgewachsen?
- Was hat sie als Kind gern gemacht?
- Was hat sie gern gegessen? Was hat sie nicht gern gegessen?
- Welche Hobbys hatte sie?
- Was wollte sie später von Beruf werden?
- An welches besondere Ereignis aus Ihrer Kindheit kann sie sich heute noch erinnern?

SCHULE UND FREIZEIT

- Schauen Sie sich die Bilder an. Was machen die Jugendlichen gern?
- Was machen Sie persönlich in Ihrer Freizeit? Besprechen Sie die Aktivitäten mit einem einem Partner/einer Partnerin. Sind diese Aktivitäten typisch für Ihr Land?
- Vergleichen Sie Ihre Erfahrungen mit denen der deutschen Schüler. Welche Unterschiede/Ähnlichkeiten gibt es?

Präferenzen ausdrücken:

Ich spiele **gern** Tennis.
Ich spiele **nicht** gern Tennis.
Schwimmen **macht** mir Spaß.
Schwimmen **macht** mir **keinen** Spaß.

NEUE VOKABELN

am Computer spielen/arbeiten
fernsehen
Filme schauen
ins Cafe gehen
ins Kino gehen
klettern
lesen
SMS schicken
reiten
schwimmen
singen
Skateboard fahren
Ski fahren
spielen (Basketball, Fußball, Tennis)
tanzen
wandern
windsurfen

INTERPRETIEREN UND REFLEKTIEREN:
Schule und Freizeit

NEUE VOKABELN

abwählen
alles ist geregelt
an erster Stelle stehen
das Fach
der Leistungskurs
die Note
einen Beruf erlernen
es fällt mir leicht
gut klappen
in die Quere kommen
unter der Woche
vorarbeiten
verbringen
widmen

FRAGEN ZUM TEXT

1. Wie viel Zeit verbringen die Schüler im Durchschnitt mit einer Freizeitaktivität?
2. Wie viel Zeit verbringen die Schüler mit der Schule und Schulvorbereitungen?
3. Welche Aktivtitäten unternimmt Nadja gern?
4. Wie wichtig ist die Schule für Anil? Welchen Grund gibt er für seine Zeitaufteilung?
5. Was macht Heiner in seiner Freizeit? Warum hat er generell genug Zeit dafür?
6. Was steht für Stella an erster Stelle? Warum?
7. Wie ist das bei Ihnen? Wie vereinbaren Sie das Lernen für die Schule/das Studium mit Ihren Hobbys

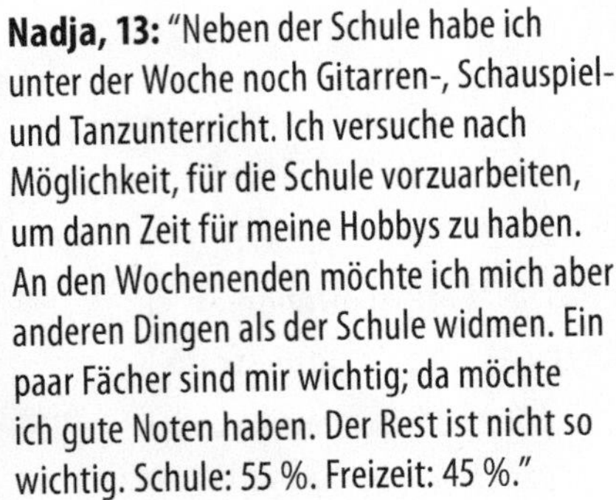

Nadja, 13: "Neben der Schule habe ich unter der Woche noch Gitarren-, Schauspiel- und Tanzunterricht. Ich versuche nach Möglichkeit, für die Schule vorzuarbeiten, um dann Zeit für meine Hobbys zu haben. An den Wochenenden möchte ich mich aber anderen Dingen als der Schule widmen. Ein paar Fächer sind mir wichtig; da möchte ich gute Noten haben. Der Rest ist nicht so wichtig. Schule: 55 %. Freizeit: 45 %."

Anil, 16: "Schule steht bei mir an erster Stelle, dann erst kommen die Freunde, und danach kommt der Fußball. Erst wenn für die Schule alles geregelt ist, widme ich mich meinen Hobbys. Ich nehme die Schule sehr ernst, schließlich möchte ich einmal einen guten Beruf erlernen. Schule: 80 %. Freizeit: 20 %."

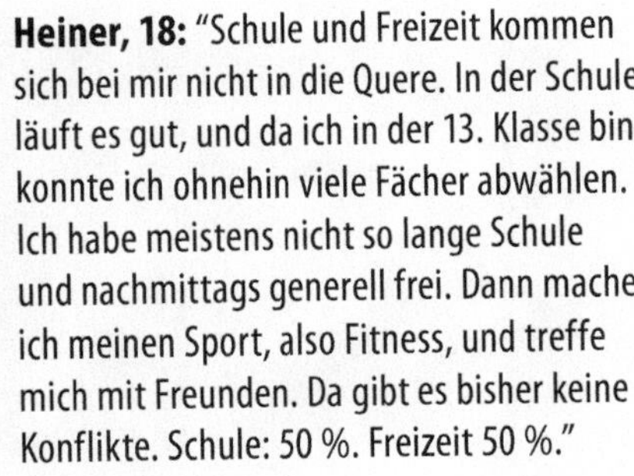

Heiner, 18: "Schule und Freizeit kommen sich bei mir nicht in die Quere. In der Schule läuft es gut, und da ich in der 13. Klasse bin, konnte ich ohnehin viele Fächer abwählen. Ich habe meistens nicht so lange Schule und nachmittags generell frei. Dann mache ich meinen Sport, also Fitness, und treffe mich mit Freunden. Da gibt es bisher keine Konflikte. Schule: 50 %. Freizeit 50 %."

Stella, 15: "Freizeit zu haben und so viel Zeit wie möglich mit meinen Freunden zu verbringen, ist für mich das Wichtigste. Zum Glück macht mir die Schule ohnehin keine Probleme; sie läuft einfach nebenher, und bisher hat immer alles gut geklappt. Ich glaube, das Lernen fällt mir einfach leicht. Schule: 40 %. Freizeit: 60 %."

SPRACHFUNDAMENT 4:
Über Interessen und Gefühle reden

Man kann über Interessen und Gefühle reden, indem man reflexive Verben verwendet. **Reflexive Verben** brauchen ein **Reflexivpronomen**, das im **Akkusativ** oder im **Dativ** stehen kann. Das **Reflexivpronomen** bezieht sich auf das Subjekt im Satz zurück. Die Reflexivpronomen stehen in der Tabelle unten.

Nominativ	Akkusativ	Dativ
ich	mich	mir
du	dich	dir
er	sich	sich
es	sich	sich
sie	sich	sich
Wir	uns	uns
Ihr	euch	euch
sie/Sie	sich	sich

***** Die reflexiven Pronomen unterscheiden sich von den Personalpronomen nur in der dritten Person:*

er	sich	sich
es	sich	sich
sie	sich	sich
Sie/Sie	sich	sich

REFLEXIVE VERBEN, DIE HÄUFIG VERWENDET WERDEN:

sich ärgern
sich ausruhen
sich bedanken
sich beeilen
sich beteiligen
sich entscheiden
sich entschuldigen
sich entspannen
sich freuen
sich fürchten
sich gewöhnen
sich interessieren
sich langweilen
sich treffen
sich überlegen

	Regel	Beispiel
Reflexive Verben mit dem Akkusativ	Wenn es **kein** direktes Objekt im Satz gibt, steht das Reflexivpronomen im Akkusativ. Manche reflexive Verben verlangen automatisch eine Ergänzung im Akkusativ.	**sich waschen** Ich wasche **mich.** **sich interessieren** Ich interessiere **mich** für Dokumentarfilme.
Reflexive Verben mit dem Dativ	Wenn es **ein** direktes Objekt im Satz gibt, steht das Reflexivpronomen im Dativ	**sich waschen** Ich wasche **mir** die Hände. **sich überlegen** Ich überlege es **mir.**

**** Reflexive Verben, die ein Reflexivpronomen verlangen, müssen auswendig gelernt werden*

REFLEXIVVERBEN

Aktivität 1: Damals hatten wir mehr Freizeit.

Astrid und Mark reden darüber, wie sie in ihrer Kindheit mehr Zeit für sich hatten. Ergänzen Sie den Text mit der richtigen Form der reflexiven Verben im **Perfekt**.

Mark: Astrid, ich habe es immer so toll gefunden als Kind im Wald zu spielen. Du hast ____________ aber eher für Bücher ____________________ (sich interessieren), oder?

Astrid: Ja, schon. Ich habe ____________ nie daran ________________________ (sich gewöhnen) durch den Sumpf zu laufen. Es gab zu viele Schlangen. Ich habe ____________ immer vor Schlangen ________________________ (sich fürchten).

Mark: Ich habe ____________ beim Lesen leider immer furchtbar ________________________ (sich langweilen). Ich habe ____________ lieber mit Freunden ________________________ (sich treffen) oder ____________ auf dem Sofa ________________________ (sich ausruhen).

Astrid: Du hast ____________ aber einmal doch an einer Theatergruppe ________________________ (sich beteiligen), oder?

Mark: Ja, klar. Ich habe ____________ immer ________________________ (sich ärgern), weil ich mir die Zeilen nicht merken konnte.

Aktivität 2: Stress in der Freizeit.

Ergänzen Sie den Text mitden passenden reflexiven Verben und Reflexivpronomen.

sich gewöhnen	*sich interessieren*	*sich freuen*	*sich ärgern*	*sich beteiligen*
sich entscheiden	*sich unterhalten*	*sich treffen*	*sich beeilen*	*sich entspannen*

Jeden Tag muss ich ____________ nach meinen Kursen immer nach Hause ________________________, wenn ich ____________ an Freizeitaktivitäten ________________________ will. Obwohl es hektisch ist, ________________________ ich ____________ total auf das Fußballtraining. Wir ________________________ ____________ mittwochs und freitags um 16.00 auf dem Fußballplatz und trainieren zwei Stunden lang. Danach essen wir oft ein Eis und ________________________ ____________, oder wir ________________________ ____________ über unsere Kurse und die neuesten Kinofilme. Viele junge Leute ________________________ für Sport aber ________________________ dennoch dagegen ein Mitglied im Sportverein zu werden, denn sie wollen ____________ mit dem Stress und der Hektik nicht ________________________. Danach bereuen sie aber die Entscheidung, denn sie wissen, dass man ____________ nach einer Weile an den Stress ________________________ kann und beim Sport viel Spaß hat.

VERSTEHEN & MITTEILEN:
Über Hobbys und Freizeit reden

Beantworten Sie die folgenden Fragen mit kompletten Sätzen. Dann tauschen Sie die Informationen mit einem Partner/einer Partnerin aus.

- Womit beschäftigen Sie sich in Ihrer Freizeit?
- Interessieren Sie sich für Filme, Bücher, Musik? Welche Art davon?
- Haben Sie genug Zeit für Ihre Arbeit (Schule/Studium) und Ihre Freizeit, oder müssen Sie sich oft beeilen?
- Wie entspannen Sie sich am besten?
- Worüber ärgern Sie sich manchmal?

BESCHREIBEN UND ERKLÄREN:
Meine Kindheit

Schreiben Sie eine Tagebucheintragung über Ihr Leben als Kind. Wie war es damals? Was haben Sie gern/nicht gern gemacht.

- Was war Ihre Lieblingsfreizeitaktivität als Kind?
- Was haben Sie jeden Tag nach der Schule gemacht?
- Haben Sie mit Freunden zusammen gespielt? Was haben Sie gespielt?
- Können Sie sich an Ihr Lieblingsspielzeug erinnern? Was war es? Warum haben Sie es so toll gefunden?

Jugend in Deutschland.

Ergänzen Sie den Text über die Vereinbarung von Schule und Freizeit in Deutschland. Verwenden Sie die Vokabeln.

Leistungskursen *erlernen* *Noten* *widmen* *verbringen*

Stelle *klappt* *vorarbeiten* *erledigt*

Für viele Schüler und Schülerinnen steht die Schule an erster ______________________. Obwohl sie gute ______________________ in den ______________________ bekommen möchten, wollen sie nicht ihr ganzes Leben der Schule ______________________. Um Zeit sowohl für Hausaufgaben als auch für Freunde zu haben, müssen viele Schüler und Schülerinnen für die Kurse ______________________. Das heißt, sie bereitet mehr vorher, so dass sie nachher mehr Zeit mit ihren Freunden ______________________ können. Erst wenn alles für die Schule ______________________ ist, können sie die Freizeit genießen. Für die meisten Schüler und Schülerinnen ______________________ es ganz gut mit der Schularbeit und der Freizeit. Sie können einen Beruf ______________________ und ihre Hobbys haben.

AUFBAUEN UND WEITER ARBEITEN

Die Vereinbarung von Schule und Freizeit

Stellen Sie sich vor, Sie sind Schüler/Schülerin (oder Student/Studentin) in Deutschland und halten eine Rede mit anderen Mitschülern/Mitstudenten darüber, warum es wichtig ist eine Bilanz zwischen die Arbeit (dasLernen) und die Freizeit zu ziehen ist.

Während Sie sich auf die Rede vorbereiten, denken Sie an folgende Fragen:

- Was ist Ihnen in dieser Hinsicht wichtig und warum?
- Wie kann man genug Zeit für die Arbeit und Hobbys machen?
- Was sind Vorteile und Nachteile, wenn man einen Ausgleich zwischen Arbeit und Freizeit hat?
- Was schlagen Sie vor, wie kann man am besten Zeit für beides in sein Leben einbauen?

STATIONEN IM LEBEN

◆ Wie alt waren Sie, als diese Dinge in Ihrem Leben passiert sind? Schreiben Sie Ihr Alter unter die Bilder und vergleichen Sie Ihre Information mit einem Partner/einer Partnerin.

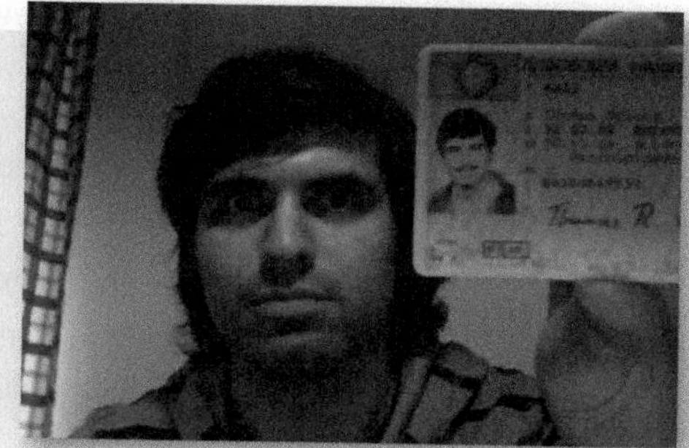

einen Führerschein bekommen

_______ Jahre

zum ersten Mal mit Freunden ins Kino gehen

_______ Jahre

in die Grundschule gehen

_______ Jahre

eine Reise ohne Eltern machen

_______ Jahre

einen Schulabschluss machen

_______ Jahre

Ihren besten Freund/
Ihre beste Freundin kennenlernen

_______ Jahre

INTERPRETIEREN UND REFLEKTIEREN: Führerschein mit 17

FRAGEN ZUM TEXT

1. Unter welchen Umständen darf man als 17jähriger in Deutschland Auto fahren?
2. Welche Gründe nennt die Autorin für die vielen Autounfälle von 17-24jährigen? Was ist der wichtigste Grund?
3. Warum kann der Führerschein ab 17 das Unfallrisiko vermindern?
4. Wer kann offiziell als Begleiter/in registriert werden?
5. Wer hat Yasmin am Anfang mit dem Autofahren geholfen?
6. Wo gilt der Führerschein ab 17?

NEUE VOKABELN

die Angeberei	die Selbstständigkeit
die Auflage	die Selbstüberschätzung
der Begleiter	die Sonderregelung
besitzen	das Steuer
die Erfahrung	die Unabhängigkeit
der Fahranfänger	der Unfall
die Fahrprüfung	die Ursache
die Freiheit	der Verkehrsverstoß
der Führerschein	der Versuch
gelten	die Verantwortung
der Nebenjob	verantwortungsbewusst
nichts zu rütteln	verursachen
die Risikobereitschaft	vielfältig

Führerschein mit 17: Modellversuch hat sich durchgesetzt

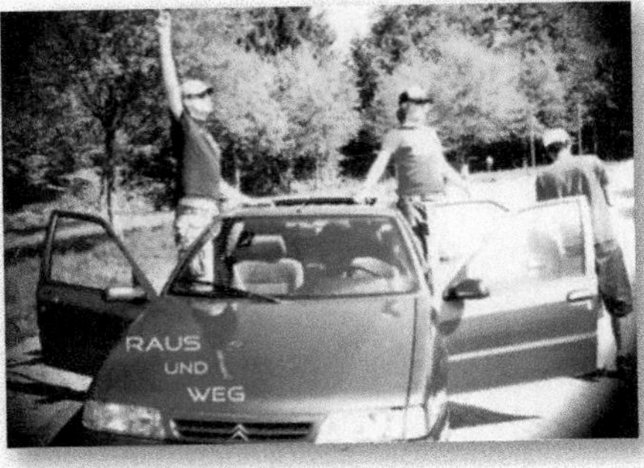

Seit Januar 2011 kann der Führerschein bundesweit schon mit 17 Jahren gemacht werden. Allerdings muss ein Begleiter mitfahren.

Vor allem außerhalb der Großstädte ist der Führerschein ein Symbol für Freiheit. (Foto: JanKonge/Jugendfots) Der 18. Geburtstag heißt für viele Jugendliche vor allem, endlich den lang ersehnten Führerschein in den Händen zu halten. Denn der steht nun einmal für Unabhängigkeit und Freiheit. Leider hat die neu gewonnene Selbstständigkeit ihren Preis: Das Risiko junger Fahrer zwischen 17 und 24 Jahren, bei einem Unfall verletzt oder getötet zu werden, ist mehr als doppelt so hoch wie das von 25- bis 54-Jährigen. Die Gründe dafür sind vielfältig. Risikobereitschaft, Selbstüberschätzung und Angeberei spielen sicher eine Rolle. Hauptursache ist aber schlicht und einfach die mangelnde Erfahrung im Straßenverkehr.

Gegen das erhöhte Unfallrisiko der jungen Fahrer wurde 2004 in einem Modellversuch in Niedersachsen das begleitete Fahren ins Leben gerufen. Mit dieser Sonderregelung, die mittlerweile in allen Bundesländern gilt, können Jugendliche zwischen 17 und 18 Jahren in Begleitung eines Erwachsenen Fahrpraxis sammeln. »Die Jugendlichen haben in einem sicheren Raum die Möglichkeit, Fahrerfahrung zu sammeln, dabei übernehmen sie automatisch auch Verantwortung für ihre Mitfahrer. Das senkt die Risikobereitschaft der jungen Fahrer«, sagt Klaus Brandenstein von der Unfallforschung der Versicherer.

Die Auflagen für den Führerschein mit 17 sind klar geregelt: Der Begleiter muss mindestens 30 Jahre alt sein, seit fünf Jahren den Führerschein besitzen und er darf nicht mehr als drei Punkte in Flensburg haben. Es können auch mehrere Begleiter eingetragen werden, beispielsweise beide Elternteile. Alle weiteren Formalitäten werden auf der Seite der Deutschen Verkehrswacht zum begleiteten Fahren erklärt.

Auch die inzwischen 19-jährige Yasmin hat den begleiteten Führerschein gemacht. Sie erinnert sich, dass es ein beruhigendes Gefühl war, in der ersten Zeit nach der Fahrprüfung jemanden neben sich zu haben, »weil einem die Abläufe einfach noch nicht so flüssig von der Hand gehen«. Ihre Eltern haben Yasmin beim begleiteten Fahren unterstützt, ihr über die Schulter geschaut, wenn sie zu ihrem Nebenjob gefahren ist, und sie auf dem Weg zum Supermarkt ans Steuer gelassen. »Nach dem begleiteten Jahr fiel es meinen Eltern dann überhaupt nicht schwer, mich allein auf die Straße zu lassen, denn sie wussten ja, dass ich sicher und verantwortungsbewusst fahre«, erinnert sich Yasmin.

An der Effektivität des begleiteten Fahren gibt es nichts zu rütteln: Der Modellversuch in Niedersachsen ergab, dass die Fahranfänger nach der Begleitphase 29 Prozent weniger Unfälle verursachten und 23 Prozent weniger Verkehrsverstöße begingen als Fahranfänger, die den Führerscheein regulär mit 18 Jahren gemacht hatten. Aber vorsicht: Der Führerschein ab 17 gilt zunächst nur in Deutschland! Es handelt sich um eine nationale Sonderregelung, die im Ausland nicht anerkannt wird. Spätestens vor der Grenze ist also ein Fahrerwechsel angesagt

SPRACHFUNDAMENT 5:
Ereignisse chronologisch einordnen

Um verschiedene Ereignisse in der Vergangenheit in Relation zu setzen benutzt man das Plusquamperfekt. So kann man über verschiedene Zeitpunkte in der Vergangenheit reden. Das Plusquamperfekt wird mit den Präteritumformen von "haben" und "sein" und dem Partizip gebildet.

DAS PLUSQUAMPERFEKT	Was	Wie
	Form die man verwendet, wenn man Ereignisse beschreibt, die vor einem anderen Ereignis in der Vergangenheit abgeschlossen waren.	**Hilfsverb** (im Präteritum) + **Partizip** (ge________t **oder** ge________en)
Regelmäßiges Verb	Verb, dessen Partizip auf **–t** endet. Die Stammform ändert sich nicht vom **Infinitiv**.	**tanzen →** Ich **hatte** getanzt. **reisen →** Ich **war** gereist.
Unregelmäßiges Verb	Verb, dessen Partizip auf **–en** endet. Die Stammform ändert sich manchmal vom **Infinitiv**.	**sehen →** Ich **hatte** gesehen. **gehen →** Ich **war** gegangen.
Mischverb	Verb, dessen Partizip auf **–t** endet. Die Stammform ändert sich vom **Infinitiv**.	**denken →** Ich **hatte** gedacht. **kennen →** Ich **hatte** gekannt.

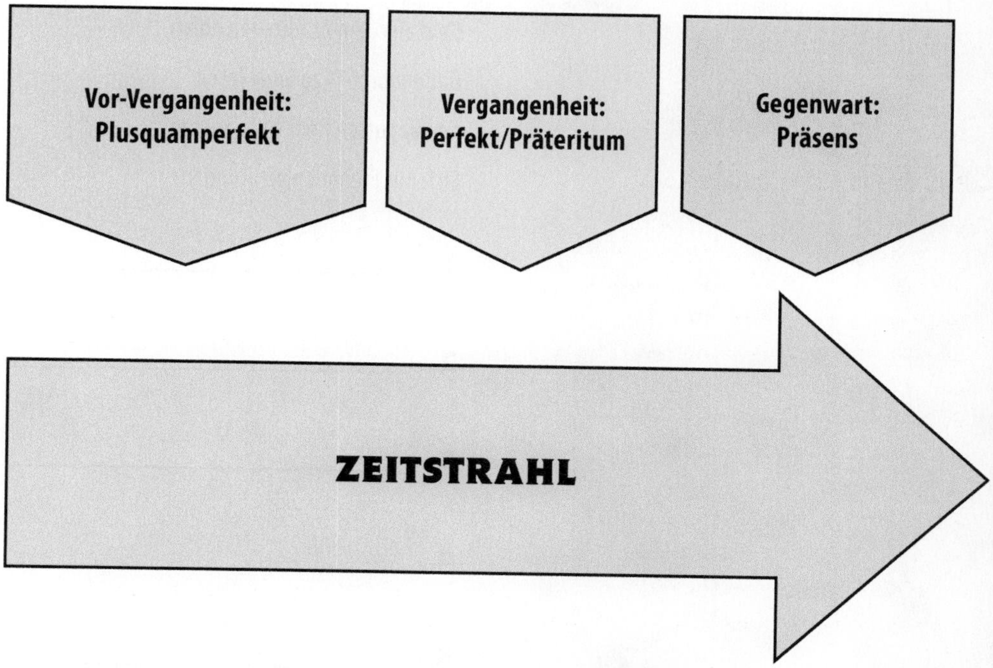

Vor-Vergangenheit: Plusquamperfekt

Vergangenheit: Perfekt/Präteritum

Gegenwart: Präsens

ZEITSTRAHL

Beispiel:

- Ich **war** in die Schule **gekommen**, bevor ich das erste Mal ohne meine Eltern verreiste.
- Nachdem ich mein erstes eigenes Geld **verdient hatte**, machte ich den Führerschein.
- Ich **hatte** meinen Führerschein **bekommen**, bevor ich meinen Schulabschluss machte.

SPRACHARBEIT PLUSQUAMPERFEKT

Tipp:

Oft werden die unterordnenden Konjunktionen ("verb kicker") "bevor" und "nachdem" und die Adverbien "davor" und "danach" mit dem Plusquamperfekt verwendet. Bei Verwendung dieser Konjunktionen steht das Verb am Ende des Satzteils. Die Adverbien verändern die Wortstellung nicht!

Aktivität 1: Was passierte damals?

Formen Sie die gegeben Sätze im Imperfekt um und schreiben Sie sie im Plusquamperfekt

Beispiel: Thomas lernte seinen besten Freund in der Grundschule kennen.

Thomas **hatte** seinen besten Freund in der Grundschule **kennengelernt**.

1. Matthias verreiste schon als 12jähriger ohne seine Eltern
2. Ihr gingt in der Grundschule zum ersten Mal mit euren Freunden ins Kino.
3. Monika interessierte sich in ihrer Jugend nicht so sehr für Musik.
4. Tobias verdiente sein erstes Geld, indem er Zeitungen austrug.
5. Ich machte schon mit 16 Jahren meinen Schulabschluss.
6. Mit 17 Jahren fuhr mein Bruder zum ersten Mal Auto.
7. Nach der Schule zog ich aus dem Haus meiner Eltern aus.

Aktivität 2: An der Universität

Nadja ist Studentin an der Freien Universität in Berlin. Beschreiben Sie ihren Tagesablauf, indem Sie Sätze mit Elementen aus beiden Spalten bilden. Verwenden Sie das **Plusquamperfekt** und **bevor** und **nachdem**.

mit Freunden frühstücken	die Thomas Mann Vorlesung besuchen
Geld aus dem Automaten holen	essen gehen
Buddenbrooks zu Ende lesen	sich duschen
den kaputten Reifen reparieren	in der Stadt einkaufen
Sich mit Freunden verabreden	Mit dem Fahrrad zur Uni fahren

1. ______________________________

2. ______________________________

3. ______________________________

4. ______________________________

5. ______________________________

Aktivität 3:

Was ist wann in Ihrem Leben passiert? Beschreiben Sie einer Partnerin/einem Partner in welcher Reihenfolge die folgenden Ereignisse in Ihrem Leben passiert sind. Verwenden Sie die Konjunktionen "bevor" und "nachdem".

Beispiel: Ich hatte mein erstes eigenes Geld verdient, bevor ich einen Führerschein machte.

eine feste Freundin/einen festen Freund haben

deinen besten Freund/deine beste Freundin kennenlernen

zum ersten Mal mit Freunden ins Kino gehen

in die Grundschule gehen

einen Schulabschluss machen

mein erstes eigenes Geld verdienen

einen Führerschein machen

mein erstes eigenes Geld ausgeben

eine Reise ohne Eltern machen

Schreiben Sie Notizen, dann reden Sie mit einem Partner/einer Partnerin darüber.

VERSTEHEN & MITTEILEN:
Übersicht der Jugendschutzgesetze

In dieser Tabelle sehen Sie die Regelungen für Jugendliche im Überblick:

WAS?	AB WANN?
Auto fahren	ab 18 Jahren
Bier und Wein trinken	ab 16 Jahren
anderen Alkohol trinken	ab 18 Jahren
Zigaretten rauchen	ab 18 Jahren
Spielhallen besuchen	ab 18 Jahren
in Diskos und Clubs gehen	ab 18 Jahren
Filme ausleihen und im Kino sehen	je nach Kennzeichnung des Films
Videospiele kaufen und ausleihen	je nach Kennzeichnung des Spiels
eine politische Partei wählen	ab 18 Jahren

Tipp:

In Deutschland gibt es das **Jugendschutzgesetz.** In diesem Gesetz steht was Jugendliche ab welchem Alter dürfen.

Jugendschutz – verschiedene Perspektiven

Sie wissen jetzt, dass es zwischen den Deutschland und anderen Ländern Unterschiede in den Gesetzen für Jugendliche gibt. Diskutieren Sie die folgenden Fragen in kleinen Gruppen:

- Welche Unterschiede gibt es in Bezug auf Autofahren, Diskos, Spielhallen, Kinos, usw.
- Was sind die Vorteile und Nachteile von den verschiedenen Gesetzen?
- Warum finden Sie sie gut oder schlecht?
- Was ist Ihre Meinung zu diesen Unterschieden? Verwenden Sie die wichtigen Ausdrücke

Tipp:

Wichtige Ausdrücke

- Ich meine, dass…
- Ich glaube, dass…
- Ich denke, dass...
- Ich bin der Meinung, dass...
- Ich bin dafür/dagegen, dass...
- Mir scheint, dass...
- Es ist mir egal, dass/ob...
- Ich halte es für richtig/falsch, dass...
- Ich bin nicht damit einverstanden, dass...
- Ich finde es gut/nicht gut, wenn...

Achtung! Durch die unterordnende Konjunktion "dass" steht das Verb ganz am Ende des Satzes!

BESCHREIBEN UND ERKLÄREN:
Für die Zeitung schreiben

SCHREIBAKTIVITÄT

Sie leben in Deutschland und schreiben einen Artikel für die lokale Zeitung. In dem Artikel beschreiben Sie, wie und wann man in Ihrem Land den Führerschein bekommt.

- Wie alt muss man sein?
- Muss man eine Fahrschule besuchen und einen Test bestehen?
- Wie viel kostet der Führerschein?
- Gibt es Ähnlichkeiten mit dem System in Deutschland?
- Nennen sie Vorteile und Nachteile von beiden Systemen.
- Beschreiben Sie, welches System Sie besser finden und warum.

Aktivität 1:

Ergänzen Sie die diesen Absatz mit den passenden Vokabeln.

Unabhängigkeit	*besitzen*	*Selbstständigkeit*	*Führerschein*
Fahrprüfung	*verantwortungsbewusst*	*Risikobereitschaft*	*Verantwortung*
Begleiter	*Freiheit*	*Versuch*	*Selbstüberschätzung*

In Deutschland darf man ab 18 den ______________ machen, während man in den USA ohne ______________ schon ab 14 oder 15 Jahren fahren darf. Junge Menschen mögen die ______________, die sie haben, wenn sie ohne Eltern fahren dürfen. Die ______________ hat aber einen Preis. Während man unabhängig ist, muss man auch die ______________ für die Risiken auf der Straße übernehmen. Ohne ______________ reagiert man nicht so schnell auf neue Situationen auf der Autobahn. Oft ______________ junge Autofahrer bei schlechtem Wetter und in vielen anderen Situationen mehr ______________ als ältere Fahrer. Das liegt an ihrer ______________; sie denken sie können perfekt Auto fahren! Der ______________ in Deutschland zeigt, dass Jugendliche das Fahren besser lernen, wenn sie am Anfang mit einem ______________ zusammen fahren. Nur so können sie lernen ______________ zu fahren.

Aktivität 2:

Komplettieren Sie die diese Sätze mit den gegebenen Vokabeln:

das Alter	*wählen*	*der Schutz*	*der Verkauf*
das Gesetz	*die Kennzeichnung*	*der Besuch*	

1. Das Jugendschutzgesetz dient dem ______________ der Jugend.
2. Das Jugendschutzgesetz regelt den ______________ von bestimmten Produkten an Jugendliche.
3. Das ______________ soll das Verhalten von Jugendlichen in der Gesellschaft regeln.
4. Jugendliche dürfen erst ab einem bestimmten ______________ in Diskos gehen und bestimmte Filme ausleihen.
5. Der ______________ von Spielhallen ist Jugendlichen unter 18 Jahren verboten.
6. Ab 18 Jahren dürfen Jugendliche Kandidaten für das Bundeskanzleramt ______________.
7. Computerspiele und Videofilme müssen eine ______________ haben.

AUFBAUEN UND WEITER ARBEITEN
Computerspiele und Jugenschutz

"Computerspiele und Jugendschutz" ist ein wichtiges Thema in Deutschland. Recherchieren Sie im Internet darüber, welche Jugendschutzgesetze in Bezug auf Computerspiele es gibt. Was macht die Regelung besonders kompliziert? Schreiben Sie Notizen darüber.

Diskutieren Sie dann im Forum, welche Vorteile und Nachteile von dieser Regelung es gibt. Haben Sie Vorschläge oder finden Sie das Gesetz in Ordnung?

VERBINDUNGEN UND ERWEITERUNGEN

Entscheidung fürs Leben

Öffnen Sie das Internet und gehen Sie zur Adresse:

http://www.neon.de/kat/fuehlen/erwachsenwerden/196971.html

Lesen Sie den Artikel von Annelene "Entscheidung fürs Leben?".

Benutzen Sie die folgenden Lesestrategien:

- Lesen SIe den Text global. Was ist der Kontext in dem Artikel?
- Welche Wörter kennen Sie nicht? Was heißt das Wort "Entscheidung"?
- Dann lesen Sie den Text im Detail

Beantworten Sie die Fragen:

- Welche Kategorien gibt es bei neon.de?
- Woher kommt Annelene?
- Welche Optionen hat sie?
- Was will Annelene in ihrem Leben?
- Was ist ihr Problem in diesem Moment?

Klicken Sie auf das Foto von Annelene und lesen Sie ihr Profil:

Hausaufgabe: Schreiben Sie eine Reaktion an Annelene. Was soll sie Ihrer Meinung nach machen? Schreiben Sie ca. 100 Wörter.

Was tun, wenn es brennt

Schauen Sie den Film *Was tun, wenn es brennt* (2001). Dann bereiten Sie sich auf eine Diskussion im Kurs vor, indem Sie die Fragen unten beantworten.

Fragen zum Film

1. Wie heißt die Gruppe von jungen Leuten im Film? Was ist ihr Ziel (Was wollen sie?)

2. Welche zwei Mitglieder wohnen zusammen? Beschreiben Sie ihre Wohnsituation.

3. Beschreiben Sie, was die Mitglieder heute machen.

Flo ______________________________

Nele ______________________________

Tim ______________________________

Hatte ______________________________

Terror ______________________________

Maik ______________________________

4. Wie lange haben sich die Mitglieder nicht mehr gesehen? Warum kommt die Gruppe wieder zusammen?

Was passierte wann? Nummerieren Sie die Sätze in die richtige Reihenfolge.

a. _____ Inspektor Manowski beginnt eine Untersuchung.

b. _____ Tim und Flo waren zusammen.

c. _____ Die Leute treffen sich Jahre später, um ihre Propaganda-Videos zu zerstören.

d. _____ Eine Bombe in einer Berliner Villa explodiert.

e. _____ Die Polizei hat Hotte bei einer Demonstration verletzt.

f. _____ Sechs Menschen bilden eine Gruppe um gegen das Establishment zu rebellieren.

g. _____ Flo verlobt sich mit einem anderen Mann.

Jetzt bilden Sie einen Paragraphen mit den Satzteilen und den Konjunktionen "bevor" und "nachdem." Verwenden Sie das Plusquamperfekt!

____

____

____

____

____

____

____

Interpretationen

1. Wie ist die Atmospähre im Film? (lustig, traurig, aggressiv, romantisch, usw.) Nennen Sie konkrete Beispiele.
2. Wie fanden Sie das Ende vom Film? War das eine gute Lösung der Situation? Warum (nicht)?
3. Wenn Sie den Schluss des Films neu schreiben könnten, was würden Sie ändern? Schreiben Sie diesen Teil des Drehbuchs neu und schlagen eine andere Möglichkeit vor.

AKTIVER WORTSCHATZ

SUBSTANTIVE

das Alter, -	age
die Angeberei, -en	showing off
der Begleiter, -	chaperone (m)
die Begleiterin, -nen	chaperone (f)
der Beruf, -e	profession
das Bilderbuch, ¨er	picture book
der Bonbon, -s	candy
der Campingplatz, ¨e	campground
die Einschulung, -n	beginning schooling
das Ereignis	occurrence/event
die Erfahrung	experience
das Fach, ¨er	major/area of study
der Fahranfänger	beginning driver
die Fahrprüfung, -en	drivers test
die Freiheit, -en	freedom
die Freude, -n	joy
der Führerschein, -e	driver's license
das Gesetz, -e	law
die Grundschule, -n	grade school
die Hausaufgabe, -n	homework
das Hobby, -s	hobby
das Interesse, -n	interest
der Jugendliche, -n	adolescent (m)
die Jugendliche, -n	adolescent
der Junge, -en	boy
das Kind, -er	child
die Kindheit	childhood
der Kindergarten, ¨	kindergarten
die Kinderkrippe, -n	pre-school
der Lehrer, -	teacher (m)
die Lehrerin, -nen	teacher (f)
die Leidenschaft, -en	passion
das Mädchen, -	girl
der Nebenjob	part-time job
der Schmetterling, -e	butterfly
die Schokolade	chocolate
der Schüler, -	pupil (m)
die Schülerin, -nen	pupil (f)
die Schulaufgabe, -n	school work
der Schulbus, -se	school bus
die Schule, -n	school
das Schulfoto, -s	school/class picture
der Schulhof, ¨e	playground
der Schulranzen,	book bag/backpack school day
der Schultag, -e	day of school
die Schultüte, -n	cone filled with candy/treats
die Selbstständigkeit	self-reliance
die Selbstüberschätzung	overconfidence
das Spielzeug, -e	toy
die Süßigkeit, -en	sweet(s)
das Tagebuch, ¨er	journal/diary
die Träne, -en	tear
die Unabhängigkeit	independence
der Versuch	attempt/experiment
das Zelt, -e	tent

VERBEN

angeln	to fish
ankommen	to arrive
anziehen	to get dressed
aufbauen	to construct
aufstehen	to get up
besichtigen	to view
besitzen	to own
brauchen	to need
denken	to think
einschlafen	to fall asleep
essen	to eat
fahren	to drive
fernsehen	to watch TV
finden	to find
fotografieren	to photograph
gehen	to go
gelten	to matter
haben	to have
heißen	to be called
hospitieren	to observe
kehren	to turn
kochen	to cook
kommen	to come
leben	to live
machen	to make/do
mitgehen	to go along
reden	to talk
sagen	to say
sehen	to see
sein	to be

sich ärgern	to be annoyed
sich ausruhen	to relax
sich bedanken	to thank
sich beeilen	to hurry
sich beteiligen	to take part
sich entscheiden	to decide
sich entschuldigen	to excuse
sich entspannen	to relax
sich freuen + auf	to look forward to
sich freuen + über	to be happy about
sich fürchten	to be afraid of
sich gewöhnen	to get used to
sich interessieren	to take an interest
sich langweilen	to be bored
sich treffen	to meet
singen	to sing
sitzen	to sit
stehen	to stand
steigen	to climb
trinken	to drink
verlassen	to leave
vermindern	to reduce
vermissen	to miss
verursachen	to cause
wandern	to hike
weinen	to cry
werden	to become
wohnen	to live (in a house/apartment)

ADJEKTIVE/ ADVERBIEN

ähnlich	similar
anders	different
intensiv	intense/intensively
überrascht	surprised
unterschiedlich	different
verantwortungsbewusst	responsible
vielfältig	diverse

WICHTIGE AUSDRÜCKE

am Computer spielen/arbeiten	to play/work on the computer
Filme schauen	to watch movies
Ich denke, dass...	I think, that...
Ich bin der Meinung, dass...	I am of the opinion that...
Ich bin dafür/dagegen, dass...	I am for/against the fact that...
Ich glaube, dass...	I believe that...
Ich halte es für richtig/falsch, dass...	I consider it right/wrong...
Ich bin nicht damit einverstanden, dass...	I am in agreement with the fact that...
Ich finde es gut/nicht gut, wenn...	I find it good/bad when...
Ich meine, dass...	I think that...
Mir scheint, dass...	It seems to me...
Es ist mir egal, dass/ob...	It is unimportant to me that...

KAPITEL

2

WAS NUN?

SCHULE, BILDUNG UND BERUF

WORUM GEHT ES HIER?

Kapitel 2: Was nun? Schule, Bildung und Beruf

- In Deutschland spricht man von "schulischem und beruflichem Werdegang". Was ist ein Werdegang? Was gehört dazu?
- Wie ist der typische schulische Werdegang in den USA? Wie wird man auf einen Beruf vorbereitet?
- Welchen Beruf möchten Sie später erlernen? Wie können Sie sich darauf vorbereiten?

SCHULEN IN DEUTSCHLAND – MEHR CHANCEN?

- Wie unterscheidet sich das deutsche Schulsystem von dem amerikanischen? (Denken Sie an Fächer, schulische Aktivitäten, Schulsport, Clubs, Schultypen.)
- Welche Schulformen nach der Grundschule gibt es in den USA?
- In Deutschland gibt es nach der Grundschule mehrere Schulformen, die auf die verschiedenen Interessen und Fähigkeiten der SchülerInnen aufbauen. Schreiben Sie eine Liste von möglichen Interessensfeldern.

NEUE VOKABELN

der Abschluss
aufbauen
die Ausbildung
bewerben
die Bewerbung
die Bildung
die Chance
das Fach
die Fähigkeit
die Gesamtschule
die Grundschule
das Gymnasium
die Hauptschule
das Interesse
das Interessenfeld
möglich
die Realschule
der Schulsport
das Studium
der Typ
die Unterlagen
der Verein
die Vorstellung
zusammenstellen

INTERPRETIEREN UND REFLEKTIEREN:
Das deutsche Bildungssystem

Nach dem Kindergarten beginnt der typische Bildungsweg in Deutschland mit der Grundschule. Die Grundschule wird auch **Primarstufe** gennant und ist eine von fünf Stufen. Nach der Primarstufe gibt es noch die **Sekundarstufe I**, die **Sekundarstufe II**, den **tertiären** und **den quartären Bereich**. Die ersten drei Stufen bilden **das deutsche Schulsystem**.

Die Primarstufe besteht aus den ersten vier Schuljahren der Grundschule, den Klassen 1 bis 4. Die Kinder werden in der Regel mit sechs Jahren eingeschult. Die Sekundarstufe I dauert 5-6 Jahre. Während dieser Zeit besuchen die Schüler/Schülerinnen eine von **vier** Schulen.

- **Die Hauptschule** bietet eine allgemeine Bildung. Der Unterricht in der Hauptschule konzentriert sich auf praktische Fähigkeiten, die in der Berufswelt wichtig sind. Nach der 9. Klasse bekommen die Schüler/Schülerinnen den **Hauptschulabschluss.** Mit einem Hauptschulabschluss kann man sich für eine Ausbildungsstelle im Rahmen des dualen Systems bewerben. **Das duale System** besteht aus zwei Komponenten: dem Besuch einer Berufsschule und der praktischen Ausbildung in dem Arbeitsalltag einer Firma.
- **Die Realschule** geht von der 5. bis zur 10. Klasse und wird mit dem Abschluss der **Mittleren Reife** beendet. Die Mittlere Reife erlaubt den Schülern/Schülerinnen entweder eine Berufsausbildung zu beginnen oder eine weiterführende Schule der Sekundarstufe II (Gymnasium, Berufsschule, Fachoberschule) zu besuchen.
- **Das Gymnasium** ist eine Schule, die nach der 12. Klasse mit dem Abitur endet. Das **Abitur** berechtigt Schüler/Schülerinnen an einer Hochschule oder Universität zu studieren. Im Rahmen des zweiten Bildungsweges können Schüler mit einem Hauptschulabschluss oder der Mittleren Reife durch Zusatzqualifikationen später noch das Abitur bekommen.
- Die **Gesamtschule** ist eine Kombination aus den drei anderen Schultypen, die bis zur 9. oder 10. Klasse gehen. Sie versucht die Chancengleichheit zu erhöhen, indem die Entscheidung über den weiteren Bildungsweg erst später getroffen wird. Nach der 9. Klasse kann man einen Hauptschulabschluss und nach der 10. Klasse die Mittlere Reife erlangen. Schüler mit den entsprechenden Fähigkeiten besuchen dann in der Regel das Gymnasium.

FRAGEN ZUM TEXT

1. Nennen Sie die vier Schultypen, die man nach der Grundschule besuchen kann. Wie unterscheiden sie sich?
2. Welche Schulformen nach der Grundschule gibt es in den USA?
3. Was bedeutet der Begriff "duales Bildungssystem"?
4. Wie unterscheidet sich das deutsche Schulsystem von dem amerikanischen? (Denken Sie an Fächer, schulische Aktivitäten, Schulsport, Clubs, Schultypen.)

Studium
(nur mit Abitur)
Berufsausbildung
(oder Mittlere Reife)
Berufsausbildung
(oder Abitur)
Berufsausbildung
(oder Abitur)
Abitur
Hauptschulabschluss
Mittlere Reife
Mittlere Reife
Hauptschule
Klassen 5-9
Gesamtschule
Klassen 5-10
Realschule
Klassen 5-10
Gymnasium
Klassen 5-12
Grundschule
3 Jahre
Kindergarten
3 Jahre
Schulform
Alter
21
20
19
18
17
16
15
14
13
12
11
10
9
8
7
6
5
4
3

SPRACHFUNDAMENT 1:
Vergleiche machen – Komparativ und Superlativ

Wenn man zwei oder Dinge vergleicht, benutzt man die grammatikalischen Formen des Komparativ und Superlativ. Bei Vergleichen zwischen zwei ungleichen Dingen wird die Konjunktion "**als**" verwendet.

Was?	Wie?
Komparativ.	Der Komparativ wird mit der Endung **–er** gebildet. Viele einsilbige Wörter mit den Vokalen a, o, u bilden den Komparativ mit einem Umlaut. Stamm (Adjektiv oder Adverb) + ¨ (a, o, u) + **er** **Beispiele:** Josefs Auto fährt 195 km/h. Ulrichs Motorrad fährt 230 km/h. • Josefs Auto ist **langsamer als** Ulrichs Motorrad. • Ulrichs Motorrad ist 35 km/h **schneller als** Josefs Auto. Matthias ist 1,73 m groß. Uta ist 1,80 m groß. • Matthias ist **kleiner als** Uta. • Uta ist **größer als** Matthias.
Superlativ	Der Superlativ wird mit der Endung **–(e)st** gebildet. Viele einsilbige Wörter mit den Vokalen a, o, u bilden den Superlativ mit einem Umlaut. **am** + Stamm (Adjektiv oder Adverb) + ¨ (a, o, u) + **(e)sten** **Beispiele:** Das Auto von Martin ist **am schnellsten.** Rudolf ist **am größten** von allen. Von allen Reisen, die wir gemacht haben, war die nach Argentinien **am weitesten.**
Komparativ und Superlativ als attributives Adjektiv.	Wenn der Komparativ oder der Superlativ als attributives Adjektiv (Adjektiv+Nomen) verwendet wird, bekommt das gesteigerte Adjektiv die jeweilige **Endung für Genus und Kasus.** **Beispiele:** **Komparativ: -er-(Adjektivendung)** Ulrich hat ein **schnelleres** Auto als Martin. Ich brauche eine **bessere** Kamera. **Superlativ: -(e)st-(Adjektivendung)** Das war der **längste** Film, den ich je gesehen habe. Die Schmidts haben das **größte** Haus in der Stadt.

Tipp:

Bei unregelmäßigen Adjektiven, ändern sich die Form en im Komparativ und Superlativ.

Zum Beispiel:

hoch	höher	am höchsten
kurz	kürzer	am kürzesten
alt	älter	am ältesten
jung	jünger	am jüngsten
viel/sehr	mehr	am meisten

KOMPARATIV UND SUPERLATIV

Aktivität 1: Gesamtschule – ja oder nein?

Ergänzen Sie den Absatz mit den passenden Komparativformen dieser Adjektive

gut	*jung*	*individuell*	*viel*
alt	*gerecht*	*lang*	*spät*

In Deutschland sind die Kinder viel ________________ als Kinder in anderen Ländern, wenn die Lehrer und Eltern entscheiden, was sie ________________ im Leben machen sollen. Viele Menschen finden es gut, wenn man früh den schulischen Werdegang plant, damit die Kinder ________________ gefördert werden können. Andere finden es ________________ zu entscheiden, wenn die Kinder erst ________________ sind, z.B. in der neunten oder zehnten Klasse. Manche Schüler werden in vielen Fächern ________________, je ________________ sie eine Schule besuchen. In der Zukunft werden Politiker, Lehrer und Eltern ________________ über dieses Thema diskutieren müssen

Aktivität 2: Angeber unter sich

Sie sind Austauschschüler/Austauschülerin an einer deutschen Schule und treffen am ersten Tag eine Gruppe neuer Leute. Jeder will der Beste sein und vergleicht sich mit den anderen Schülern/Schülerinnen. Schreiben Sie Dialoge nach dem folgenden Beispiel.

Beispiel:

A: Meine Familie hat ein schnelles Auto.

B: So ein Quatsch! Meine Familie hat ein schnelleres Auto.

A: Das stimmt nicht! Meine Familie hat das schnellste Auto!

B: Ja, aber...

1. Wir haben einen großen Fernseher.

2. Ich habe ein teures Handy.

3. Meine Familie macht einen langen Urlaub.

4. Ich habe einen schweren Rucksack.

5. Ich trage eine warme Jacke.

6. Ich höre laute Musik.

Tipps:

Unter Schülern, Studenten und Freunden verwendet man die informelle Anrede "du".

Im Gespräch mit Älteren, Vorgesetzten und Fremden benutzt man die formelle Anrede "Sie".

VERSTEHEN & MITTEILEN:

GESPRÄCHSTHEMA Die Schulsysteme vergleichen

Sie sprechen mit einem deutschen Freund/einer deutschen Freundin über die Schulsysteme in den USA und Deutschland. Eine Person findet das deutsche Schulsystem besser und die andere Person bevorzugt das amerikanische Schulsystem. Diskutieren Sie die Vorteile und Nachteile der beiden Systeme und versuchen Sie die andere Person zu überzeugen. Benutzen Sie die Redemittel rechts in ihrem Gespräch.

Denken Sie bei Ihrer Diskussion an die Folgenden Punkte

- Fächer
- Schulsport
- Freizeitaktivitäten
- Clubs
- Vorbereitung auf die Zukunft
- Berufsmöglichkeiten in der Zukunft
- Chancengleichheit für alle Schüler

Tipp:

Meinungsverschiedenheiten höflich ausdrücken

- Ich sehe das anders.
- Das ist richtig. Andererseits...
- Ich finde es kommt darauf an.
- Ich stimme zu, allerdings...
- Ich bin ganz anderer Meinung.
- Im Prinzip schon, aber...
- In diesem Punkt haben Sie vielleicht Recht, aber...
- Ich möchte nochmal auf ... zurückkommen.
- Könnte es nicht (auch) sein, dass...?
- Ich möchte nochmal auf ... zurückkommen.
- Wie meinen Sie das? Das habe ich jetzt nicht verstanden.

BESCHREIBEN UND ERKLÄREN:
Bildung in Deutschland und Amerika

SCHREIBAKTIVITÄT

Sie nehmen an einem Schulaustausch teil und geben in der Schule einen kurzen Votrag über das deutsche Bildungssystem und die Unterschiede zu dem amerikanischen System. Vergleichen Sie die beiden Systeme.

Denken Sie an die folgenden Fragen:

- Wie viele Klassenstufen haben die verschiedenen Schultypen?
- Was sind die größten Unterschiede zwischen den beiden Systemen?
- Was sind Vorteile und Nachteile der beiden Systeme?
- Welche Unterschiede gibt es aus der Perspektive der Lehrer?

Aktivität 1: Das deutsche Schulsystem.

Ergänzen Sie den Text mit den passenden Vokabeln. Verwenden Sie jedes Wort nur einmal.

Realschule	*Hauptschule*	*Gymnasium*	*Ausbildung*	*Abschluss*
Studium	*Abitur*	*Fähigkeiten*	*Interessen*	

In Deutschland haben Schüler nach der Grundschule die Wahl zwischen verschiedenen Schulformen. Es gibt die ______________________, in der SchülerInnen nach der 9. Klasse den Hauptschulabschluss machen können. In dieser Schule werden die SchülerInnen auf eine Berufsausbildung vorbereitet. Die zweite Schulform ist die ______________________. Der ______________________ dieser Schule heisst "Mittlere Reife" und man kann die Mittlere Reife nach der 10. Klasse bekommen. Auf dieser Schule werden die Schüler auch auf eine ______________________ vorbereitet. Es gibt allerdings bestimmte Ausbildungsgänge, die man nur mit einer Mittleren Reife verfolgen kann. Die dritte Schulform ist das ______________________, das mit dem ______________________ beendet wird. Diese Schule geht bis zur 12. Klasse. Der Abschluss dieser Schulform ist eine Hochschulzugangsberechtigung; das heißt man braucht diesen Abschluss um ein ______________________ an einer Universität beginnen zu können. Es ist auch möglich nach dem Hauptschulabschluss die Mittlere Reife zu machen und danach noch das Abitur zu bekommen. Zweck der verschiedenen Schulformen ist, dass jeder Schüler und jede Schülerin passend zu den individuellen ______________________ und ______________________ gefördert wird. Ob das Schulsystem wirklich fair für alle ist, wird in Deutschland immer wieder kontrovers diskutiert.

Aktivität 2: Über das deutsche Bildungssystem reden.

Schreiben Sie, welche Begriffe zu welchen Definitionen passen.

1. _____ Diese Schule führt zum Abitur und ist die Voraussetzung für ein Studium an einer Hochschule.

2. _____ Diese Schule dauert fünf oder sechs Jahre und bereitet auf praktische Berufe vor.

3. _____ Diese Schule besuchen alle deutschen Kinder für vier Jahre.

4. _____ Diese Schule besuchen Lehrlinge neben der normalen Berufsausbildung.

5. _____ Diese Schule vereinigt drei verschiedene Schultypen.

6. _____ Diese Schule schließt mit der mittleren Reife ab und bereitet besonders auf wirtschaftliche und technische Berufe vor.

a. die Gesamtschule
b. die Grundschule
d. das Gymnasium
e. die Hauptschule
f. die Realschule
g. die Berufsschule

AUFBAUEN UND WEITER ARBEITEN
Mein Ausbildungsweg

Hören Sie dem Text zu und beantworten Sie die Fragen.

1. Woher kommt die Studentin?

 ____

2. Auf welche Schulen ist sie gegangen und warum?

 ____

3. Was für einen Abschluss hat sie gemacht?

 ____

4. Welche Leistungskurse hatte sie?

 ____

5. Was möchte sie in der Zukunft machen?

 ____

THEMA 2

SCHULE AUS – WAS NUN? STUDIUM UND/ODER AUSBILDUNG

KULTURTIPP

Im Jahre 1956 wurde in Deutschland die *Wehrpflicht* eingeführt. Nach dieser Regelung mussten junge Männer ab 18 Jahren im Militär dienen. Seit 1968 gab es auch die Möglichkeit den Militärdienst mit dem *Zivildienst* zu ersetzen, wenn man den Ersatz beantragte und eine Begründung dafür einreichte. Seit dem 1. März 2011 wurden Wehrpflichtige nicht mehr zum Dienst verpflichtet. Seit dem 11. Juli, 2011 dürfen junge Männer nicht mehr zum Dienst einberufen werden.

Junge Frauen können nach wie vor ein freiwilliges soziales Jahr (FSJ) absolvieren. Seit der Suspendierung des Wehr- und Zivildiensts können junge Männer auch im Rahmen einer FSJ-Stelle der Gesellschaft dienen.

Beantworten Sie anhand der Bilder die folgenden Fragen:

- Welche Möglichkeiten gibt es für junge Menschen in Deutschland, die ihren Schulabschluss gerade absolviert haben?
- Welche Tätigkeiten stellen die Bilder dar? Welche dieser Tätigkeiten kann man nach dem Hochschulabschluss, dem Realschulabschluss und dem Abitur machen?
- Was denken Sie, was bedeutet der Begriff "der zweite Bildungsweg"?
- Lesen Sie den Text unten um genauere Informationen über die Ausbildunsmöglichkeiten in Deutschland zu erhalten.

INTERPRETIEREN UND REFLEKTIEREN: Bildungswege in Deutschland

Schüler in Deutschland haben verschiedene Möglichkeiten nach dem Schulabschluss, je nachdem, welche Schule sie besucht haben.

Hauptschulabschluss:	Nach dem Hauptschulabschluss in der neunten Klasse haben Schüler drei Möglichkeiten. Sie können direkt mit einem Berufsvorbereitungsjahr anfangen um danach eine Lehre zu beginnen. Sie können aber auch ein zusätzliches Jahr in der Schule verbringen um die mittlere Reife zu bekommen. Danach können sie in ein Berufsgrundbildungsjahr einsteigen oder direkt eine Lehre beginnen. Das BGJ ist für Realschüler, die sich auf den Einstieg in einen Beruf vorbereiten. Das BGJ kann auch schon als erstes Lehrjahr angerechnet werden. Während der praktischen Ausbildung in einer Firma muss der Auszubildende (Azubi) regelmäßig an Berufsschulunterricht teilnehmen. Diese Kombination von praktischem und schulischem Lernen nennt man **duale Ausbildung.**
Realschulabschluss:	Nach dem Realschulabschluss können die Absolventen direkt eine Ausbildung anfangen. Sie können aber auch zuerest eine Beruffschule besuchen und jenachdem wie lange sie bleiben, können sie das Gymnasium besuchen und das Abitur machen. Sie können nach drei Jahren und der dreizehnten Klasse eine Hochschule oder Fachhochschule besuchen
Abitur:	Nach dem Abschluss können die Abiturienten die Universität besuchen. Nur dem Abitur darf man sich an einer Uni immatrikulieren. Gängige Hochschulabschlüsse sind Bachelor, Master und Doktor. Nach dem Bachelorstudium können die Absolventen weiter studieren oder in das Berufsleben einsteigen. Oft machen die Studierenden während des Studiums ein Praktikum.
Zweiter Bildungsweg:	Der zweite Bildungsweg ist ein alternativer Bildungsweg für Menschen, die einen Schulabschluss bekommen möchten, den sie noch nicht auf ihrem normalen Durchlauf der Regelschule erhalten haben. Oft wird der zweite Bildungsweg von Menschen in Anspruch genommen, die während ihrer Schulzeit einen Haupt- oder Realschulabschluss absolviert haben, später aber noch ihren Realschulabschluss oder das Abitur nachholen wollen. Abendgymnasien, Abendrealschulen und Kollegs bieten die Kurse dazu an. Das Ziel des zweiten Bildungsweges ist allen die Möglichkeit zu geben, ihre Karrierechancen nachträglich zu verbessern.

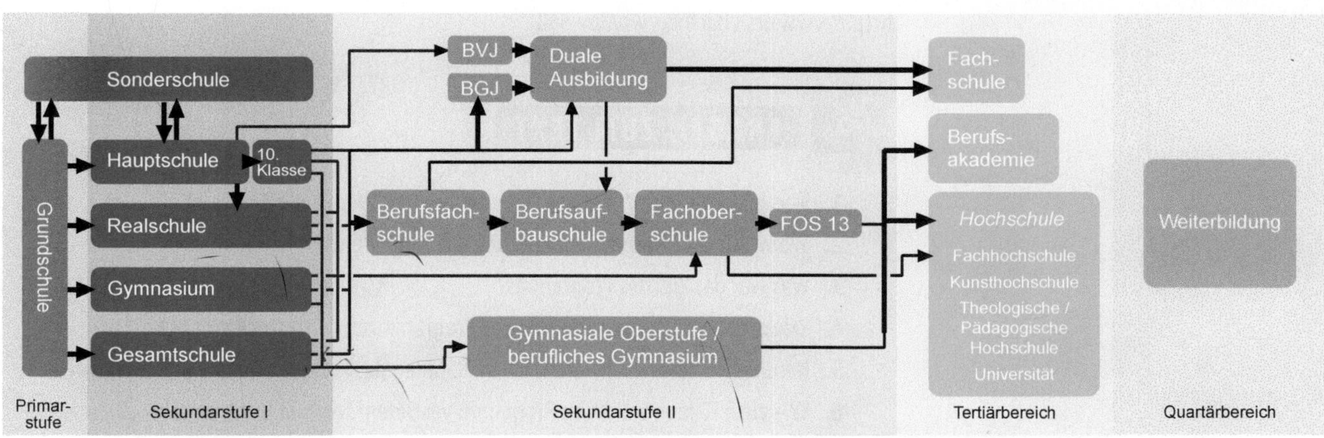

***** BVJ= Berufsvorbeitungsjahr* *BGJ= Berufsgrundbildungsjahr* *FOS= Fachoberschule*

Welche Möglichkeiten gibt es für diese Schüler/Schülerinnen?

1. Janosch möchte Computerwissenschaft studieren. Er hat aber nur einen Hauptschulabschluss. Was muss er machen?
2. Natalie hat einen Realschulabschluss und ein Jahr Berufserfahrung. Sie möchte Rechnungswesen an der Universität studieren. Was muss sie machen?
3. Mario hat einen Hauptschulabschluss und möchte sofort als Automechaniker arbeiten. Was muss er machen um die richtige Qualifikation dafür zu bekommen?

Der Weg in die Ausbildung:

Der Start ins Berufsleben ist keine Nebensache. Wer gut informiert ist, kommt schneller ans Ziel. Wer sich gezielt vorbereitet, erlebt keine bösen Überraschungen. Das ist der Gedanke, der hinter der Aktion "Der Weg in die Ausbildung" steht.

Rund 100 Betriebe und Schulen beteiligten sich an der Aktion "Der Weg in die Ausbildung". Sie fand am 5. und 6. November 2008 in allen Teilen des Saarlandes statt. Ziel war es, mit praktischen Beispielen die Schüler(innen) noch besser auf Berufswahl und Ausbildung vorzubereiten. Landesregierung, Arbeitsagentur und viele regionale Partner standen hinter der Aktion, die im Saarland zum zweiten Mal stattfand.

Fünfzehn Betriebe, Messen und Schulen wurden von den Schülerinnen und Schülern der Klassen 8H, 9H/M und 10 besucht. Die Bandbreite reichte vom KFZ-Handwerk bis zur Bundeswehr. Die Schülergruppen dokumentieren die Besuche mit Texten und Fotos... Folgende Betriebe wurden besucht: Mega Company Lebach, HKS Heizungsbau Lebach, Arvato Heusweiler, Optik Mahl Lebach, Mercedes Breitenbach Lebach, McDonalds Lebach, Kaufland Lebach.

http://www.erslebach.de/wp/?p=558

??? FRAGEN ZUM TEXT

1. Was bedeutet das Motto des Programms: "Der Weg in die Ausbildung"?
2. Wo wurde das Program durchgeführt und mit welchen Teilnehmern?
3. Was war das Ziel des Programms?
4. Wie oft hatte zu dem Zeitpunkt das Programm schon stattgefunden?
5. Nennen Sie **zwei** Aktivitäten, die im Rahmen des Programms stattgefunden haben.
6. Wie viele Firmen waren im Programm vertreten? Nennen Sie **drei** davon. Kennen Sie diese Firmen?

SPRACHFUNDAMENT 2:
Verben und Adverbien mit Präpositionen und Da-/Wo-Konstruktionen

Manche **Verben und Adverbien** werden mit einer festen Präposition verwendet. Die Präposition bestimmt den Kasus des darauffolgenden Nomens.

Zum Beispiel:

- Ich freue mich **auf** das Wochenende.
- Ich interessiere mich **für** die Filme von Werner Herzog.
- Ich bin **an** der Politik interessiert.
- Ich bin beunruhigt **über** die Zukunft.

WO: FRAGE	DA: AUSSAGE
Wenn man eine Frage stellt, in der ein Verb mit einer festen Präposition steht, kann man **zwei** verschiedene Konstruktionen verwenden.	Man kann auch einen Satz bilden, in dem ein Verb mit einer festen Präposition steht. Es gibt ebenfalls **zwei** verschiedene Konstruktionen, die man verwenden kann.
Wenn es um einen Gegenstand handelt, benutzt man eine **Wo-Konstruktion.** • Worum kümmerst du dich? Ich kümmere mich um die Wäsche.	Wenn es um einen Gegenstand handelt, benutzt man eine **Da-Konstruktion.** • Wer kümmert sich um die Wäsche? Ich kümmere mich darum.
Wenn es um einen Menschen geht, verwendet man das **Personalpronomen.** • Um wen kümmerst du dich? Ich kümmere mich um die Kinder.	Wenn es um einen Menschen geht, verwendet man das **Personalpronomen.** • Wer kümmert sich um die Kinder? Ich kümmere mich um sie.

Tipp:

- Wenn man mit einem Satz eine längere Idee ausdrücken will, verwendet man eine Da-Konstruktion und eine Konjunktion wie "dass" oder "wenn".

Beispiele:

- Worüber hast du dich gefreut?

Ich habe mich darüber gefreut, dass ich am Wochenende keine Schule hatte.

- Worüber hast du dich geärgert?

Ich habe mich darüber geärgert, dass ich um 21.00 Uhr ins Bett gehen musste.

NEUE VOKABELN

sich langweilen
sich einigen + über
sich fühlen
sich vorbereiten + auf
sich fürchten + vor
sich fragen + über
sich ärgern =
sich merken
sich interessieren + für
sich freuen + über
+ auf

Aktivität 1: Wie findest du das Studium?

Maria und Frank reden über ihre Kurse an der Uni. Ergänzen Sie den Text mit den passenden Präpositionen. Jede Präposition wird nur einmal verwendet.

über	*auf*	*für*	*über*
zu	*vor*	*auf*	*über*

Frank: _______ welche Fächer interessierst du dich?

Maria: Ich mag alle meine Kurse, aber _______ Mathe freue ich mich immer am meisten.

Frank: Echt? Mathe? Ich frage mich, wie du ein solches Fach mögen kannst . Ich mag es überhaupt nicht. Ich ärgere mich immer _______ die Formeln, die wir lernen müssen. Sie sind so unlogisch!

Maria: Das stimmt nicht! Du musst dir die Formeln einfach ganz gut merken. Ich fühle mich in dem Kurs wohl, aberich muss mich auch ganz gut _______ die Klausuren vorbereiten. Das Material ist gar nicht so einfach.

Frank: Ich weiß doch, ich fürchte mich immer _______ den Prüfungen, denn sie sind so schwer! Ich mag viel lieber meinen Biologiekurs.

Maria: Ach, was! Biologie? Ich freue mich überhaupt nicht _______ den Kurs ich, denn ich langweile mich so sehr.

Frank: Tja, Maria. Wir werden uns nie _______ die Kurse einigen. Wir haben einfach verschiedene Meinungen _______ dem Thema.

Aktivität 2: Ein Interview

Stellen Sie Ihren/Ihrem PartnerIn die folgenden Fragen und verwenden Sie die passenden Verbformen und Präpositionen.

1. worauf ... sich .... freuen?
2. worüber ... sich ... ärgern?
3. wofür ... sich ... interessieren?
4. wovor ... sich ... fürchten?
5. worüber ... sich... wundern?
6. was machen, um sich zu amüsieren?
7. sich beeilen - wohin und warum?

Spinnen
SciFi–Bücher
die Arbeit
Schlange
die Sterne
die Ferien
das Universum
die Prüfung
das Wochenende
Horror–Filme
Zeit mit Freunden
usw.

Aktivität 3: Mein Leben

Sie erinnern sich an die Kindheit. Erzählen Sie was passiert ist, indem Sie Sätze mit den **reflexiven Verben + Präpositionen** bilden. Verwenden Sie in **zwei** Sätzen eine **Da-Konstruktion + dass.** Schreiben Sie zuerst die Präposition und dann den Satz. Verwenden Sie das Perfekt.

Beispiel: (verärgert + über)

Ich war immer **über** das schlechte Wetter im Sommer verärgert.

ODER:

Ich war immer **darüber** verärgert, dass es so oft im Sommer schlechtes Wetter gab.

1. interessiert + an
2. verbittert + über
3. nützlich + für
4. glücklich +über
5. entsetzt + über
6. beunruhigt + über

VERSTEHEN & MITTEILEN:
Ausbildung oder freiwilliges soziales Jahr?

HÖRAKTIVITÄT

Ein Student redet von seinem akademischen Werdegang. Hören Sie dem Text zu und beantworten Sie die Fragen **auf Deutsch.**

- Wie heißt der Student?
- Welche Schule hat er besucht?
- Was waren seine Lieblingsfächer?
- Was hat er gemacht, nachdem er seinen Abschluss von der Schule absolviert hat?
- Was möchte er in der Zukunft machen?
- Welche Vorteile und Nachteile des deutschen Bildungssystems erwähnt er?

BESCHREIBEN UND ERKLÄREN:
Was mache ich denn jetzt?

Sie haben über das Bildungssystem in Deutschland gelesen und gesprochen. Nach dem Schulabschluss gibt es mehrere Möglichkeiten. Man kann weiter studieren, eine Ausbildung machen oder sich für ein freiwilliges soziales Jahr anmelden. Stellen Sie sich vor, Sie sind Schüler/Schülerin in Deutschland. Welche Möglichkeit finden Sie am besten und warum? Woran sind Sie persönlich interessiert (dem Umgang mit Menschen, der Arbeit in einem Unternehmen oder, bei einer Bank, usw.)? Schreiben Sie in einem Aufsatz darüber, welche Möglichkeiten es in Deutschland gibt. Beschreiben Sie die Vorteile und Nachteile von jeder Möglichkeit und wie Sie sie persönlich finden. Dann erklären Sie, was Sie persönlich machen möchte.

Aktivität 1: Eine Praktikantenstelle.

Ergänzen Sie den Text mit den passenden Verben und Pronomen. Sie werden jedes Verb nur einmal verwenden.

sich verabreden	*sich bedanken*	*sich erkundigen*	*sich entscheiden*
sich interessieren	*sich bewerben*	*sich verabschieden*	*sich treffen*
sich vorstellen	*sich wundern*	*sich freuen*	

Sven Merkers ist Marketing-Student an der Humboldt Universität in Berlin. Er ____________________ ________ besonders für Online-Marketing und ____________________ ________ im Internet nach Praktikantenstellen. Er ____________________ ________ dann, wenn er sofort zwei Praktikantenstellen findet: eine bei der Firma *Internet Consumer Services GmbH* in Hamburg und eine bei Software Load in Darmstadt. Er ____________________ ________ für die Stelle bei Internet Consumer Services GmbH, denn er möchte in Norddeutschland leben. Im Internet liest er darüber, dass er die Bewerbung per Post an die Personalabteilung senden soll. Er____________________ ________, dass er seine Dokumente an die Firma schicken muss und ________ nicht online ____________________ kann – es ist doch eine Internetfirma! Trotzdem schickt er an die Adresse einen Brief, in dem er ________ ____________________ und sein Studium, seine Interessen und seine Arbeitserfahrung beschreibt. In zwei Wochen bekommt er einen Anruf von *Internet Consumer Services GmbH* und ____________________ ________ mit Herrn Steinholz, dem Direktor der Marketing-Abteilung. Am Dienstag ____________________ er ________ mit Herrn Steinholz. Sie reden über die Stelle und Sven erfährt, dass er in einer Woche anfangen darf. Er ____________________ ________ bei Herrn Steinholz und verlässt das Büro. Bevor er geht, ____________________ ________ von den anderen Kollegen in der Marketingabteilung.

Aktivität 2. Die anderen Praktikanten.

Schauen Sie sich die neuen Wörter an. Dann schreiben Sie die Vokabeln, die die Praktikanten am besten beschreiben.

1. Herr Mendelssohn ist ________________; er arbeitet gern im Team.
2. Frau Dengler ist ________________; sie hilft immer, wenn jemand ein Problem hat.
3. Angela Schmidt lernt gern über neue Prinzipien. Sie ist sehr ________________.
4. Alle mögen Johannes Hoffmann gern, denn er ist sehr nett und ________________.
5. Johanssen kann vieles auf einmal machen und beginnt immer neue Projekte. Er ist sehr ________________; nichts ist zu viel für ihn.
6. Maria und Jakob Miele sind ________________. Sie nehmen sehr gern Kontakt mit anderen auf.
7. Henner Zeibel versteht sich gut mit allen und kann ohne Probleme mit fremden Leuten reden. Er ist sehr ________________.
8. Man kann sich immer auf Laura Zeiss verlassen. Sie ist sehr ________________ und macht alle Aufgaben sofort.
9. Mario Bachmann ist sehr ________________. Er arbeitet 40 Stunden die Woche und belegt in seiner Freizeit auch Kurse an der Hochschule.

NEUE VOKABELN

- aufgeschlossen
- belastbar
- kontaktfreudig
- hilfsbereit
- lernbereit
- sympathisch
- diszipliniert
- zuverlässig
- teamfähig

AUFBAUEN UND WEITER ARBEITEN
Über Berufe und Qualifikationen reden

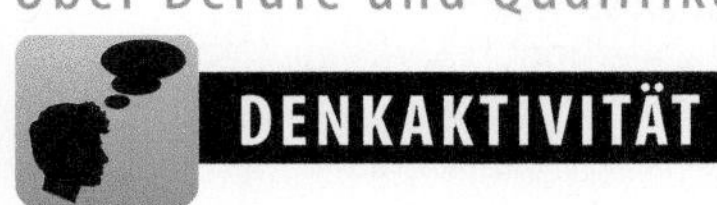

Aktivität 1: Fähigkeiten und Eigenschaften.

Welche Fähigkeiten und Eigenschaften muss man für die folgenden Berufe besitzen?

- Bankkauffrau ________________
- Architekt ________________
- Ärztin ________________
- Geschäftsleiterin ________________
- Maurer ________________
- Regierungschef ________________
- Informatiker ________________
- Verkäufer ________________
- Tischler ________________
- Automechanikerin ________________

Aktivität 2: Welchen Abschluss?

Schreiben Sie, welchen Abschluss man man für diese Berufe braucht.

- Programmierer ____________________
- Grafik-Designerin ____________________
- Bäcker ____________________
- Künstler ____________________
- Politiker ____________________
- Journalistin ____________________
- Nachrichtenmoderator ____________________
- Lehrerin ____________________
- Professor ____________________
- Baumeister ____________________

Aktivität 3: Eine Stelle für Sie.

Besprechen Sie mit einem Partner/einer Partnerin die folgenden Fragen.

- Wie sehen Ihre Zukunftspläne aus? Suchen Sie eine Stelle für den Sommer/eine Pratikantenstelle, oder wollen Sie eine Dauerbeschäftigung?
- Was für eine Stelle suchen Sie? Was sind die Bedingungen dieser Stelle?
- Was für einen Abschluss/eine Ausbildung brauchen Sie für diese Stelle?
- Welche anderen Fähigkeiten/Eigenschaften sind für diese Stelle wichtig?

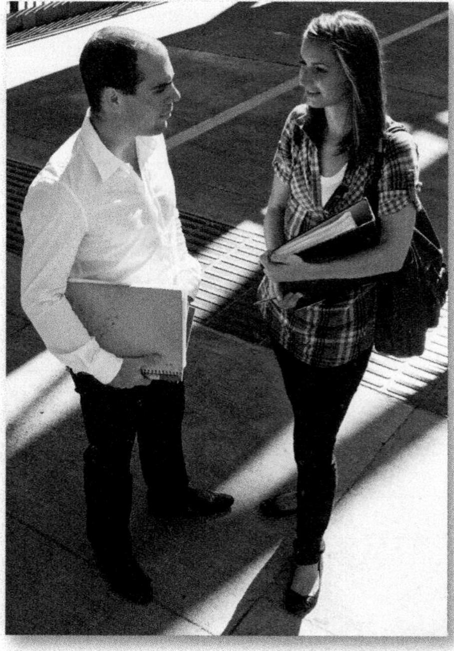

EINSTIEG IN DAS BERUFSLEBEN

- Wie alt waren Sie, als diese Dinge in Ihrem Leben passiert sind? Schreiben Sie Ihr Alter unter die Bilder und vergleichen Sie Ihre Information mit der eines Partners/einer Partnerin.

INTERPRETIEREN UND REFLEKTIEREN:
Ihr Pass für die Zukunft!

Der Europass

Der **Europass** wurde 2004 vom Europäischen Rat und dem Europäischen Parlament eingeführt. Um den Europass in Europa einzuführen und zu verbreiten, wurden in allen Ländern der Europäischen Union (EU) und des Europäischen Wirtschaftsraums (EWR) Nationale Europass Center (NEC) eröffnet. Diese Center koordinieren alle Aktivitäten, die die fünf **Europass** Transparenzdokumente betreffen. Das NEC Netzwerk soll den Informations- und Erfahrungsaustausch in den europäischen Ländern sicherstellen.

Der Zweck des Europass ist es, den europäischen Arbeitsmarkt weiter zu integrieren. Der **Europass** beinhaltet verschiedene Transparenzdokumente und Bescheinigungen (Kurzbeschreibungen s.u.), die Ihre persönlichen Qualifikationen und Kompetenzen übersichtlich darstellen. Die Grundlage des Europass ist der europäische Lebenslauf, der Ihnen hilft die persönliche Vita in einer modernen, übersichtlichen Struktur darzustellen. Dieser Lebenslauf ist für eine Bewerbung in "Brüssel" längst unentbehrlich geworden.

Die **Europass** Dokumente:

- **Europass Lebenslauf**: europäischer Lebenslauf
- **Europass Sprachenpass**: Dokumentation von Sprachkenntnissen
- **Europass Mobilität**: Dokumentation von Lern- und Arbeitserfahrungen in Europa
- **Europass Diploma Supplement**: Erläuterung zum Hochschulabschlusszeugnis
- **Europass Zeugniserläuterung**: Erläuterung zum beruflichen Abschlusszeugnis

Mit dem **Europass** können Sie Ihre Qualifikationen, Fähigkeiten und Kompetenzen europaweit verständlich darstellen. Das schafft Transparenz und ist eine wichtige Hilfe, um die Chancen des geeinten Europas optimal zu nutzen. Der **Europass** öffnet Ihnen alle Türen zum Lernen und Arbeiten in Europa – im Studium, in der Ausbildung oder bei der Arbeitssuche.

1. Wann und von wem wurde der Europass eingeführt?
2. Welche Gründe gab es dafür?
3. Was gehört zum Europass? Beschreiben Sie die verschiedenen Dokumente.
4. Was können EU-Bürger und -Bürgerinnen mit dem Europass machen?
5. Finden Sie die Idee des Europass gut? Warum (nicht)?

Der Europass Lebenslauf

Schauen Sie sich den folgenden Lebenslauf an und notieren Sie die Unterschiede und Ähnlichkeiten zwischen dem **Europass Lebenslauf** und einem **Lebenslauf** in den USA.

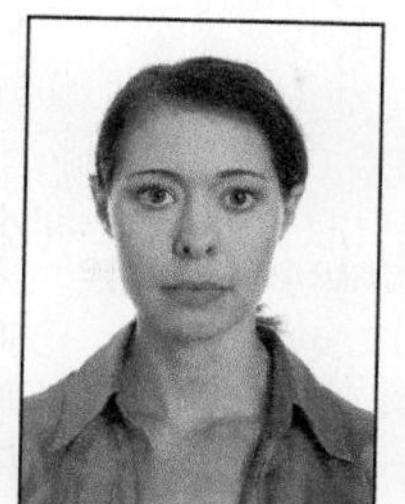

Europass-Lebenslauf

Angaben zur Person

Nachname(n) / Vorname(n)	**Bergmann, Janina**
Adresse(n)	Schillergasse 18, D-35274 Kirchhain
Telefon	+49-(0) 221-5208-2030
Fax	+49-(0)221- 5208-2031
E-Mail	jbergmann@gmail.com
Staatsangehörigkeit	Deutsch
Geburtsdatum	3. April 1989
Geschlecht	weiblich
Gewünschte Beschäftigung / Gewünschtes Berufsfeld	**Werbekauffrau**
Schul- und Berufsbildung	
Datum	2007-2010
Bezeichnung der erworbenen Qualifikation	Volkswirtin, B.A.
Hauptfächer	Volksswirtschaftslehre (VWL)
Name und Art der Einrichtung	Universität Gießen
Datum	2006
Bezeichnung der erworbenen Qualifikation	Abitur (Durchschnittsnote 2,1)
Name und Art der Einrichtung	Schiller Gymnasium, Bielefeld
Berufsbildung	
Datum	Januar-Juni 2007
Beruf oder Funktion	Praktikum im Bereich Wirtschaftsjournalismus
Name des Arbeitgebers	Zeitung "Herald Tribune" in London, England
Datum	Juni-Dezember 2006
Beruf oder Funktion	Praktikum im Bereich Marktforschung
Name des Arbeitgebers	Hurlicon GmbH in Zürich, Schweiz
Persönliche Fähigkeiten und Kompetenzen	
Muttersprache(n)	**Deutsch**

Sonstige Sprachen

	Hören		Lesen		Sprechen		Schreiben	
Englisch	C2	kompetente Sprachverwendung	C2	kompetente Sprachverwendung	C2	kompetente Sprachverwendung	C2	kompetente Sprachverwendung
Italienisch	B2	selbstständige Sprachverwendung	B2	selbstständige Sprachverwendung	B2	selbstständige Sprachverwendung	B1	selbstständige Sprachverwendung
Russisch	B1	selbstständige Sprachverwendung	B1	selbstständige Sprachverwendung	B1	selbstständige Sprachverwendung	B1	selbstständige Sprachverwendung

Soziale Fähigkeiten und Kompetenzen	teamfähig, Freude am Umgang mit Menschen, verantwortungsbewusst, schnelle Auffassungsgabe, aktiv
IKT-Kenntnisse und Kompetenzen	sicherer Umgang mit gängigen Microsoft Office Programmen, praktische Erfahrungen mit IBM SPSS (Statistik), Adobe Acrobat, Adobe Photoshop
Künstlerische Fähigkeiten und Kompetenzen	Klavier spielen, Aquarell malen
Anlagen	Kopien der Zeugnisse, Arbeitszeugnisse

??? FRAGEN ZUM TEXT

1. Woher kommt der Name "Lebenslauf"?
2. Nennen Sie die Teile eines europäischen Lebenlaufs.
3. Was für eine Stelle sucht die Kandidatin? Ist sie dafür qualifiziert?
4. Wie beschreibt sich die Kandidaten? Welche technischen und sozialen Fähigkeiten hat sie?
5. Wie unterscheidet sich der europäische Lebenslauf von dem amerikanischen?

SPRACHFUNDAMENT 3: Konjunktiv II und Würde-Konstruktionen

Der Kunjunktiv II hat drei Funktionen:

- Wünsche ausdrücken;
- hypothetische oder unrealistische Situationen beschreiben;
- höfliche Fragen stellen.

Der **Konjunktiv II** basiert auf dem **Präteritum**. Bei manchen Verben kann man zwischen dem **Konjunktiv II** und dem **Präteritum** nicht unterscheiden; bei anderen gibt es eine Änderung des Stammvokals und der Endung.

Konjunktiv II	Die Vollverbformen
Regelmäßige Verben	Die Form ändert sich NICHT vom **Präteritum.** **Beispiel**: **Präteritum: machen => machte** **Konjunktiv II: => machte** Er machte mehr, wenn er mehr Freizeit hätte.
Unregelmäßige Verben	Die Stammform ist wie im **Präteritum** aber **mit einem Umlaut (a, o, u)** und ein **–e** Endung. **Beispiel:** **Präteritum: finden => fand** **Konjunktiv II: fand + ¨ + -e = fände** Er fände es gut, wenn er mehr Freizeit hätte.
Mischverben	Die Stammform ist wie im **Präteritum** aber **mit einem Umlaut (a, o, u)** und ein **–e** Endung. **Beispiel:** **Präteritum: wissen => wusste** **Konjunktiv II: => wusste + ¨ + -e = wüsste**

Die Konjugation der unregelmäßigen Verben unterscheidet sich von der normalen Konjugation durch die Endungen.	
ich gäbe	wir gäben
du gäbest	ihr gäbet
er/es/sie gäbe	sie/Sie gäben

Die Würde-Konstruktion

Würde ist die Konjunktiv II-Form von "werden". Man verwendet **würde + Infinitiv** eines Verbs um den Konjunktiv II zu bilden, wenn man die Vollverb-Form nicht benutzen will. In der **Würde-Konstruktion** steht der Infinitiv am Ende des Satzes.

Beispiele:
Präteritum: werden=> wurde
Konjunktiv II: wurde + ¨ + -e= würde
Ich **würde** öfter eine Reise **machen**, wenn ich mehr Geld hätte.

Tipp:

Man verwendet die **Würde-Konstruktion** viel mehr als die **Vollverbformen.** Die Vollverbformen von manchen Verben werden doch oft verwendet.

Zum Beispiel:

finden, geben, gehen, haben und sein erscheinen oft als Vollverbformen im Konjunktiv II.

Aktivität 1: An Ihrer Stelle würde ich...

Ein Freund von Ihnen sucht einen Ausbildungsplatz aber findet keinen. Er ist bereit die Suche aufzugeben und fragt Sie nach Ihrer Meinung. Was raten Sie ihm?

Beispiel:

An deiner Stelle würde ich weiter einen Ausbildungsplatz suchen.

1. Soll ich zum Berufsberater gehen?

____

2. Viellicht kann ich einen Computerkurs belegen.

____

3. Ich muss mein Englisch verbessern.

____

4. Ich möchte eine Stelle, in der ich kreativ sein kann.

____

Aktivität 2: Wenn ich jetzt schon einen Beruf hätte...

Erklären Sie, was Sie machen würden, wenn Sie schon einen Beruf hätten. Verwenden Sie den **Konjunktiv II** und die **Würde-Konstruktion**.

Wenn ich jetzt schon einen Beruf hätte....

1. mehr Geld verdienen

2. eine tolle Reise machen

3. neue Kleidung kaufen

4. weniger Fernsehen schauen

5. einen besseren Computer finden

VERSTEHEN & MITTEILEN:
Mein Traumjob

NEUE VOKABELN

teamfähig
einsatzfreudig
zuverlässig
sprachenbegabt
kreativ
verantwortungsbewusst
fleißig
technisch begabt

Diskutieren Sie mit einem Partner/einer PartnerIn über Ihren Traumjob und verwenden Sie den **Konjunktiv II** und die **Würde-Konstruktion.** Denken Sie an Folgendes:

- wo ... arbeiten
- was ... machen
- wie ... arbeiten (allein, im Team, usw.)
- Kollegen und Kolleginnen (nett, fleißig, kreativ, usw.)
- der Chef/die Chefin (verständnisvoll, freundlich, intelligent usw.)
- wie viel Geld... verdienen
- ins Ausland reisen (gern/nicht gern)

BESCHREIBEN UND ERKLÄREN:
Meine Qualifikationen

Der Lebenslauf.

Sie bewerben sich um eine Stelle bei einer großen Firma in Österreich und müssen Ihren Lebenslauf zusammenstellen. Benutzen Sie den Europass Lebenslauf als Muster und schreiben Sie Ihren eigenen Lebenslauf. Welche Schwerpunkte betonen Sie? Welche technischen und sozialen Fähigkeiten haben Sie? Wie bewerten Sie Ihre Fähigkeiten in Deutsch nach den europäischen Standards?

Das Bewerbungsschreiben.

Jetzt schreiben Sie einen Brief, in dem Sie sich vorstellen und Ihre Qualifikationen beschreiben. Beschreiben Sie die Art der Stelle, die Sie suchen und erklären Sie Ihre Stärken und Fähigkeiten. Verwenden Sie die neuen Vokabeln, die Sie gelernt haben.

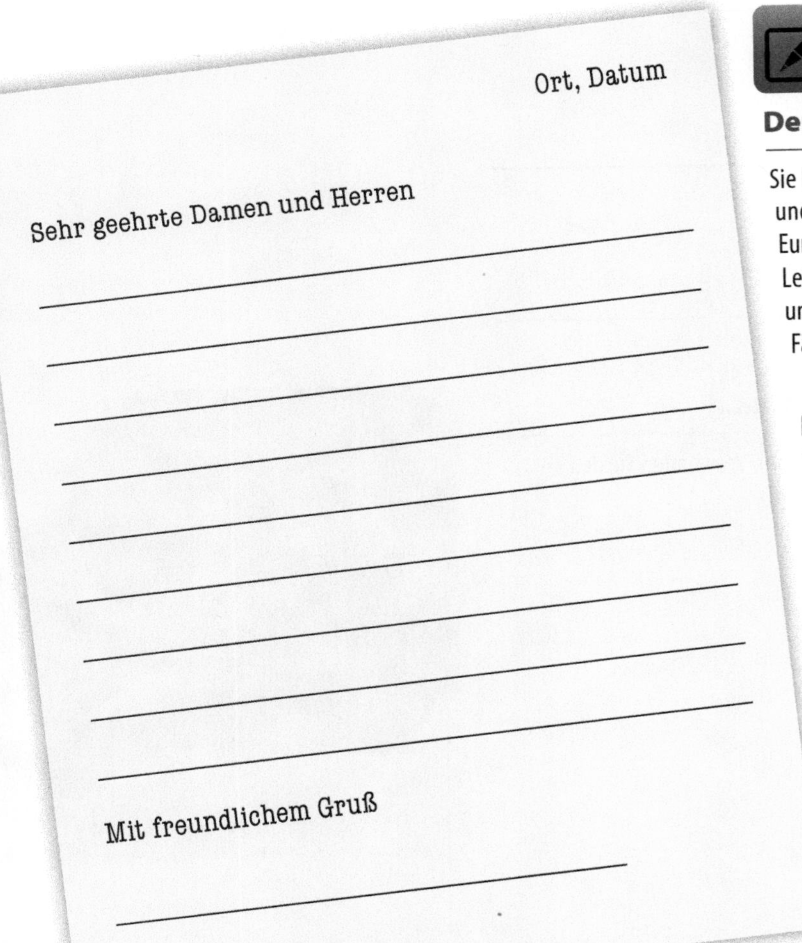

Ort, Datum

Sehr geehrte Damen und Herren

Mit freundlichem Gruß

Aktivität 1: Eine Arbeit suchen

Ergänzen Sie den Text mit den passenden Vokabeln.

Arbeitszeiten *Arbeitsbedingungen* *Arbeitserfahrung*
Arbeitsvermittlung *Arbeitsmarkt* *Arbeitsplatz* *Arbeitsamt*

Wenn Sie einen _______________ suchen, ist es hilfreich zum _______________ zu gehen. Dort sagen Sie Ihnen, wie die Situation auf dem _______________ ist. Die Zentralstelle für _______________ ist in Frankfurt am Main. Wenn man von _______________, also Löhnen und _______________ spricht, muss man erwähnen, dass Deutschland europaweit an der Spitze steht. Mit praktischer _______________ werden Sie relativ leicht eine Stelle finden können.

Aktivität 2. Über die Arbeitserfahrung reden

Welches Verb passt zu welchem Nomen? Schreiben Sie die Vokabeln in die Lücken.

sammeln *machen* *abschließen* *belegen* *schreiben*
besuchen *studieren* *arbeiten* *bekommen* *absolvieren*

1. Man _______________ als Jugendliche eine Schule.
2. Dann _______________ man eine Ausbildung oder _______________ ein Fach an der Universität.
3. Man _______________ viele Kurse in seinen Haupt- und Nebenfächern.
4. Man muss Examen in diesen Fächern _______________, bevor man einen Abschluss _______________.
5. Nachdem man das Studium _______________ hat, kann man ein Praktikum _______________.
6. Man _______________ Erfahrungen, wenn man bei einer Firma arbeitet.

AUFBAUEN UND WEITER ARBEITEN
Bei der Werbeagentur

Szenario 1:

Stellen Sie sich vor, Sie sind Arbeitgeber bei einer Werbeagentur und suchen einen neuen Mitarbeiter/eine neue Mitarbeiterin. Diese Person soll an der Werbekompagne für neue Schmitts Schoko-Bon Bons arebeiten und muss kreativ sein. Welche Fähigkeiten halten Sie für wichtig? Machen Sie in Kleingruppen eine Liste. Dann schreiben Sie eine Liste von Fragen, die Sie während eines Vorstellungsgesprächs stellen könnten.

Szenario 2:

Stellen Sie sich vor, Sie bewerben sich um eine Stelle bei einer Werbeagentur, die an einer Werbekompagne für Schmitts Schoko-Bon Bons. Sie sollen kreativ und teamfähig sein und gute Ideen zum Gespräch bringen. Machen Sie in Kleingruppen eine Liste von Eigenschaften und Fähigkeiten, die Sie haben. Dann besprechen in der Gruppe Fragen, die Sie während eines Vorstellungsgesprächs stellen könnten.

Rollenspiel:

Nachdem Sie das Thema in Kleingruppen besprochen haben, arbeiten Sie mit einem Partner/einer Partnerin zusammen um die Situation eines Vorstellungsgesprächs vorzuspielen. Versuchen Sie so authentisch zu sein wie möglich.

VERBINDUNGEN UND ERWEITERUNGEN
Eine Stelle suchen

Schauen Sie auf der Webseite monster.de nach Stellen, die Sie interessieren. Schreiben Sie Details zur Stelle auf.

Zum Beispiel:

- Wie heißt die Firma?
- In welcher Stadt ist die Stelle?
- Sucht die Firma bestimmte Eigenschaften oder Fähigkeiten in einem Mitarbeiter/einer Mitarbeiterin?
- Braucht man Fremdsprachenfähigkeiten für die Stelle?
- Was müssen Sie im Rahmen dieser Stelle machen?
- Gibt es Reisemöglichekeiten?
- Was wären Vorteile und Nachteile der Stelle, wenn Sie bei dieser Firma arbeiten würden?

Machen Sie Notizen über die Firma. Dann schreiben Sie ein Bewerbungsschreiben.

IM KINO Advertising Rules

Schauen Sie den Film *Advertising Rules* (2001). Dann bereiten Sie sich auf eine Diskussion im Kurs vor, indem Sie die Fragen unten beantworten.

1. Wer ist Viktor Vogel? Warum bekommt er den Job in der Werbeagentur?
2. Wer ist Eddie Kaminsky? Mit welchem Problem wird er konfrontiert?
3. Viktor Vogel gerät in Schwierigkeiten. Was ist das Problem und wie versucht er es zu lösen?
4. Wer ist Rosa? Welche schwere Entscheidung muss sie treffen? Wie finden Sie Ihre Entscheidung?

Fähigkeiten und Eigenschaften

Beschreiben Sie die Eigenschaften der Charaktere aus dem Film mit den neuen Vokabeln, die Sie gelernt haben.

1. Viktor Vogel: ______________________
2. Eddie Kaminsky: ______________________
3. Rosa: ______________________
4. Werner Stahl: ______________________
5. Frau von Schulenberg: ______________________

Interpretationen

1. Viktor Vogel hat ein großes Problem. Was würden Sie ihm raten?
2. Was würden Sie an Rosas Stelle tun?
3. Wie könnte Eddie Kaminsky die Situation verbessern?
4. Sind Sie mit dem Schluss des Filmes zufrieden? Warum (nicht)?

AKTIVER WORTSCHATZ

NOMEN

der Abiturient, -en/	graduate (m)
die Abiturientin, -en	graduate (f)
der Abschluss	degree
der Absolvent, -en/	graduate (m)
die Absolventin, -nen	graduate (f)
die Ausbildung	apprenticeship; education
die Bewerbung	application
die Bildung	cultivation; education
die Chance	chance
die Dauerbeschäftigung	permanent employment
das Fach, ¨er	subject
die Fähigkeit, en	ability
das Interesse, en	interest
das Interessenfeld,- er	field of interest
die Laufbahn, -en	career
die Lehre, -n	apprenticeship
der Leistungskurse, -e	major course
der Schulsport	school sports
das Studium	studies
der Typ, -en	type
die Unterlage, -n	document
der Verein, -e	club
die Vorstellung, -en	idea; introduction
der Werdegang, ¨e	development

VERBEN

aufbauen	to build up
immatrikulieren	to matriculate
schauen	to watch
sich ärgern + über (Akk)	to be angry about
sich ausruhen	to relax
sich bedanken + bei (Dat)	to thank
sich beeilen	to hurry
sich bewerben + um (Akk)	to apply
sich einigen	to agree upon
sich entscheiden + über (Akk)	to decide
sich erkundigen + nach (Dat)	to find out about
sich freuen + auf (Akk)	to look forward to
sich freuen + über (Dat)	to be happy about
sich informieren + über (Akk)	to inform oneself
sich interessieren + für (Akk)	to be interested in
sich langweilen	to be bored
sich merken	to notice
sich streiten + mit (Dat)	to argue with
sich treffen	to meet
sich überlegen	to consider
sich vorbereiten + auf (Akk)	to prepare for
sich vorstellen	to introduce
sich verabreden + mit (Dat)	to make an appointment
sich verständigen	to make oneself understood

ADJEKTIVE/ ADVERBIEN

aufgeschlossen	open, outgoing
belastbar	able to take on many things
diszipliniert	disciplined
einsatzfreudig	engaged
fleißig	industrious
hilfsbereit	ready to help
kontaktfreudig	likes making new contacts
kreativ	creative
lernfbereit	eager to learn
möglich	possible
nachträglich	after the fact
sympathisch	congenial, likable
sprachenbegabt	good with languages
teamfähig	able to work in a team setting
technisch begabt	talented with technology
verantwortungsbewusst	responsible
zuverlässig	reliable

WICHTIGE AUSDRÜCKE

der zweite Bildungsweg	alternative to achieving a school degree and admission to university study
das duale System	work and study program that prepares participants for a profession
ich interessiere mich für eine Stelle als...	I am interested in a position as...
mit freundlichem Gruß/ mit freundlichen Grüßen	with friendly greeting(s) (used in situations in which one would use "Sincerely")
Sehr geehrte Damen und Herren	Dear Ladies and Gentleman (used in situations in which one would use "To Whom it May Concern")

KAPITEL

3

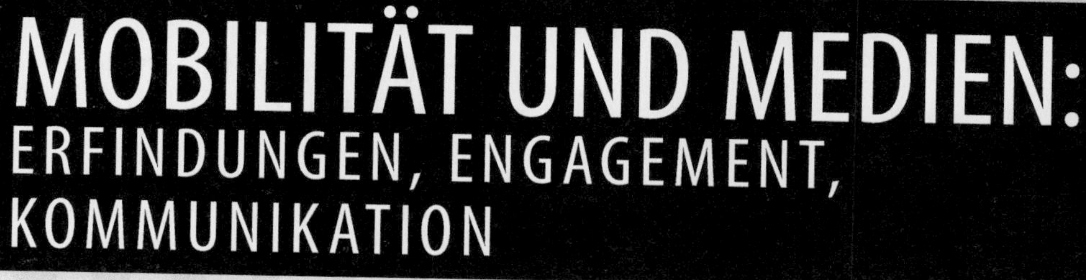

MOBILITÄT UND MEDIEN:
ERFINDUNGEN, ENGAGEMENT, KOMMUNIKATION

WORUM GEHT ES HIER?

Kapitel 3: Mobilität und Medien: Erfindungen, Engagement, Kommunikation

- Was für eine Rolle spielen Technik und Medien in Ihrem Leben?
- Welche Erfindungen finden Sie am wichtigsten?
- Warum gibt es immer neue Erfindungen?
- Welche Länder sind für ihre Innovationen bekannt?

DEUTSCHLAND—LAND DER TECHNIK

- Welche Beschreibungen passen zu den Bildern?
  - **a.** Ein Fortbewegungsmittel, das es dem Menschen ermöglicht schnell und unabhängig zu reisen.
  - **b.** Ein Kommunikationsmittel, durch das ein Autor oder eine Autorin ein großes und diverses Publikum erreichen kann.
  - **c.** Ein Apparat, den man benutzt um über weite Entfernungen mit anderen Personen zu sprechen.
  - **d.** Ein Fahrzeug, das saubere Energie verwendet, um viele Menschen über weite Strecken zu transportieren.

NEUE VOKABELN

das Automobil
der Buchdruck
die Entwicklung
erfinden
erfinderisch
die Erfindung
entwickeln
futuristisch
innovativ
die Straßenbahn

Diskussionsfragen:

- Deutschland ist für viele technische Erfindungen bekannt. Welche Entwicklungen sehen Sie hier?
- Warum waren diese Erfindungen für die Menschheit wichtig? Wie beeinflussen sie Ihr Leben immer noch?
- Wie kann man Erfinder/Erfinderinnen beschreiben?

INTERPRETIEREN UND REFLEKTIEREN:
Made in Germany

Andere deutsche Erfindungen sind:

- Chipkarte
- Dübel
- Kernspaltungt
- Mundharmonika
- Periodensystem der Elemente
- Currywurst
- Goldbär
- MP3-Format

FRAGEN ZUM TEXT

1. Welche persönlichen Eigenschaften zeichnen einen großen Erfinder aus?
2. Welche Erfindung hat Johann Philipp Reis mitentwickelt?
3. Von wem wurde das Kraftfahrzeug mit Verbrennungsmotor konstruiert?
4. Welche Erfindungen wurden von Frauen entwickelt?
5. Welche der in dem Text genannten Erfindungen finden Sie am einflussreichsten? Warum?

Deutschland: Land der Dichter und ... Erfinder?

"Made in Germany!" Dieser Begriff bezieht sich sowohl auf die hohe Qualität von Produkten, die in Deutschland hergestellt werden, als auch auf die lange Geschichte des Landes als ein Ort der Erfinder und Erfindungen. Die deutsche Innovationsgeschichte begann vor 500 Jahren mit Johannes Gutenbergs Buchdruck und setzt sich im neuen Jahrtausend mit Erfindungen wie ThyssenKrupps Twin-Aufzügen und der Multifrequenz-Funkarmbanduhr von Junghans Uhren GmbH fort.

Um zu den erfolgreichsten erfinderischen Persönlichkeiten der Geschichte zu zählen, sind Kreativität, Mut, Vertrauen auf die Idee und ein wenig Glück nötig. Vor allem Fleiß und Durchsetzungsvermögen machen einen ideenreichen Menschen zu einem großen Erfinder. Die folgenden Menschen zeigen den erfinderischen Geist, der Deutschland über Jahrhunderte zu einer der innovativsten Nationen gemacht hat.

Zu den wichtigsten Erfindern gehören Gottlieb Daimler, der im Jahre 1868 das erste vierrädrige Kraftfahrzeug mit Verbrennungsmotor entwickelte, und Karl Benz, der 1885 das erste Benzinauto mit Verbrennungsmotor und elektrischer Zündung baute. Wilhelm Conrad Röntgen veränderte das Wesen der medizinischen Praxis mit seiner Entdeckung der X-Strahlen, oder Röntgenstrahlen. Die Röntgenstrahlen werden nicht nur in der Medizin angewendet, sondern sie helfen auch bei der Materialprüfung und der Untersuchung des Mikrokosmos und des Universums. Johann Philipp Reis war ein Physiker und Pionier der Telefontechnik. Er entwickelte 1861 das erste Modell des Telefons.

Natürlich kennt auch jeder Albert Einstein, der seine bahnbrechende Relativitätstheorie im Jahre 1905 veröffentlichte, und dem 1922 der Nobelpreis für Physik verliehen wurde. Aber neben den berühmtesten Erfindern Deutschlands gibt es auch Erfinder und Erfinderinnen, die weniger bekannt, aber trotzdem wichtig für die Innovationsgeschichte Deutschlands, sind. Rudolf Hell, der 1901 das Faxgerät erfunden hat; Melitta Bentz, die 1908 den Kaffeefilter erfand; und Dr. August Oetker, der für seine Erfindung eines Backpulvers, das er als Markenprodukt verkaufte, bekannt wurde. Heute kennt man immer noch das Nahrungsmittelunternehmen, Dr. Oetker, das weiterhin Erfolg hat. Neben Melitta Bentz war Margarete Steiff eine erfolgreiche Erfinderin. Sie hat mit ihren Plüschtieren Generationen von Kindern treue Spielkameraden geschenkt. Deutsche Erfinder waren auch produktiv, nachdem sie aus Deutschland ausgewandert sind. So zum Beispiel der Nobelpreisträger Albert Einstein, der in mehreren Ländern lebte und Levi Strauss, der zusammen mit dem Schneider Jacob Davis die ersten Jeans-Hosen produzierte.

Jede dieser Erfindungen bezieht sich auf verschiedene Bereiche des Lebens und beeinflusst den menschlichen Alltag auf unterschiedliche Art und Weise. Erfindungen, Entdeckungen und Innovationen sind das Fundament nicht nur der wirtschaftlichen Weiterentwicklung, sondern auch die Basis für gesellschaftlichen Fortschritt in der Zukunft. Aufgrund der Herausforderungen der modernen Zeit, wie zum Beispiel die Energieversorgung, der Umweltschutz und das Bevölkerungswachstum ist der Erfindergeist nötiger denn je. Durch ihre Risikobereitschaft und Kreativität können Erfinder und Erfinderinnen zeigen, dass unmöglich Scheinendes auch weiterhin erreicht werden kann.

SPRACHFUNDAMENT 1:
Prozesse beschreiben – das Passiv

Das Passiv wird oft verwendet, um Prozesse und Abläufe zu beschreiben. Nachdem eine Handlung oder ein Ablauf abgeschlossen ist, kann dieser Zustand mit dem **Zustandspassiv** beschrieben werden. Um das Passiv zu bilden braucht man zwei Elemente:

- **eine Form des Verbs «werden»**
- **ein Partizip**

Wenn man das Verb **«werden»** allein verwendet, beschreibt es eine Entwicklung.
Beispiele:
Stefan wird dieses Jahr 19 Jahre alt.
Maria wird böse, wenn sie die umgekippte Pflanze sieht.

Konjugation des Verbs «werden»			
	Präsens	**Präteritum**	**Partizip**
ich	werde	wurde	geworden
du	wirst	wurdest	
er/sie/es	wird	wurde	
wir	werden	wurden	
ihr	werdet	wurdet	
sie/Sie	werden	wurden	

Das Passiv wird oft verwendet, wenn man eine Handlung anstatt eines Handelnden betonen will. Das Substantiv, das normalerweise als Objekt fungiert, wird zum Subjekt des Passiv-Satzes.

Was?	Wie?
das Passiv im Allgemeinen	**Das Passiv** wird mit einer Form des Verbs **"werden"** und dem Partizip des jeweiligen Verbs gebildet. Der Handelnde, oder Agens, wird im Passiv mit der Konstruktion **von + Dativ** mit einbezogen. **Beispiele:** **S** **DO** **Aktivsatz:** Der Erfinder entwickelt eine neue Theorie. **S** **Agens** **Passivsatz:** Eine neue Theorie wird von dem Erfinder entwickelt.

SPRACHFUNDAMENT 1:
Prozesse beschreiben – das Passiv

Was?	Wie?
Passiv im Präsens	Um das Passiv im Präsens zu bilden verwendet man das konjugierte Verb "werden" im Präsens und ein Partizip. **Beispiele:** **Aktivsatz:** Der Erfinder **entwickelt** eine neue Theorie. **Passivsatz:** Eine neue Theorie **wird** von dem Erfinder **entwickelt.** **Andere Passivsätze im Präsens:** Ein neuer Planet **wird** von einer Astronomin **entdeckt.** Eine neue Partei **wird** von dem jungen Politiker **gegründet.**
Passiv im Präteritum	Um das Passiv im Präteritum zu bilden verwendet man das konjugierten Verb "werden" im Präteritum und ein Partizip. **Beispiele:** **Aktivsatz:** Der Erfinder **entwickelte** eine neue Theorie. **Passivsatz:** Eine neue Theorie **wurde** von dem Erfinder **entwickelt.** **Andere Passivsätze im Präteritum:** Ein neuer Planet **wurde** von einer Astronomin **entdeckt.** Eine neue Partei **wurde** von dem jungen Politiker **gegründet.**
Passiv im Perfekt	Um das Passiv im Perfekt zu bilden verwendet man das Perfekt des Verbs "werden». Das Hilfsverb in dieser Konstruktion ist immer **sein** und das Partizip «geworden» steht am Ende des Satzes. Am Ende des Satzes wird das ge- entfernt, so dass nur «worden» als Partizip für die Konstruktion Passiv im Perfekt verwendet wird. **Beispiele:** **Aktivsatz:** Der Erfinder **hat** eine neue Theorie **entwickelt.** **Passivsatz:** Eine neue Theorie **ist** von dem Erfinder **entwickelt worden.** **Andere Passivsätze im Perfekt:** Ein neuer Planet **ist** von einer Astronomin **entdeckt worden.** Eine neue Partei **ist** von dem jungen Politiker **gegründet worden.**

Tipps:

- Manchmal steht das Pronomen «man» als Subjekt im Aktivsatz. In diesem Fall gibt es keinen Agens im Passivsatz.
  Beispiel:
  Aktiv: Im neunzehnten Jahrhundert hat <u>man</u> viele Erfindungen entwickelt.
  Passiv: Im neunzehnten Jahrhundert sind viele Erfindungen entwickelt worden.

- Wenn es einen Präpositionalsatz im Aktivsatz gibt, muss man den Präpositionalsatz im Passivsatz beibehalten.
  Beispiel:
  Aktiv: Viele Zeitungen berichteten über die neuen Erfindungen.
  Passiv: <u>**Über die neuen Erfindungen**</u> wurde von vielen Zeitungen berichtet.

- Wenn es kein Objekt im Aktivsatz gibt, kann man im Passivsatz «es» als Subjekt verwenden.
  Beispiel:
  Passiv: <u>**Es**</u> wurde von vielen Zeitungsreportern über die neuen Erfindungen berichtet.

DAS PASSIV

Aktivität 1: Wichtige Schritte zum Erfolg

Sie sehen eine Reihe von Ereignissen, die normalerweise passieren, wenn Erfindungen erfolgreich sind. Schreiben Sie komplette Sätze im **Passiv im Präsens.**

Entdeckung eines Prinzips — *Ein Prinzip wird entdeckt.*

1. Entwicklung neuer Designs ______________________
2. Überzeugung von Investoren ______________________
3. Gründung einer Firma ______________________
4. Eröffnung einer Fabrik ______________________
5. Einstellung von Mitarbeitern ______________________
6. Herstellung des ersten Produkts ______________________
7. weltweiter Export von Waren ______________________
8. Produktion eines neuen Models ______________________

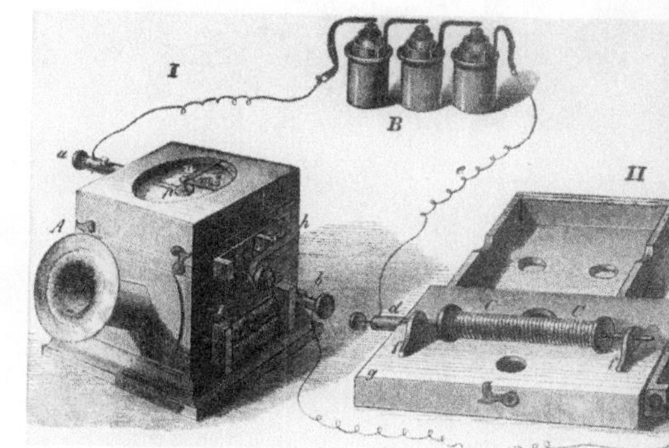

Aktivität 2: Berühmte deutsche Erfindungen

Schreiben Sie die unten angegebenen Aktivsätze ins **Passiv im Perfekt** um. Achten Sie auf die Konjugation des Hilfsverbs und das Partizip.

1. Im Jahre 1836 erfand Werner von Siemens einen elektrischen Telegrafen.

____

2. 1876 initiierte Robert Koch eine neue Forschungsrichtung der Wissenschaft: Bakteriologie.

____

3. Felix Hoffmann produzierte 1897 zum ersten Mal Aspirin.

____

4. 1922 konzipierte Hans Riegel den Fruchtgummi-Tanzbären.

____

5. 1941 entwickelte Konrad Zuse den ersten Computer.

____

6. Im Jahr 1949 kreierte die Fast-Food-Pionierin Herta Heuwer die beliebte deutsche Currywurst.

____

7. 1969 erfanden Jürgen Dethloff und Helmut Gröttrup die erste Mikroprozessorkarte ("Chipkarte").

____

8. 1971 entwickelte Mercedes-Benz den Airbag-Luftschutz in Automobilen.

____

Aktivität 3: Wann und von wem wurde dies erfunden?

Bilden Sie aus den gegebenen Satzteilen komplette Sätze. Verwenden Sie das Passiv im Präteritum und achten Sie auf den Agens.

1. die Lautschrift / 900 v. Chr / die Griechen / benutzen

____

2. der Buchdruck / 1440 / Gutenberg / erfinden

____

3. das erste Foto / 1826 / Niepce / machen

___

4. das Telefon / 1872 / Bell / erfinden

___

5. der Phonograph / 1877 / Edison / benutzen

___

6. der Farbfernseher / 1902 / Bronk / patentieren

___

7. das erste deutsche Fernsehprogramm / 1952 / die ARD / senden

___

8. das Internet / 1989 / Tim Berners-Lee / entwickeln

___

Aktivität 4: Der Beginn des mobilen Zeitalters

Der Beginn des mobilen Zeitalters. Schreiben Sie die Sätze ins Passiv um und achten Sie auf die Zeitformen

1. 1878/79 hat Karl Benz den Verbrennungsmotor entwickelt.

___

2. Karl Benz gründete 1883 seinen Autokonzern.

___

3. Um 1900 hat man zum ersten Mal den Markennamen "Mercedes" verwendet.

___

4. Im Jahre 1926 haben Benz und Daimler ihre Unternehmen fusioniert.

___

5. Die Deutsche Bank unterstützte finanziell die Fusion der zwei Firmen.

___

6. Heute erkennt man die gute Qualität und hohe Zuverlässigkeit der Automobile von Mercedes an.

___

VERSTEHEN & MITTEILEN:
Die Rolle der Technik im modernen Leben

Sie wollen einen Technik-Blog erstellen, in dem man über den Einfluss der Technik auf das Leben im 21. Jahrhundert diskutiert. Um ein Online-Gespräch zu beginnen, schreiben Sie einen Eintrag zu folgendem Thema:

Beschreiben Sie die Rolle der Technik im modernen Leben. Was für eine Rolle spielt die Technik im Alltag der meisten Menschen? Wie kann man die technischen Entwicklungen und ihren Einfluss auf die zwischenmenschlichen Beziehungen beschreiben? Denken Sie sowohl an die positiven als auch an die negativen Aspekte des technologischen Fortschritts.

BESCHREIBEN UND ERKLÄREN:
Welche Erfindungen sind am wichtigsten?

Sie müssen in einem Geschichtskurs ein Referat über wichtige Erfindungen und ihre Auswirkungen auf die Menschheit halten. Benutzen Sie Ihre Notizen aus dem Blogeintrag, um Ihre Meinung zu den folgenden Fragen mit einem Partner/einer Partnerin zu diskutieren. Begründen Sie Ihre Meinung mit konkreten Beispielen.

1. Welche technologischen Entwicklungen haben das Leben der Menschen am meisten beeinflusst?
2. Welche Erfindungen sind für das heutige Leben besonders wichtig? Warum?
3. Inwiefern sind technische Erfindungen positiv? Haben sie auch negative Folgen?
4. Wenn Sie Erfinder oder Erfinderin wären, was würden Sie unbedingt erfinden wollen?

Aktivität 1: Bekannte Erfinderinnen

Ergänzen Sie den Text mit den passenden Vokabeln. Verwenden Sie jedes Wort nur einmal und achten Sie bei den Verben auf die Zeitform und Konjugation.

erfinden	*herstellen*	*Currywurst*	*Wissenschaft*	*entwickeln*
Entwicklungen	*Unternehmen*	*einflussreich*	*Idee*	*Kernspaltung*

Nicht nur Männer wie Daimler, Benz und Seidel haben mit ihren Entwicklungen Spuren hinterlassen. Es gab in der Geschichte auch viele ________________ Frauen. So zum Beispiel Herta Heuwer. Sie ________________ im Jahr 1949 die ________________. Diese Mahlzeit gehört immer noch zu den beliebtesten Schnellgerichten der Deutschen. Melitta Bentz ist eine weitere Erfinderin. Sie hatte 1908 die ________________ für den Kaffeefilter und ist somit auf gewisse Art und Weise in den meisten Haushalten vertreten. Das von Kindern geliebte Plüschtier wurde von Margarete Steiff konstruiert. Auch heute noch ________________ das nach ihr benannte ________________ Stofftiere ____________. Frauen haben auch in der ________________ wichtige Beiträge geleistet. Lise Meitner ist ein Beispiel dafür. Zusammen mit Otto Frisch ________________ sie 1939 die erste physikalisch-theoretische Erklärung der ________________. Ohne die Kenntnis dieses Phänomens wäre die atomare Energiegewinnung unmöglich. Dies zeigt, dass Frauen in vielen bedeutenden ________________ der Menschheit eine große Rolle spielten.

Aktivität 2: Welches Wort passt?

Schreiben Sie, welches Verb zu welchem Nomen passt.

_____	eine Idee	**a.**	gründen
_____	ein Prototyp	**b.**	ausformulieren
_____	ein Produkt	**c.**	entwickeln
_____	ein Patent	**d.**	veröffentlichen
_____	ein Unternehmen	**e.**	erhalten
_____	Modelle	**f.**	herstellen
_____	den Nobelpreis	**g.**	konstruieren
_____	ein innovatives Gerät	**h.**	anmelden
_____	eine Theorie	**i.**	erfinden
_____	einen Artikel über ein Phänomen	**j.**	haben

AUFBAUEN UND WEITER ARBEITEN

Begeisterung für Innovation

Es gibt nicht nur in Deutschland große Erfinder und Erfinderinnen. Auch in anderen deutschsprachigen Ländern gibt es kreative Entwickler, die nachhaltige Innovationen konzipieren. Schauen Sie den Bericht von fhSPACEtv zur *Ars Electronica 2011*, einem österreichischen Technikfestival, der auf der Learning Site zu finden ist. Beantworten Sie dann die Fragen zu einem der Erfinder-Teams

1. Bei welcher Firma arbeitet Markus, der Erfinder?

____

2. Welches Produkt stellt er als Erstes vor? Was kann man damit machen?

____

3. Welche Art von Energie benutzt das Gerät?

____

4. Beschreiben Sie das nächste Projekt. Aus welchen Teilen besteht es?

____

5. Warum nennt man das eine umweltfreundliche Erfindung?

____

6. Das dritte Produkt erzeugt Energie – wie und wofür?

____

7. Wofür steht der Name Otelo? Was denken Sie: Was macht die Firma?

____

ENGAGEMENT DURCH MEDIEN

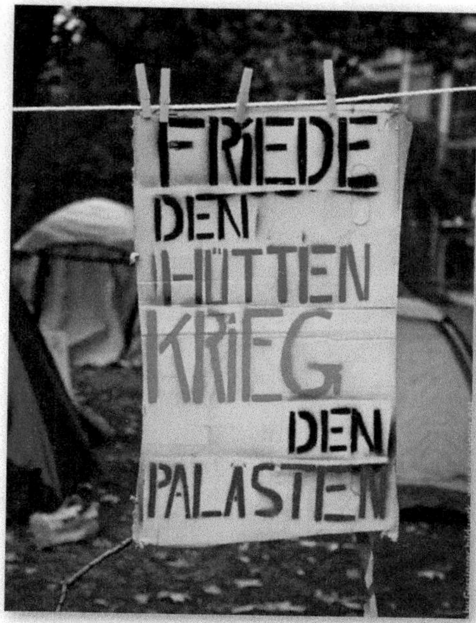

Georg Büchner
Der Hessische Landbote
Erste Botschaft
Darmstadt, im Juli 1834

VORBERICHT

Dieses Blatt soll dem hessischen Lande die Wahrheit melden, aber wer die Wahrheit sagt, wird gehenkt, ja sogar der, welcher die Wahrheit liest, wird durch meineidige Richter vielleicht gestraft. Darum haben die, welchen dies Blatt zukommt, folgendes zu beobachten:

- Sie müssen das Blatt sorgfältig außerhalb ihres Hauses vor der Polizei verwahren;
- sie dürfen es nur an treue Freunde mitteilen;
- denjenigen, denen sie nicht trauen wie sich selbst, dürfen sie es nur heimlich hinterlegen;
- würde das Blatt dennoch bei Einem gefunden, der es gelesen hat, so muss er gestehen, dass er es eben dem Kreisrat habe bringen wollen;
- wer das Blatt nicht gelesen hat, wenn man es bei ihm findet, der ist natürlich ohne Schuld.

Friede den Hütten! Krieg den Palästen!

- Der Appell "Friede den Hütten! Krieg den Palästen!" stammt aus dem Text "Der hessische Landbote" von Georg Büchner und Ludwig Weidig, die 1834 über die Ungleichheiten in ihrer Gesellschaft schrieben. Was bedeutet dieser Appell?
- Wie wird der Appell im Bild dargestellt? Zu welchen Zwecken wird er verwendet?
- Welche Ähnlichkeiten gibt es zwischen Büchners Situation und der Occupy–Bewegung? Ist es passend den Appell für eine solche soziale Bewegung zu verwenden?

KULTURTIPP: GEORG BÜCHNER

Georg Büchner wurde am 17. Oktober 1813 bei Darmstadt geboren. Er studierte Medizin. Nebenbei beschäftigte er sich umfassend mit der Geschichte der Französischen Revolution und begann sich politisch zu engagieren. Er wollte gegen die bestehenden Ungleichheiten in der Gesellschaft kämpfen – auch wenn dies den Einsatz von Gewalt bedeutete. 1834 schrieb er ein acht-seitiges Flugblatt, den «Hessischen Landboten», gegen die ungerechten Verhältnisse der Zeit. Ludwig Weidig revidierte die Schrift. Sie wurde veröffentlicht und in der Nacht zum 31. Juli 1834 heimlich verteilt. Obwohl die Schrift beim Publikum kein großes Aufsehen erregte, musste Büchner 1835 flüchten. Über Straßburg kam Georg Büchner nach Zürich, wo er wegen seiner radikalen politischen Aktivitäten steckbrieflich gesucht wurde. Trotz dieser nervlichen Belastung war Georg Büchner in seinen letzten beiden Lebensjahren produktiv wie nie zuvor. Neben seiner Tätigkeit als Privatdozent für Medizin widmete er sich dem Schreiben und Übersetzen. Er starb am 19. Februar 1837 im Alter von 23 Jahren an Typhus.

INTERPRETIEREN UND REFLEKTIEREN: Das Internet und die Demokratie

Lesen Sie den folgenden Abschnitt aus einem Wahlprogramm der Grünen Partei in Deutschland. Beantworten Sie dann die Fragen zum Text.

14. November 2011

An diesem Wochenende hat der Parteitag der schleswig-holsteinischen Grünen ein Wahlprogramm für die im Mai nächsten Jahres anstehende Landtagswahl beschlossen. An dieser Stelle dokumentiere ich den netzpolitischen Teil des Landtagswahlprogramms, des Programms, das in Kürze vollständig auch unter sh-gruene.de heruntergeladen werden kann.

3.10 Schleswig-Holsteins digitale Zukunft grün gestalten – Für eine an den Menschen- und Bürgerrechten orientierte Netzpolitik

Globale Vernetzung und Digitalisierung beeinflussen und verändern derzeit grundlegende Pfeiler unserer Gesellschaft. Meinungsfreiheit, Privatsphäre, Teilhabe und informationstechnische Entwicklungen werden durch die Netzpolitik gestaltet und gefördert. Netzpolitik ist Politik, die die Auswirkungen der Digitalisierung und die Verbreitung des Internets auf alle anderen Politikbereiche mitdenkt und sinnvoll verknüpft. Sie ist zugleich Politik mit den Mitteln des Netzes: Homepages, Blogs und soziale Netzwerke unterstützen den demokratischen Diskurs, die Meinungsbildung und neue Formen politischer Teilhabe.

Wir GRÜNE stehen für eine digitale Gesellschaft, die die Freiheit und die Bürgerrechte der Menschen in den Mittelpunkt stellt: Grundrechte, wie Meinungs-, Presse- und Versammlungsfreiheit, müssen selbstverständlich auch im Internet gelten. Auch der Schutz privater Daten und das Recht auf öffentliche Informationen im Internet (Informationsfreiheit) sind für unsere demokratische Gesellschaft konstituierend. Das Internet darf nicht zum Vorwand und Mittel werden, mühsam erkämpfte Bürgerrechte einzuschränken! Deshalb wollen wir die digitale Dimension der Grundrechte stärken. Wenn ein Großteil der Information und Kommunikation online erfolgt, muss neben Post- und Fernmeldegeheimnis ein übergreifendes Kommunikations- und Mediennutzungsgeheimnis treten. Die Informationsfreiheit soll daher ebenso Teil des Grundgesetzes werden wie der Datenschutz. Auch das vom Bundesverfassungsgericht neu begründete Grundrecht auf Gewährleistung der Vertraulichkeit und Integrität informationstechnischer Systeme sollte ausdrücklich ins Grundgesetz aufgenommen werden.

http://von-notz.de/2011/11/schleswig-holsteinische-gruene-legen-vor-auch-netzpolitisch/

FRAGEN ZUM TEXT

1. Was für ein Text ist das? Wo kann man einen solchen Text finden und was ist das Ziel des Textes?
2. Aus welcher Region Deutschlands stammt der Text?
3. Welche zwei Begriffe bezeichnet der Autor als Wegweiser der Gesellschaft?
4. Was bedeutet der Satz "Netzpolitik ist Politik"?
5. Welche Mittel des Netzes benutzt man für politische Zwecke? Nennen Sie **drei.**
6. Mit welcher Organisation ist der Autor assoziiert? Warum findet diese Organisation das Netz wichtig?
7. Welche Grundsteine der Gesellschaft unterstützt, dem Autor nach, das Internet? Welche Grundrechte müssen auch im Internet geschützt werden?
8. Wofür darf das Internet nicht verwendet werden?
9. Was ist das Grundgesetz? Was wollen die Grünen als Teil des Grundgesetzes aufnehmen?
10. Welche zwei Elemente der informationstechnischen Systeme müssen dem Artikel nach geprüft werden?

NEUE VOKABELN

das Bundesverfassungsgericht	die Grundrechte	die Pressefreiheit
der Datenschutz	die Informationsfreiheit	das Recht
das Geheimnis	die Integrität	der Schutz
die Gesellschaft	das Internet	selbstverständlich
die Gewährleistung	die Kommunikation	die Versammlungsfreiheit
das Grundgesetz	die Meinungsfreiheit	die Vertraulichkeit

SPRACHFUNDAMENT 2:
Modalverben im Passiv

Man kann das Passiv auch mit **Modalverben** verwenden. Diese Sätze werden genauso gebildet, wie andere Sätze mit Modalverben. Man muss darauf achten, dass **nur die Zeitform des Modalverbs** verändert wird, **nicht** die Zeitform der Passivkonstruktion (d.h., nicht die Form von «werden»).

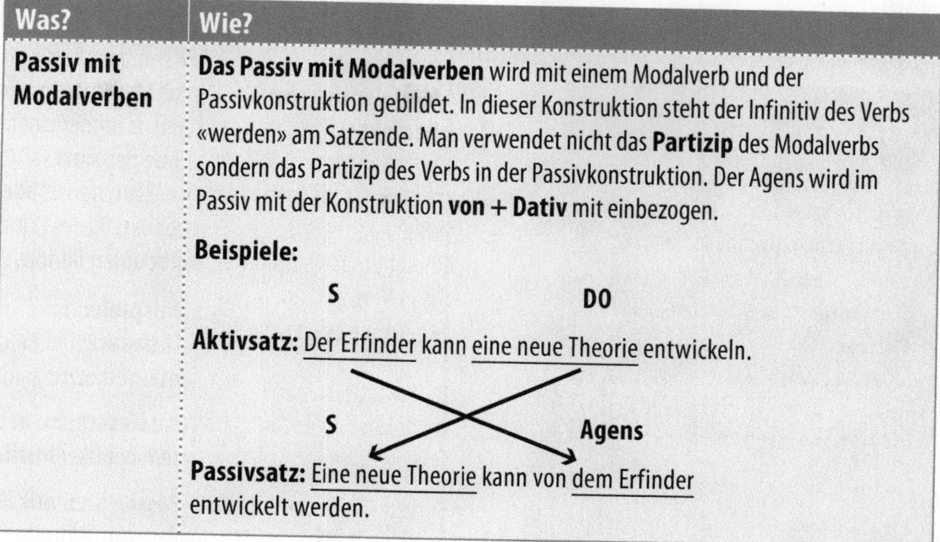

Was?	Wie?
Passiv mit Modalverben	**Das Passiv mit Modalverben** wird mit einem Modalverb und der Passivkonstruktion gebildet. In dieser Konstruktion steht der Infinitiv des Verbs «werden» am Satzende. Man verwendet nicht das **Partizip** des Modalverbs sondern das Partizip des Verbs in der Passivkonstruktion. Der Agens wird im Passiv mit der Konstruktion **von + Dativ** mit einbezogen. **Beispiele:** **S** **DO** **Aktivsatz:** Der Erfinder kann eine neue Theorie entwickeln. **S** **Agens** **Passivsatz:** Eine neue Theorie kann von dem Erfinder entwickelt werden.

Was?	Wie?
Passiv mit Modalverben im Präsens	Um das Passiv mit Modalverben im Präsens zu bilden, verwendet man eine konjugierte Form des Modalverbs und die Passivkonstruktion mit dem Infinitiv von "werden". **Beispiele:** **Aktivsatz:** Der Politiker **soll** ein neues Gesetz zur Internetnutzung initiieren. **Passivsatz:** Ein neues Gesetz zur Internetnutzung **soll** von dem Politiker initiiert **werden.** **Andere Passivsätze:** Ein Wahlprogramm **muss** von der politischen Partei **entworfen werden.** Eine neue Partei **kann** auch von unbekannten Politikern **gegründet werden.**

Was?	Wie?
Passiv mit Modalverben im Präteritum	Wenn man Passivsätze mit Modalverben im **Präteritum** bildet, wird nur das **Modalverb im Präteritum** verwendet. **Beispiele:** **Aktivsatz:** Der Politiker **sollte** letztes Jahr ein neues Gesetz zur Internetnutzung initiieren. **Passivsatz:** Ein neues Gesetz zur Internetnutztung **sollte** letztes Jahr von dem Politiker initiiert **werden.** **Andere Passivsätze:** Die Kandidaten **durften** gestern im Fernsehen über die Wahlprogramme **reden.** Gestern **durfte** im Fernsehen von den Kandidaten über die Wahlprogramme **geredet werden.**

Tipp:

In Passiv-Sätzen mit Modalverben, die im Perfekt geschrieben sind, ist das Hilfsverb «haben», denn dieses Hilfsverb passt zu Modalverben **im Perfekt.**

Was?	Wie?
Passiv mit Modalverben im Perfekt	Wenn man Passivsätze mit Modalverben im **Perfekt** bildet, wird nur das Modalverb im **Perfekt** verwendet. Mit Modalverben im Perfekt gibt es immer einen **doppelten Infinitiv** statt eines Partizips am Ende des Satzes. Diese Form wird allerdings sehr selten verwendet. Die Konstruktion ist aber wichtig, weil man sie im **Konjunktiv** II häufig benutzt. Dieses Prinzip wird in einem späteren Kapitel erklärt, aber es gibt unten Beispiele. **Beispiele:** **Aktivsatz:** Der Politiker **hat** letztes Jahr ein neues Gesetz zur Internetnutzung initiieren sollen. **Passivsatz:** Ein neues Gesetz zur Internetnutzung hat letztes Jahr von dem Politiker **initiiert werden sollen.** **Passivsätze mit Modalverben im Konjunktiv II der Vergangenheit:** Die Erfindung hätte gestern auf den Markt **gebracht werden sollen.** Das Patent hätte bis zum 12. August **angemeldet werden müssen.**

PASSIV MIT MODALVERBEN

Aktivität 1: Ein Patent anmelden

Beschreiben Sie, was ein Erfinder/eine Erfinderin machen muss, um in Deutschland ein Patent für eine Erfindung anzumelden. Schreiben Sie die Sätze ins Passiv um.

1. Man soll zuerst eine Idee gut ausarbeiten.

____

2. Dann muss man ein Produkt entwickeln.

____

3. Danach muss man einen Antrag beim entsprechenden Amt einreichen.

____

4. In der Patentanmeldung muss der Erfinder das Produkt ganz genau beschreiben.

____

5. Der Erfinder darf mit einem Erfindungsberater reden.

____

6. Man kann einen Patentanwalt einstellen, wenn man will.

____

7. Für die Anmeldung muss der Erfinder oder die Erfinderin 60 Euro bezahlen.

____

Aktivität 2: Die Technik

Beschreiben Sie, was man früher mit der bestehenden Technik machen konnte und verwenden Sie das Passiv mit Modalverben. Schreiben Sie die Sätze im **Präteritum**!

1. Vor zweihundert Jahren konnten die Menschen nur durch einen Briefwechsel oder einen Boten kommunizieren.

   ____

2. Man musste Telegramme von der Post abschicken.

   ____

3. Früher durfte man nur selten am Telefon reden.

   ____

4. Nur in großen Firmen (und nicht zu Hause) konnte man Computer benutzen.

   ____

5. Am Anfang sollte man Handys nur für Notfälle verwenden.

   ____

6. Früher musste man eine Nachricht auf einem Anrufbeantworter hinterlassen.

   ____

VERSTEHEN & MITTEILEN:
Die verschiedenen Auswirkungen des Internets

GESPRÄCHSTHEMA

Sie sitzen in der Mensa und diskutieren mit einem Freund/einer Freundin über das Internet. Sie finden, dass das Internet die beste Erfindung des 20. Jahrhunderts ist. Ihr Freund/Ihre Freundin findet aber das Gegenteil. Diskutieren Sie darüber.

- Erklären Sie, warum Sie das Internet gut finden.
- Erwähnen Sie Vorteile und Nachteile des Internets, besonders für Kinder.
- Beschreiben Sie, wie die Welt wäre, wenn es kein Internet gäbe.
- Beschreiben Sie ein großes Ereignis, das entweder positiv oder negativ vom Internet beeinflusst wurde.

NEUE VOKABELN

die Ära
der Aufschwung
die Auswirkung
der Benutzer
betrachten
durchführen
ermöglichen
die Folge
der Freiraum
der Ideenaustausch
kontrollieren
die Kritiker
die Mitteilung
die Mitwirkung
sich solidarisieren
überwachen
die Unterhaltung
unzählig
die Verbreitung
zensieren
die Zensur

BESCHREIBEN UND ERKLÄREN:
Die Rolle des Internets und sozialer Netzwerke in der Politik

SCHREIBAKTIVITÄT

Sie haben einen Text darüber gelesen, warum eine politische Partei das Internet als Plattform für den Ausdruck von Meinungsfreiheit und politischen Ideen wichtig findet. Wie betrachten Sie persönlich dieses Thema? Sollen Internetseiten und soziale Netzwerke für politische Zwecke benutzt werden, oder sollten sie auf Unterhaltung beschränkt sein? Schreiben Sie einen Artikel darüber und denken Sie an folgende Punkte:

- Kann man die Verbreitung der Politik im Netz als eine Art Demokratisierung betrachten (jeder kann an der Politik teilnehmen), oder bedeutet sie die Einschränkung von der Privatsphäre?
- Kann die Mitteilung von politischen Slogans im Internet zu besser informierten Diskussionen über die Politik führen oder führt sie eher zu Gehirnwäsche?
- Kann die Verbreitung der Politik im Internet größere Folgen oder Auswirkungen in der Gesellschaft haben? Denken Sie an ein Beispiel und begründen Sie Ihre Antwort.

Aktivität 1: Über Politik reden

Unten sind wichtige Komposita, die mit Politik zu tun haben. Manchmal braucht man ein –s, wenn man zwei Wörter zusammenstellt, manchmal nicht. Schauen Sie sich die Definitionen unten und schreiben die das passende Wort dazu.

1. Wenn man im Internet, in anderen Medien oder auf der Straße ohne Einschränkung mehr Details über eine Situation oder ein Ereignis bekommen kann:	
2. Ein Prozess, durch den Hierarchien in der Gesellschaft abgebaut und die gleichen Rechte für alle eingeführt werden:	
3. Wenn man in der Öffentlichkeit seine persönliche Perspektive erklären darf, ohne zensiert oder bestraft zu werden:	
4. Wenn man Zeitungen und Zeitschriften publizieren, verbreiten und lesen darf, ohne dass das Material oder der Text zensiert werden:	
5. Wenn sich Menschen auf einem Marktplatz oder in einem öffentlichen Gebäude treffen, um sich zu einem bestimmten Thema zu äußern oder gegen etwas zu protestieren:	
6. Rechte, auf die jeder Bürger und jede Bürgerin als Mitglieder in einer Gesellschaft Zugriff haben:	

Aktivität 2: Was bedeutet das Internet?

Ergänzen Sie den Text mit den passenden Vokabeln. Achten Sie auf die Formen der Verben.

ermöglichen	*Angst*	*Demokratisierung*	*feiern*
geben	*Zensur*	*manipuliert*	*Meinungsbildung*
einführen	*solidarisieren*	*Meinungsfreiheit*	*betrachtet*

Das Internet war eine bahnbrechende Erfindung, die zur ______________________ der Gesellschaft führen sollte. Beliebte Internetplattformen wie Facebook, Twitter oder Google ______________________ heute unzähligen Menschen eine aktive Mitwirkung an öffentlicher Meinungsbildung. Menschen können sich auf Facebook ______________________. Viele Internetenthusiasten ______________________ diese Plattformen als Möglichkeit, der Demokratie neuen Aufschwung zu ______________________ und eine neue Ära der Bürgerpartizipation ______________________. Manche Kritiker haben aber ______________________, dass nicht die ______________________ der Bürger gefördert wird, sondern, dass die Aktivitäten der Benutzer von großen Internetkonzernen ______________________ und ______________________ werden. Man fragt sich, ob das Internet kein Freiraum für ______________________ ist, sondern eher eine Struktur für die systematische ______________________ der Benutzer, die den Regeln der Internetfirmen folgen müssen. Mit der Zeit wird es sich herausstellen.

AUFBAUEN UND WEITER ARBEITEN

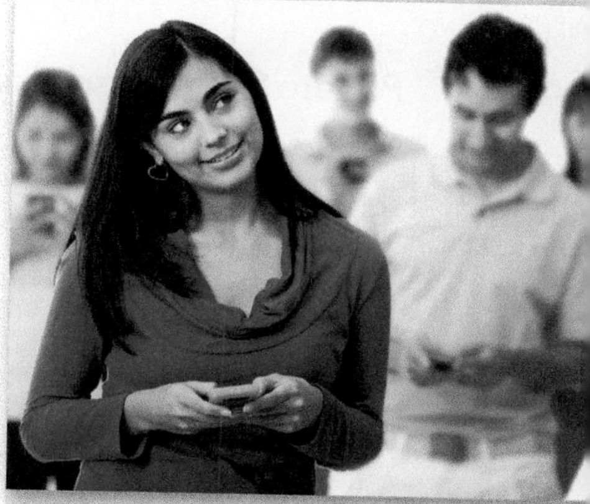

Szenario 1:

Sie sitzen in der Mensa und diskutieren mit einem Freund/einer Freundin über die Rolle der Technik, insbesondere Handys, in der heutigen Gesellschaft. Sie ärgern sich, dass manche Leute überall telefonieren oder SMS schicken, sogar in der Bibliothek und auch in den Kursen. Fast jeder in unserer Gesellschaft hat jetzt ein Handy, sogar Kinder schon. Versuchen Sie Ihren Partner/Ihre Partnerin zu überzeugen, warum das Handy nicht die beste Erfindung des 20. Jahrhunderts ist, und warum der Gebrauch von Mobiltelefonen eingeschränkt werden sollte. Denken Sie an folgende Punkte:

- Was sind die Nachteile des Handys? Gab es schon eine Situation, in der Sie sich über ein Handy geärgert haben?
- Warum und wann können Handys gefährlich sein?
- Wie führen Handys manchmal zu Problemen?
- Ab welchem Alter sollte man ein Handy haben?
- Warum soll es bestimmte Regelungen zum Gebrauch von Handys geben?

Szenario 2:

Sie diskutieren mit einem Freund/einer Freundin in der Mensa über die Rolle der Technik, insbesondere Handys, in der heutigen Gesellschaft. Ihr Freund/Ihre Freundin findet es schlecht, dass fast jeder in der Gesellschaft ein Handy hat, sogar Kinder schon. Sie finden aber, dass das Handy vielleicht die beste Erfindung des 20. Jahrhunderts ist. Versuchen Sie Ihrem Partner/Ihrer Partnerin zu überzeugen, warum das Handy die beste Erfindung des 20. Jahrhunderts ist und warum der Gebrauch von Mobiltelefonen nicht eingeschränkt werden sollte. Denken Sie an folgende Punkte:

- Was sind die Vorteile des Handys? Gab es schon eine Situation, in der Sie sich über ein Handy gefreut haben?
- Warum und wann Handys können besonders hilfreich sein?
- Wie können Handys manchmal zur Lösung von Problemen führen?
- Soll es Altersbeschränkungen in Bezug auf Handys geben?
- Soll es bestimmte Regelungen zum Gebrauch von Handys geben? Wenn ja, wann?

Rollenspiel:

Nachdem Sie das Thema in Kleingruppen besprochen haben, arbeiten Sie mit einem Partner/einer Partnerin zusammen um das Rollenspiel vorzuspielen. Versuchen Sie so authentisch zu sein wie möglich.

THEMA 3

DIE PRIVATSPHÄRE IM INTERNET

Private Schnappschüsse, Adresse, Lebenslauf, intime Details über das erste Date – alles im Internet für beinahe jede/n zu betrachten: Das gehört heutzutage fast schon zum guten Ton. Wer leicht zu Freunden Kontakt halten und immer auf dem neuesten Stand sein will, kommt um soziale Netzwerke im Internet wie *studiVZ, facebook oder MySpace* kaum noch herum. Trotzdem – oder besser Gott sei Dank – sind sich viele User/innen dieser Portale durchaus bewusst, dass der Datenwahn im Netz auch negative Folgen haben kann.

(fluter.de: 11.11.2008 | Frauke Poganatz)

- Viele Internetnutzer sind besorgt über die Menge von privaten Informationen, die von Online–Anbietern gesammelt werden. Was ist Ihre Meinung dazu? Ist das Internet sicher genug?
- Was denken Sie, was passiert mit Ihren Daten?
- Wie kann man mit dem Internet und sozialen Netzen sicherer umgehen? Was kann man tun um die Privatsphäre zu schützen?
- Welche Probleme mit dem Internet und zwischenmenschlichen Beziehungen gibt es? Wie kann man diese Probleme lösen?
- Welche Verantwortung hat jeder Internetbenutzer in Bezug auf Internetsicherheit und die rechtliche Behandlung von den Daten anderer Benutzer des Netzes?

INTERPRETIEREN UND REFLEKTIEREN:
Zu Hause im Netz: Was passiert mit meinen Daten im Internet?

Luise Jakobs, 20 Jahre, Abiturientin

Anfangs habe ich mir nicht so viele Gedanken gemacht ... Aber dann bekam ich Rechnungen von irgendeiner Agentur, die ich nicht erwartet hatte. Jetzt lese ich immer das Kleingedruckte. Diesen Exhibitionismus mit Fotos im Netz finde ich nicht schön. Wer weiß, was mit denen gemacht wird. Dennoch hat jeder irgendeine Seite im Internet. Ich selbst bin bei *studiVZ* und versuche, wenig von mir preiszugeben. Da es bekannt ist, dass Arbeitgeber mal reinschauen, stelle ich gewisse Fotos nicht ein – und wenn doch, unter einem anderen Namen. Bei *facebook* habe ich mich nur angemeldet, um Kontakt zu einem Freund in Neuseeland zu halten. Irgendwie ist es eine neue Generation von Freundschaft. Ohne Portale würde man vermutlich kaum noch Kontakt haben, denn eine lange E-Mail oder ein Telefonat wären viel persönlicher."

Frank Bergmann, 20 Jahre, Informatik-Student

Daten wie Fotos im Internet halte ich für bedenklich, denn sie können einfach manipuliert werden. Bei *studiVZ* habe ich mich abgemeldet, weil es zu viele Unklarheiten bezüglich der AGB* gab. Außerdem nervte es, dass es einem offenbar gezielt schwer gemacht wurde, die eigenen Sicherheitseinstellungen zu verändern. Ich bin aber bei *facebook*. Eine Freundin, mit der ich in den USA auf der Uni war, hatte mich ohne mein Wissen angemeldet. Durch *facebook* konnte ich mit meinen amerikanischen Freunden in Kontakt bleiben. Erst waren es wirklich nur enge Freunde. Aber inzwischen habe ich über 400 facebook-"Freunde". Und da nicht jeder alles wissen muss, habe ich einige Daten entfernt. Für mich persönlich ist ein bewusster Umgang die bessere Lösung, als mich ganz abzumelden.

*Die Regelungen eines Geschäfts / Allgemeine Geschäftsbedingungen

Marco Lerchner, 25 Jahre, Promoter

Ich finde es nicht schlimm, wenn jemand meine Daten hat. Wir werden sowieso schon überall kontrolliert, wer meine Daten unbedingt will, kommt auch ohne Internet an sie heran. Natürlich kann man mit den Daten Schindluder treiben, wie vielleicht etwas auf meinen Namen bestellen. Fotos im Internet finde ich weniger schlimm als Daten. Im Endeffekt habe ich noch nie Angst um mich gehabt. Ich selbst bin bei *meinVZ* und MSN, denn ich lerne gerne neue Menschen kennen und finde, dass die Leute in Mitteleuropa zu wenig kommunizieren. Deshalb bin ich viel herumgereist. In Indien redet zum Beispiel jeder mit jedem. Über solche Internetportale trauen sich die Leute viel eher, sich gegenseitig kennen zu lernen.

Laura Martens, 23 Jahre, Modedesign-Studentin

Eigentlich finde ich es gefährlich, Daten im Netz zu veröffentlichen, muss aber gestehen, dass ich es auch mache. Gestern erst habe ich einen Film im Kino gesehen, in dem es um einen Computer geht, der dich komplett kontrollieren kann. Ich denke schon, dass in Zukunft alles, was man tut, wie zum Beispiel online Einkäufe oder sogar Internetbanking nachvollziehbar werden kann. Ich bin bei *studiVZ*, das ist das Einzige, und mehr werde ich auch nicht machen. Das Positive daran ist, dass ich über die Suchfunktion Gleichgesinnte wie andere Modedesign-Studenten treffen und mich mit ihnen austauschen kann. Und Freunde, die nicht in Berlin wohnen wie ich, sind leichter zu erreichen.

(fluter.de: 11.11.2008 | Frauke Poganatz)

Was halten die Studenten/Studentinnen vom Netz? Ergänzen Sie die Tabelle mit Informationen aus dem Lesetext.

	Nachteile des Internets/ sozialer Netzwerke	Soziale Netzwerke	Daten, die geschützt werden müssen	Vorteile des Internets/ sozialer Netzwerke	Lösung der Probleme des Internets/ sozialer Netzwerke
Luise					
Frank					
Marco					
Laura					

Im Forum. Besprechen Sie die Kategorien der Tabelle in Kleingruppen. Sind Sie mit Luise, Frank, Marco und Laura einverstanden? Welche Vorteile und Nachteile sehen Sie an dem Internet und sozialen Netzwerken? Wie kann man die Probleme dieser Plattformen lösen? Machen Sie sich Notizen.

SPRACHFUNDAMENT 3: Über die Zukunft reden – das Futur

Das Futur wird verwendet um, eine Handlung in der Zukunft zu beschreiben. Um das Futur zu bilden braucht man zwei Elemente:

- **eine Form des Verbs "werden"**
- **den Infinitiv eines anderen Verbes**

Wenn man das Verb "**werden**" mit dem Infinitiv eines zweiten Verbes verwendet, beschreibt der Satz eine Handlung in der Zukunft.

Was?	Wie?
das Futur in einem Aktiv-Satz	**Das Futur** wird mit einer Form des Verbs "**werden**" und dem Infinitiv des jeweiligen Verbs gebildet. **Beispiele:** Der Erfinder **wird** im kommenden Jahr den Nobelpreis für Physik erhalten.
das Futur in einem Passiv-Satz	**Das Futur** kann auch mit **dem Passiv** in einem Satz kombiniert werden. Man bildet das Passiv wie üblich und ersetzt das Passiv-Verb "werden" mit dem Futur-Verb "werden." **Beispiele:** S DO **Aktivsatz:** Der Erfinder entwickelte eine neue Theorie. S Agens **Passivsatz:** Eine neue Theorie wurde von dem Erfinder entwickelt. **Andere Passivsätze im Präteritum:** **Passivsatz im Futur:** Eine neue Theorie wird im kommenden Jahr von dem Erfinder **entwickelt werden.**

Tipps:

Man sollte die zwei Funktionen von **"werden"** (als Hilfsverb zur Bildung des Futur und des Passivs) nicht verwechseln, obwohl sie die gleiche Form haben.

Das Futur kann auch mit einem Verb **im Präsens** ausgedrückt werden. In dem Fall muss man ein Wort oder Wörter verwenden, die zeigen, dass die Handlung in der Zukunft passiert.
Beispiel: Nächstes Wochenende fahre ich nach Berlin.
Obwohl das Verb im Präsens steht, deutet die Zeitangabe «nächstes Wochenende» die Zukunft an.

DAS FUTUR

Aktivität 1: Zukunftsträume

Eine Gruppe von Studenten spricht über ihre beruflichen Wünsche und Erwartungen. Schreiben Sie die Sätze im Futur. **(15 Punkte)**

~~Andreas~~	über Facebook in Kontakt bleiben
wir	ein Design für ein neues Auto entwerfen
Sandra und Lars	~~Computerspiele entwickeln~~
ihr	ein Heilmittel gegen Krebs entdecken
du	eine Internetsicherheitsfirma gründen
ich	Bücher schreiben

Beispiel: In der Zukunft wird Andreas Computerspiele entwickeln.

1. Wahrscheinlich ______________________

____

____

2. Nach dem Studium ______________________

____

____

3. In 20 Jahren ______________________

____

____

4. In der Zukunft ______________________

____

____

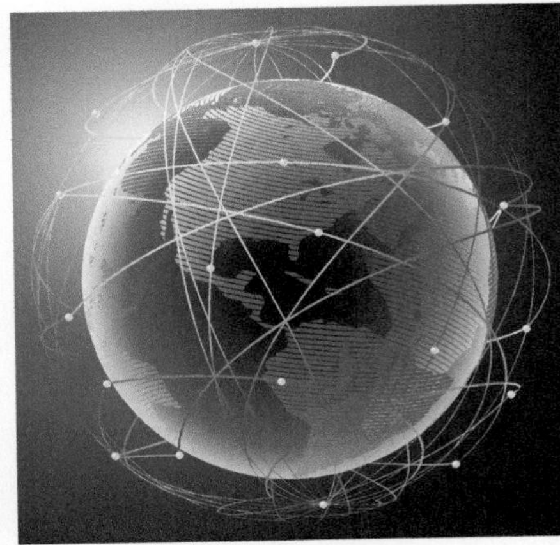

Aktivität 2: Die Zukunft der Technik

Sie haben schon viel über die Technik und technische Innovationen gehört und gelesen. Was denken Sie? Wie wird der technische Fortschritt in den nächsten zwanzig Jahren weitern gehen. Bilden Sie Sätze mit den Elementen.

1. In einem Jahr / Facebook / über 2 Milliarden Nutzer / haben / werden

 ____

2. In fünf Jahren / man / alle Filme / im Internet / erhalten können / werden

 ____

3. Nächsten Sommer / der neue Tablet-PC von Apple / auf den Markt / kommen

 ____

4. In der Zukunft / alle Uni-Kurse / online / anbieten werden / werden

 ____

5. Bald / es / nur noch Fernseher mit Touchscreen-Bildschirmen / geben / werden

 ____

VERSTEHEN & MITTEILEN:
Haben soziale Netzwerke zu viel Kontrolle?

GESPRÄCHSTHEMA

Facebook und andere soziale Netzwerke werden immer wichtiger in der modernen Zeit. Aber haben diese Plattformen zu viel Einfluss auf unsere Privatleben und zu offenen Zugang zu unseren Daten? Diskutieren Sie mit einem Partner/einer Partnerin die folgenden Fragen.

- Sollen soziale Netzwerke beschränkten Zugang zu unseren privaten Daten haben? Oder akzeptieren Benutzer, wenn sie sich für den Service registrieren, die Risiken, die mit dem Austausch von Informationen auf der Plattform zusammenhängen?
- Ist es richtig, dass alles, was auf Seiten eines sozialen Netzwerkes steht, der Internetfirma gehört?
- Begründen Sie Ihre Argumente mit konkreten Beispielen und verwenden Sie die nützlichen Ausdrücke.

Tipps:

Nützliche Ausdrücke

- Einerseits... andererseits...
- Ich gehe davon aus...
- Ich glaube, aber...
- Es kann sein..., aber...
- Ich halte es für bedenklich, dass...

BESCHREIBEN UND ERKLÄREN: Die Kommunikation der Zukunft

Wie werden wir kommunizieren? Denken Sie an die Zukunft und die Rolle der Technik. Wie wird die Technik aussehen? Denken Sie an folgende Punkte:

- Wie werden die Menschen kommunizieren? Wird es noch Handys geben? Werden sie größer oder kleiner?
- Werden die sozialen Netzwerke gleich aussehen oder wird es andere Anbieter geben?
- Wie wird der zwischenmenschliche Kontakt sein? Werden die Menschen noch persönlich miteinander reden oder kommunizieren?
- Werden wir noch E-mails und SMS schicken? Wenn nicht, was dann?

Machen Sie Notizen, auf die Sie in Ihrem Aufsatz zurückkommen können. Schreiben Sie nur **Stichwörter!**

AUFBAUEN UND WEITER ARBEITEN: Etwas erfinden!

Arbeiten Sie in Kleingruppen, um eine neue Erfindung zu entwickeln. Die Erfindung kann im Bereich Technik, Mechanik, Kunst, usw. sein, aber sie soll dazu dienen das Erlernen einer Sprache zu erleichtern!

- Schreiben Sie Ihre Ideen auf und zeichnen Sie auch Bilder/Diagramme, wenn möglich.
- Denken Sie auch daran, wer die Produktion des Produkts finanzieren könnte.
- Wenn Sie fertig sind, präsentieren Sie Ihre Ideen den Kursteilnehmern.
- Vergessen Sie nicht die Benutzer-Anweisungen zu schreiben!

VERBINDUNGEN UND ERWEITERUNGEN

DIE PHYSIKER

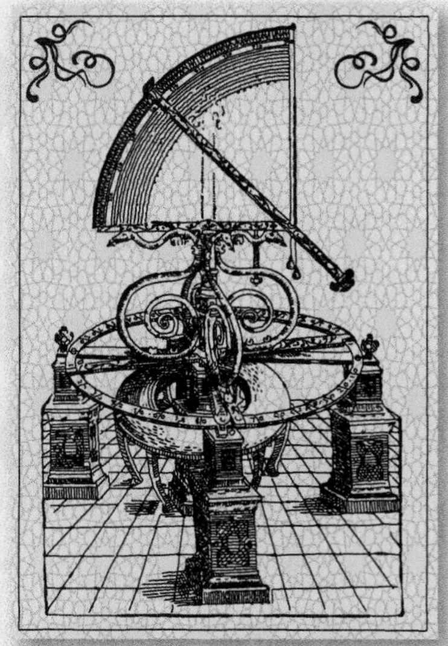

Literaturecke: Die Physiker (1961) von Friedrich Dürrenmatt

Die Physiker ist eine Tragikomödie, die 1961 von dem Schweizer Autor Friedrich Dürrenmatt geschrieben wurde. Ein Jahr später, im Jahr 1962, wurde das Theaterstück in Zürich uraufgeführt. In dem Stück geht es um die Verantwortung des Wissenschaftlers gegenüber der Gesellschaft. Möbius, ein begabter Atomphysiker, hat eine Entdeckung gemacht, die gefährlich für die Welt ist. Um seine Erkenntnisse zu verstecken und so die Welt zu schützen, tut er, als ob er wahnsinnig wäre und lässt sich deshalb in einem Irrenhaus internieren. Dort lernt er zwei andere "Physiker", Newton und Einstein, kennen. Keiner von diesen angeblichen Physiker ist in Wahrheit ernsthaft geisteskrank, und nur Möbius arbeitet tatsächlich als Physiker. Durch seine Forschung entdeckt er die sogenannte Weltenformel und hat jetzt Angst, dass dieses Wissen in die falschen Händen kommen und dadurch den Untergang der Menschheit herbeiführen könnte. Tatsächlich sind Newton und Einstein Geheimagenten, die nur im Irrenhaus sind, um sich über Möbius' Erkenntnisse zu informieren und diese für ihre Zwecke auszunutzen. Im Lauf der Handlung zeigt es sich aber, dass Möbius' Flucht in den Wahnsinn eine Fehlkalkulation war, denn er gerät in eine Falle.

Die drei Physiker ermorden ihre Krankenschwestern, weil sie vermeiden wollen, dass ihre Geheimnisse herausgefunden werden. Als die Polizei im Zusammenhang mit der Untersuchung der Todesfälle im Irrenhaus eintrifft, zerstört Möbius seine Formel. Er überzeugt auch die anderen "Physiker", ihr gefährliches Wissen zu verheimlichen, um die Welt vor der Vernichtung zu schützen. Doch der Pakt der Physiker kommt zu spät. Mathilde von Zahnd, die Chefärztin des Irrenhauses, die selber geisteskrank ist, hat schon Möbius' Formeln kopiert und entflieht.

Kommentare von Bloggern:

Sylvia E., eine Schülerin in der Schweiz, schreibt in einem Blog Folgendes über das Stück:

> *In diesem Theaterstück ist der Tod eine unvermeidbare Folge der Suche nach dem – wissenschaftlichen – Fortschritt, mit dem Ziel, die Welt und die Menschen zu kontrollieren. Dieses Thema ist immer noch aktuell: wir sind verantwortlich für die Auswirkungen des Fortschritts auf die Natur und die Menschen. Noch heute sind die Wirkungen der Atombombe sichtbar.*

Véronique R., auch eine Schülerin in der Schweiz, behauptet:

> *Ich denke, dass gewisse wissenschaftliche Entdeckungen und Erfindungen gefährlich sein können, wenn sie in gewisse Händen geraten.*
> (http://deutsch.sismondi.ch/litterature)

Schreiben Sie jetzt Ihre Meinung zu dem Inhalt des Stückes und den Kommentaren der zwei Schülerinnen im Blog-Format. Denken Sie an Folgendes:

- Welche Rolle spielen Wissenschaftler in der Gesellschaft? Haben Sie wegen ihres Berufs eine besondere Verantwortung der Menschheit gegenüber?
- Wie kann man versichern, dass der wissenschaftliche Fortschritt nur für gute Zwecke benutzt wird?
- Was muss gemacht werden, um katastrophale Folgen des wissenschaftlichen Fortschritts zu vermeiden?
- Finden Sie das der wissenschaftliche Fortschritt im Allgemeinen positiv oder negativ ist? Begründen Sie Ihre Antwort.

IM KINO Haber

Schauen Sie den Kurzfilm Haber (2008). Bereiten Sie sich dann auf eine Diskussion im Kurs vor, indem Sie die Fragen unten beantworten.

Fragen zum Film

1. Wer war Fritz Haber? Beschreiben Sie kurz seinen Lebenslauf.
2. Beschreiben Sie Habers Arbeit als Chemiker.
3. Wer war Clara Immerwahr? Erklären Sie kurz ihre Leistungen.
4. Wie war die Beziehung zwischen Haber und seiner Frau?
5. Was ist die Ammoniaksynthese? Wie und warum wurde sie entwickelt?
6. Mit welcher schwierigen Entscheidung wurde Haber konfrontiert?

Otto Dix Sturmtruppe geht unter Gas vor (1924)

Interpretationen und Diskussionen

1. Hat Haber Ihrer Meinung nach die richtige Entscheidung getroffen?
2. Wie veränderte sich danach sein Leben sowohl in der Privatsphäre als auch in der Öffentlichkeit?
3. Kann man die Anwendung von wissenschaftlichen Prinzipien für gewalttätige Taten irgendwann rechtfertigen?
4. Soll die Wissenschaft zu militärischen Zwecken benutzt werden? Warum (nicht)?

AKTIVER WORTSCHATZ

NOMEN

das Amt, ¨er	agency, office
der Antrag, ¨e	application, request
die Ära, -en	era
der Aufschwung, ¨e	boom, upsurge
das Aufsehen	sensation
die Auswirkung, -en	effect, impact
die Behörde, -n	authority
der Benutzer, -	user (m)
die Benutzerin -nen	user (f)
die Beziehung, -en	relationship
die Beschränkung, -en	constraint, limit
der Datenschutz	data protection
die Demokratisierung	democratization
der Einfluss, ¨e	influence
die Einschränkung, -en	constraint, limitation
der Eintrag, ¨e	entry
der Erfinder,-	inventor (m)
die Erfinderin, -nen	inventor (f)
die Erfindung, -en	invention
die Folge, -en	result
der Fortschritt, -e	progress
der Freiraum, ¨e	freedom, free space
das Geheimnis, -se	secret
die Gehirnwäsche	brain washing
der Geist, -er	spirit
die Gesellschaft, -en	society
die Gewährleistung, -en	guarantee
das Grundgesetz, -e	constituional law
das Grundrecht, -e	basic right
die Herausforderung, -en	challeng
die Herstellung, -en	production
der Ideenaustausch	exchange of ideas
der Kritiker, -	critic (m)
die Kritikerin, -nen	critic (f)
die Meinungsbildung	formation of opinion
die Meinungsfreiheit	freedom of opinion
die Mitteilung, -en	communication, message
die Mitwirkung, -en	contribution
der Patentanwalt, ¨e	patent lawyer (m)
die Patentanwältin, -nen	patent lawyer (f)
der Pionier, -e	pioneer (m)
die Pionierin, -nen	pioneer (f)
die Pressefreiheit	freedom of press
das Recht, -e	right
der Schutz, -e	protection
die Untersuchung, -en	examination
die Unterhaltung, -en	entertainment
die Verantwortung, -en	purpose
die Verbreitung, -en	distribution
das Verhältnis, -se	relations, relationship
die Vernichtung, -en	destruction
die Versammlungsfreiheit	freedom of assembly
die Vertraulichkeit, -en	confidentiality
das Wahlprogramm, -e	manifesto
die Wissenschaft, -en	science
der Wissenschaftler, -	scientist (m)
die Wissenschaftlerin, -nen	scientist (f)
die Zensur, -en	censorship
der Zugriff, -e	access
die Zuverlässigkeit	reliability
der Zweck, -e	purpose

VERBEN

anwenden	to use
äußern	to express
ausarbeiten	to devise, develop
auswirken	to affect
auszeichnen	to distinguish, award
begründen	to give reasons for
bestrafen	to punish
betrachten	to examine
durchführen	to carry out
erfinden	to invent
einreichen	to hand in, submit
einschränken	to constrict
entwicklen	to develop
entwerfen	to design
ermöglichen	to make possible
ermorden	to murder
eröffnen	to open, establish
erstellen	to create
erlernen	to learn
erreichen	to reach
fördern	to support
fordern	to demand, challenge
fortsetzen	to continue
führen	to lead
gelten	to be in effect, count
herausgeben	to release, edit
herstellen	to produce
initiieren	to initiate
kritisieren + an (DAT)	to criticize
konstituieren	to constitute

kontrollieren	to supervise, monitor
konstruieren	to construct
konzipieren	to conceptualize
kreieren	to create
mitwirken	to collaborate, be involved in
schützen	to protect
sich solidarisieren	to come together
teilnehmen + an (DAT)	to participate
überwachen	to monitor, oversee
unterstützen	to support
verbreiten	to distribute, spread
verknüpfen	to connect
verleihen	to award
vernichten	to annihilate
zeichnen	to draw
zensieren	to censor
zerstören	to destroy

ADJEKTIVE/ ADVERBIEN

angegeben	denoted
anstehend	upcoming
bahnbrechend	groundbreaking
bekannt	renowned
beliebt	popular
berühmt	famous
beschränkt	limited
bewusst	conscious(ly)
erfinderisch	innovative
ideenreich	full of ideas
öffentlich	publicly
nützlich	useful
selbstverständlich	obvious
sichtbar	visible
tatsächlich	in fact
umweltfreundlich	environmentally friendly
unzählig	countless
zensiert	censored

WICHTIGE AUSDRÜCKE

auf dem neuesten Stand sein	to be up to date
einerseits... andererseits...	on the one hand... on the other hand
Es geht um...	it has to do with... , it is about...
Es kann sein..., aber...	That's possible, but...
Ich gehe davon aus...	I am assuming that...
Ich glaube, aber, dass...	I believe, however that ...
Ich halte es für bedenklich, dass...	I consider it questionable that...
im Allgemeinen	in general
in Bezug auf...	with regard to
in der Tat...	in fact
in Wahrheit...	in truth
mit der Zeit...	over time

KAPITEL

4

DIE KUNST UND DIE REVOLUTION

WORUM GEHT ES HIER?

Kapitel 4: Die Kunst und die Revolution

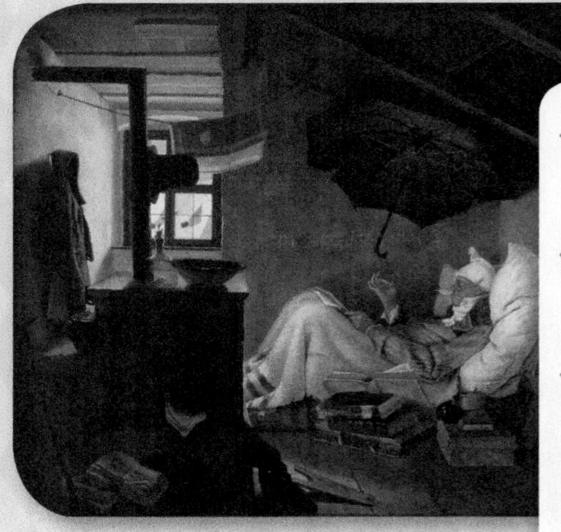

Carl Spitzweg: *Der arme Poet* (1839)

- Mit welchen Wörtern kann man ein Kunstwerk beschreiben?
- Welche Rolle spielt die Kunst in der Gesellschaft?
- Kennen Sie wichtige Künstler und Künstlerinnen, die die Menschen dazu brachten anders zu denken und zu handeln?
- Wie haben sie die Gesellschaft verändert?

Karl Eduard Biermann: *Borsigs Maschinenbau-Anstalt zu Berlin* (1847)

Robert Zünd: *Die Ernte* (1860)

DIE KUNST UND DIE GESELLSCHAFT

Ein Werk des Expressionismus von Franz Marc: *Blaues Pferd I* (1911)

- Was sehen Sie auf den folgenden Bildern?
- Welches Bild ist ein Porträt? Welches Bild ist ein Landschaftsbild?
- Mit welchen Adjektiven kann man die Bilder beschreiben?
- Was denken Sie, was wollen die Künstler mit diesen Gemälden ausdrücken?

Ein Werk des Impressionismus von Max Liebermann: *Tennisspieler am Meer* (1903)

Ein Werk des Jugendstils von Gustav Klimt: *Adele Bloch-Bauer* (1907)

NEUE VOKABELN

abstrakt
bunt
der Expressionismus
expressionistisch
futuristisch
das Gemälde
der Jugendstil
der Künstler/die Künstlerin
die Landschaft
der Maler/die Malerin
die Perspektive
das Porträt
der Realismus
realistisch
das Stillleben

INTERPRETIEREN UND REFLEKTIEREN:
Die Kunst und die Revolution

Welche Rolle spielt die Kunst in der Revolution? Im Jahre 1849 schrieb der Komponist Richard Wagner in seinem Werk *Das Kunst und die Revolution,* dass "die wahre Kunst" sich nur entwickeln kann, wenn zuvor die alten Verhältnisse und Perspektiven durch eine Revolution zerstört werden. Wagner glaubte, dass nur eine richtige Revolution, die von den Bürgern ausgeht, zur Befreiung der Menschen führen kann. Er plädierte für eine Revolution der Künste und damit auch der Menschen. Er brachte in seinen Theorien Kunstideale mit Sozialkritik zusammen und träumte von einer revolutionären Erneuerung, die durch die Kunst durchgeführt wird.

Auch andere Künstler, Künstlerinnen und Künstlergruppen versuchten, eine Erneuerung der Menschheit zu verwirklichen, indem sie soziale Kritiken und politische Ideen zum Ausdruck brachten. Ein gutes Beispiel sind hier die Expressionisten. Der deutschsprachige *Expressionismus,* der von 1910 bis 1924 dauerte, war ein Epochenbegriff für den Aufbruch der Moderne in allen Aspekten der Kunst (von Malerei und den bildenden Künsten bis zu Literatur und Film). Während der *Impressionismus,* eine frühere Kunstrichtung der Moderne, Nuancen und kleine Impressionen betonte, wollten die Expressionisten mehr als nur auf Eindrücke reagieren. Sie wollten ihre innersten Gefühle, Ängste und Emotionen zum Ausdruck bringen. Entscheidend für die Expressionisten war die Generations zugehörigkeit und der Bruch mit der Vergangenheit und damit der Generation ihrer Väter. Die große Katastrophe der Expressionisten war der Erste Weltkrieg. Viele begrüßten euphorisch den Krieg, denn sie wollten eine Menschheitserneuerung durch die Revolution der bürgerlichen Verhältnisse und der Kunst erreichen. Erst nachdem viele Menschen, darunter auch Künstler, die an der Front kämpften, starben, verstanden sie die Realität des Krieges und, dass er nicht zur Erneuerung sondern zum Tod führte.

Franz Marc: Tierschicksale (1913)

In den wichtigsten Genres der Expressionisten, Bildern und Gedichten, sind Motive wie Verkehr, Industrialisierung, Cafés, Zirkus, Nachtlokale, Elend, Wahnsinn und Angst wichtige Themen. Sie zeigen das psychische Profil des Bewohners der Großstadt. Wichtige Vertreter sind Georg Heym, Ernst Stadler, Else Laske-Schüler und Ernst Toller in der Literatur und dem Theater. In den malenden Künsten sind *Die Brücke* (im Norden Deutschlands) und *Der Blaue Reiter* (in München gegründet) prägend für den Expressionismus. Franz Marc, August Macke, Wassily Kandinsky, Gabriele Münter, Ernst Ludwig Kirchner, Paula Modersohn-Becker und Erich Heckel, sind wichtige Vertreter des Expressionismus in der Malerei. Typische Themen des Expressionismus waren eine Kritik der Industrialisierung und Angst vor der Technik. Die Anonymität der Großstadt und das einsame Dasein des Künstlers waren auch Hauptmotive des Expressionismus.

In den Schützengräben des Ersten Weltkriegs starben mit den Künstlern selbst auch die Träume der Expressionisten. Am Ende des Krieges beteiligten sich deshalb viele Expressionisten am Widerstand gegen den Krieg. [In den 1920ern wurde der Expressionismus im Film weiter entwickelt, während er in der Kunst und der Literatur durch eine neue Hyper-Realität, *Die Neue Sachlichkeit,* ersetzt wurde.

FRAGEN ZUM TEXT

1. Was schrieb Richard Wagner über die Revolution? Von wem soll eine Revolution ausgehen und welche Rolle spielt die Kunst dabei?
2. Was bedeutet der Begriff Expressionismus? Was wollten die Expressionisten in ihren Werken ausdrücken?
3. Von welcher Generation wollten sich die Expressionisten distanzieren?
4. Welches große Ereignis des 20. Jahrhunderts prägte die Expressionisten und ihre Werke?
5. Was ist eine "Menschheitserneuerung"? Wie wollten die Expressionisten diese Idee verwirklichen?
6. Welche Realität zerstörte ihre Träume?
7. Nennen Sie einige Motive der Expressionisten.
8. Welche zwei Gruppen waren im malerischen Expressionismus wichtig?
9. Was taten viele expressionistische Maler am Ende des Krieges?
10. Welche Kunstform ersetzte den Expressionismus?

SPRACHFUNDAMENT 1: Etwas beschreiben - Adjektivendungen

Adjektive werden verwendet um Nomen (Menschen, Ort und Dinge) genauer zu beschreiben. Es gibt **zwei** Arten von Adjektiven: **prädikative Adjektive und attributive Adjektive**

Was?	Wie?
Prädikative Adjektive	**Prädikative Adjektive** stehen nach den Wörtern **sein, bleiben** und **werden.** Prädikative Adjektive bleiben unverändert und werden nicht dekliniert (d.h., sie haben keine Endung). **Beispiele:** Das Kunstwerk ist **interessant.** Die Stadt ist **chaotisch.**
Attributive Adjektive	Attributive Adjektive stehen vor Nomen und werden nach dem Genus und Kasus des Nomens dekliniert. Sie können entweder zwischen einem Artikel und einem Nomen oder ohne einen Artikel vor einem Nomen stehen. **Beispiele:** Das ist ein interessantes Kunstwerk. Das ist eine chaotische Stadt.

Die Endungen von attributiven Adjektiven ändern sich nach dem Genus und Kasus des Nomens, das sie beschreiben. Es gibt zwei Arten von Adjektivendungen, **schwach** und **stark.**

Was?	Wie?
Attributive Adjektive mit schwachen Endungen	Wenn man das Genus und den Kasus eines beschriebenen Nomen erkennen kann, verwendet man eine **schwache** Endung vor dem Nomen. Genus = Maskulin Kasus = Nominativ **Beispiele:** Beispiel: Das ist der junge **Künstler** aus Berlin. Schwache Endung
Attributive Adjektive mit starken Endungen	Wenn man das Genus und den Kasus eines beschriebenen Nomen nicht erkennen kann, verwendet man eine starke Endung. So kann man an der Adjektivendung das Genus und den Kasus des Nomen erkennen. **Beispiele:** Genus = Maskulin oder Neutrum? Kasus = Nominativ oder Akkusativ? **Beispiele:** Das ist ein junger **Künstler** aus Berlin. Starke Endung = Maskulin und Nominativ

Tipps:

- Nach einem deklinierten Artikel benutzt man schwache Endungen.
- Wenn zwei oder mehr Adjektive hintereinander stehen, haben alle die gleiche Endung.
- Alle Adjektive, die ein Nomen im Plural beschreiben und nach einem Artikel stehen, haben die Endung –en.

Adjektivendungen nach bestimmten oder unbestimmten Artikeln. Die Bildung der Adjektivendungen wird durch den Artikel (oder die Abwesenheit eines Artikels) bestimmt. Schauen Sie sich die folgenden Tabellen an und achten Sie auf die Endungen.

Adjektive, die nach einem bestimmten Artikel stehen, haben schwache Endungen.

Adjektivendungen nach bestimmten Artikeln	Nominativ	Akkusativ	Dativ	Genitiv
Maskulin	**der** / **-e**	**den** / **-en**	**dem** / **-en**	**des** / **-en**
Neutrum	**das** / **-e**	**das** / **-e**	**dem** / **-en**	**des** / **-en**
Feminin	**die** / **-e**	**die** / **-e**	**der** / **-en**	**der** / **-en**
Plural.	**die** / **-en**	**die** / **-en**	**den** / **-en**	**der** / **-en**

Adjektive, die nach einem unbestimmten Artikel stehen, haben entweder schwache oder starke Endungen. In der folgenden Tabelle sind die starken Endungen durch schattierte Kästen gekennzeichnet.

Adjektivendungen nach unbestimmten Artikeln	Nominativ	Akkusativ	Dativ	Genitiv
Maskulin	**ein** / **-er**	**einen** / **-en**	**einem** / **-en**	**eines** / **-en**
Neutrum	**ein** / **-es**	**ein** / **-es**	**einem** / **-en**	**eines** / **-en**
Feminin	**eine** / **-e**	**eine** / **-e**	**einer** / **-en**	**einer** / **-en**
Plural.	**(k)eine** / **-en**	**(k)eine** / **-en**	**(k)einen** / **-en**	**(kein)er** / **-en**

Besondere Regeln

Regel	Beispiel
Vor Adjektivendungen fügt man kein zusätzliches –e ein, wenn das Adjektiv auf –e endet.	müde Das ist ein müdes Kind.
Wenn das Adjektiv auf –el oder –er endet, fällt das -e des Adjektivs weg.	teuer Das ist ein teures Kunstwerk.
Bei der unregelmäßigen Form *hoch* entfällt das –c des Adjektivs.	hoch Der höhere Preis hat mit dem Alter des Werkes zu tun.

ADJEKTIVENDUNGEN NACH BESTIMMTEN UND UNBESTIMMTEN ARTIKELN.

Egon Schiele: *Vier Bäume* (1917)

Aktivität 1: Stilrichtungen in der deutschsprachigen Kunstgeschichte.

Ergänzen Sie den Text mit den passenden Adjektiven. Achten Sie auf die Endungen.

ornamental	*modern*	*innerst*	*einzeln*	*artifiziell*
floral	*impressionistisch*	*rasch*	*klein*	*interessant*

Die ________________ Kunst befasst sich mit den momentanen Eindrücken des ________________ Künstlers. In diesen ________________ Kunstwerken handelt es sich sehr oft von der ________________ Mischung von Licht und Farbe. Gegenüber der ________________ Pinselstrichen der Impressionisten, drückten die Expressionisten die ________________ Gefühle durch den ________________ Gebrauch von vielen, bunten Farben aus. Der ________________ Jugendstil, von dem Gustav Klimt ein Vertreter war, war auch eine wichtige Stilrichtung am Anfang des 20. Jahrhunderts. Künstler machten von der ________________ Dekoration und der ________________ Abstraktion Gebrauch.

Aktivität 2: Der Krieg um die Kunst.

Ergänzen Sie den Text über den impressionistischen Maler Max Liebermann mit den passenden Adjektivendungen. Achten Sie auf die Artikel!

Max Liebermann (* 20. Juli 1847 in Berlin; † 8. Februar 1935 in Berlin) war ein deutsch-jüdisch ________ Maler und Grafiker. Er war ein bedeutend ________ Vertreter des deutschen Impressionismus.Nach einer dreijährig ________ Ausbildung in Weimar und einem prägend ________ Aufenthalt in Paris zog er in die Niederlande. Dort schuf er zuerst naturalistische Werke mit einer sozial ________ Thematik. Durch die Beschäftigung mit den französischen Impressionisten in Paris verwendete er seit 1880 eine licht ________ Farbigkeit und einen schwungvoll ________ Farbauftrag, der seine weiter ________ Werke prägte. Sein künsterlisch ________ Schaffen steht symbolisch für den Übergang von der Kunst des 19. Jahrhunderts hin zur Moderne der Kaiserzeit und der Weimarer Republik. Liebermann war nicht nur ein wichtig ________ Künstler, sondern steuerte den Wandel der modernen Kunst durch seine Position als Präsident der Berliner Sezession, einer einflussreich ________ deutsch ________ Künstlergruppe. Von 1920 bis 1933 leitete er die Preußische Akademie der Künste, bis er infolge der nationalsozialistischen Kunstpolitik zurücktrat. Seine letzt ________ beid ________ Lebensjahre verbrachte er zurückgezogen in seiner Heimatstadt Berlin.

Aktivität 3: Die Kunst und der Erste Weltkrieg

Vervollständigen Sie den Text mit den passenden Adjektivendungen. Achten Sie auf das Genus und den Kasus der Nomen.

1. Vor dem Anfang des "Groß ______ Krieges" malten impressionistisch ______ Künstler Bilder, die ihre unmittelbar ______ Eindrücke in einem einzig ______ Moment darstellten. Sehr oft malten sie natürlich ______ Szenen mit friedlich ______ Menschen.

2. Der Name "Jugendstil" beschreibt eine modern ______ Kunststilrichtung, die für ihre übertrieben ______ Ornamentalität und künstlich ______ (also nicht natürlich ______) Qualität um die Jahrhundertwende bekannt war.

3. Die expressionistisch ______ Künstler wollten eine entfremdet ______ Welt durch bunt ______ Farben und provokativ ______ Szenen darstellen und ihre innerst ______ Gefühle zum Ausdruck bringen.

4. Tief ______ Einsamkeit und die Isolation des einzeln ______ Menschen sind typisch ______ Themen im deutsch ______ Expressionismus.

5. Die viel ______ Gedichte und Gemälde des deutsch ______ Expressionismus, die die furchtbar ______ Ängste des modern ______ Menschen darstellen, zeigen katastrophal ______ Szenen, die im erst ______ Krieg zu einer furchtbar ______ Realität wurden.

6. Der jung ______ Kaiser Wilhelm II. wollte nicht an einem lang ______ Krieg beteiligt sein.

7. Der erst ______ Weltkrieg wurde aber ein intensiv ______ Grabenkrieg mit vielen grausam ______ Folgen, die von der neust ______ Technik noch verstärkt wurden.

8. Kurz nach der offiziell ______ Kriegserklärung besetzte die deutsch ______ Armee belgisch ______ und französisch ______ Städte.

Aktivität 4: Franz Marcs Tiere

Beschreiben Sie das Kunstwerk von Franz Marc, dem expressionistischen Maler des Blauen Reiter und verwenden Sie Adjektive mit den passenden Endungen.

Beispiel: Auf diesem Bild sieht man eine gelb ______ Kuh.

____

____

____

____

____

____

Franz Marc: *Kühe-rot, grün, gelb* (1912)

VERSTEHEN & MITTEILEN:
Über die Kunst reden

GESPRÄCHSTHEMA

A. Eine Kunstanalyse. Sehen Sie sich diese Kunstwerke aus dem Expressionismus an. Besprechen Sie mit einem Partner/einer Partnerin, was Sie auf den Bildern sehen. Mit welchen Adjektiven können Sie die Kunstwerke beschreiben?

Ernst Ludwig Kirchner:
Interieur (1915)

Franz Marc:
Kämpfende Formen (1914)

	Bild 1	Bild 2
Was sehen Sie?		
Welche Adjektive beschreiben das Bild?		

B. Reflektieren. Diskutieren Sie jetzt darüber, was die Künstler mit diesen Kunstwerken ausdrücken wollten. Verwenden Sie die nützlichen Ausdrücke und bedenken Sie folgende Fragen:

- Wann wurden die Werke geschaffen? Was ist während dieser Zeit in der Welt passiert?
- Was bedeuten die verschiedenen Farben? Warum hat der Künstler diese Farben ausgewählt?
- Welche Gefühle, Emotionen, Ideen oder Ängste werden durch die Figuren, die Räume und die Farben ausgedrückt?
- Was bedeuten die Titel der Werke? Wie kann man die Titel der Werke mit ihrem Thema in Zusammenhang bringen?

Tipp:

Nützliche Ausdrücke

Dieses Kunstwerk zeigt...

Mit der Farbe Blau wollte der Künstler...

Meiner Meinung nach wird... dargestellt.

Auf der einen Seite sieht man... auf der anderen Seite kommt... zum Ausdruck.

BESCHREIBEN UND ERKLÄREN:
Die Kunst und das Leben

Nomen
Adjektiv, Adjektiv,
einen kurzen Satz
Adjektiv, Adverb –
Adjektiv, Adjektiv
Nomen

Brainstorming

Schreiben Sie eine Liste von zehn Wörtern, die die Welt der Expressionisten beschreibt. Besprechen Sie Ihre Wörterliste mit einem Partner/einer Partnerin und entscheiden Sie sich zwischen Ihren beiden Listen für zehn Wörter insgesamt.

Ein Gedicht schreiben

Schreiben Sie mit Ihrem Partner/Ihrer Partnerin zusammen ein Gedicht, indem Sie nach der folgenden Formel Wörter zusammensetzen. Sie können die Bilder oben als Inspiration nehmen.

Präsentieren Lesen Sie Ihr Gedicht der Klasse vor und versuchen Sie die Atmosphäre im Gedicht durch die Sprache auszudrücken.

Aktivität 1: Eine künstlerische Epoche

Verwenden Sie die neuen Vokabeln, die Sie gelernt haben, um diesen Text über die Kunst zu ergänzen.

Farben	*Anonymität*	*Jugendstil*	*Großstadt*	*Menschheitserneuerung*
Gefühle	*Jahrhundert*	*Träume*	*Expressionsmus*	*Kunststilrichtungen*

Der Anfang des 20. __________________s war eine spannende Zeit in der Kunst. Es gab viele __________________, die gleichzeitig existierten. Zum Beispiel gab es den __________________, der durch seine goldene Ornamentalität sofort erkennbar ist. Der __________________ machte Gebrauch von bunten __________________ wie Rot, Blau und Gelb, um die __________________ auszudrücken. Typische Themen im Expressionismus waren das Leben in der __________________, wie z.B. Berlin, und die __________________, die durch die große Zahl der Menschen an einem Platz verursacht wurde. Viele Expressionisten hofften auf eine __________________; sie wollten eine neue Generation von Menschen hervorbringen, die eine bessere Zukunft anbieten könnte. Der Erste Weltkrieg hat ihre __________________ von einer besseren Zukunft leider zerstört.

Aktivität 2: Die Kunst durch neue Ausdrücke beschreiben

Schreiben Sie, welches Verb zu welchem Nomen passt.

_____ ein Kunstwerk	**a.** schreiben
_____ ein Gedicht	**b.** erneuern
_____ ein Gemälde	**c.** durchführen
_____ eine Photographie	**d.** komponieren
_____ die Menschheit	**e.** schaffen
_____ eine Künstlergruppe	**f.** drehen
_____ eine Revolution	**g.** vorlesen
_____ Musik	**h.** malen
_____ einen Film	**i.** machen
_____ einen Roman	**j.** leiten

AUFBAUEN UND WEITER ARBEITEN

INTERNETRECHERCHE Tatsachen über den Ersten Weltkrieg

Recherchieren Sie im Internet den Ersten Weltkrieg: Welche Ereignisse und Figuren waren wichtig? Sie können sich auf bestimmte Aspekte des Themas konzentrieren, indem Sie die folgenden Fragen beantworten. Benutzen Sie die Seite des Lebendigen Museum Online**:** http://www.dhm.de/lemo/html/wk1/index.html.

1. Wann und wie hat der Erste Weltkrieg angefangen? Was war die sogenannte „Juli-Krise"?

2. Beschreiben Sie kurz die politische Lage in Deutschland während des Kriegs. Was ist mit dem Kaiser passiert?

3. Wer war Paul von Hindenburg? Warum war er wichtig?

4. Warum wuchsen schon sehr früh Unzufriedenheit und Kritik am Krieg?

5. Welche Rolle spielten Künstler im Ersten Weltkrieg? Wie betrachteten sie den Krieg am Anfang? Wie hat sich ihre Perspektive mit der Zeit verändert?

6. Wie war das Alltagsleben im Krieg? Beschreiben Sie kurz die Lebensmittelversorgung. Welche Probleme entstanden, die mit der Ernährung verbunden waren?

DIE KUNST UND DER WIDERSTAND

- Beschreiben Sie, was Sie auf den Fotos sehen. Was ist eine Bücherverbrennung?
- Was bedeutet eine Bücherverbrennung für die Demokratie eines Landes?
- Wie kann man auf eine Bücherverbrennung reagieren, wenn man Autor oder Autorin ist?
- Was würden Sie tun, wenn Sie eine Bücherverbrennung sehen oder von einer hören würden?

Bücherverbrennung, Berlin 1933

Bücherverbrennung, Deutschland 1933

Denkmal in Frankfurt, Hessen (2001): *An dieser Stelle verbrannten am 10. Mai 1933 nationalsozialistische Studenten die Bücher von Schriftstellern, Wissenschaftlern, Publizisten und Philosophen.*

INTERPRETIEREN UND REFLEKTIEREN:
Literarischer Widerstand im Dritten Reich

Thomas Mann Bertolt Brecht Anna Seghers

Kurz nach der Machtübernahme der Nationalsozialisten und der Bücherverbrennung im Jahre 1933 formierten sich im literarischen Bereich unterschiedliche Reaktionen auf das Regime. Jede Art von Kunst und Literatur, die nicht den Vorstellungen des NS-Regimes entsprach, wurde vernichtet. Nur Autoren, die über Heimat und Heldentum schrieben, sollten gelesen werden. Diese Art von völkisch-nationaler Literatur sollte als Inspiration für die deutsche Bevölkerung dienen.

Andere Autoren, die während des Dritten Reiches in Deutschland blieben, aber sich von der NS-Partei distanzieren wollten, kreierten die Literatur der "inneren Emigration." Personen wie Hans Fallada und Ricarda Huch verdeutlichten ihre Aversion gegenüber dem Regime, ohne aktiv Widerstand zu leisten.

Während viele Schriftsteller in Deutschland blieben und unter der NS-Herrschaft weiter arbeiteten, gingen andere direkt nach der Bücherverbrennung ins Exil. 1938 verließen viele Autoren auch Österreich. Personen wie Bertolt Brecht, Thomas Mann und Anna Seghers schrieben politische und literarische Werke, die sich konkret gegen das Regime richteten. Die Veröffentlichung solcher Werke wäre in Deutschland nicht zugelassen worden. Zu den Schriftstellern, die sich ins Exil gezwungen fühlten, gehörten nicht nur jüdische Autoren, sondern auch Autoren, die die politischen Ideen des Staates nicht teilten. Andere Autoren gingen aus Protest, auch wenn sie in ihrer Heimat hätten bleiben dürfen.

Manche Exil-Autoren kehrten 1945 nach Kriegsende wieder in ihr Heimatland zurück, während andere erst viel später zurückkamen. Eine dritte Gruppe blieb für immer im Ausland.

FRAGEN ZUM TEXT

1. Wie reagierten deutschsprachige Autoren auf die Machtübernahme des NS-Regimes? Welche drei Möglichkeiten hatten sie?
2. Was bedeutet der Begriff "Innere Emigration"? Wie oder wohin sind die Personen emigriert?
3. Warum verließen einige Schriftsteller ihre Heimat? Wie lange blieben sie weg?
4. Was wollten die Autoren der Exilliteratur mit ihren Aktivitäten erreichen?
5. Warum wird die Redefreiheit im literarischen Bereich als ein wichtiger Bestandteil der Demokratie betrachtet?

SPRACHFUNDAMENT 2: Adjektivendungen ohne Artikel

Was?	Wie?
Attributive Adjektive mit starken Endungen	Wenn es keinen Artikel gibt, kann man das Genus und den Kasus eines beschriebenen Nomen nicht erkennen. Deshalb gibt es eine starke Endung für die Adjektive. So kann man an der Adjektivendung das Genus und den Kasus des Nomen erkennen. **Beispiele:** Starke Endung = Plural und Nominativ Revolutionäre Bücher waren im NS-Regime verboten. Starke Endung = Plural und Genitiv Die Bücher revolutionärer Autoren wurden im NS-Regime verbannt.

******* Die Bildung der Adjektivendungen wird durch die Abwesenheit eines Artikels bestimmt. Schauen Sie sich die folgenden Tabellen an und achten Sie auf die Endungen.***

Adjektivendungen ohne Artikel	Nominativ	Akkusativ	Dativ	Genitiv
Maskulin	--- / **-er**	--- / **-en**	--- / **-em**	--- / **-en**
Neutrum	--- / **-es**	--- / **-es**	--- / **-em**	--- / **-en**
Feminin	--- / **-e**	--- / **-e**	--- / **-er**	--- / **-en**
Plural	--- / **-e**	--- / **-e**	--- / **-en**	--- / **-en**

Tipp:

Wenn es keinen Artikel gibt, haben die Adjektive die gleichen Endungen wie die bestimmten Artikel (außer im Genitiv)!.

Beispiel:

D**er** Hund wird gesucht!
Schwarz**er** Hund wird gesucht!

ADJEKTIVENDUNGEN OHNE ARTIKEL

Aktivität 1: Politische Slogans.

Lesen Sie die Slogans, die man benutzen kann, um politische Ideen auszudrücken.
Ergänzen Sie die Adjektivendungen.

Wir brauchen erneuerbar _______ Energien!

Wozu ausländisch _______ Öl?

Weiterhin groß _______ Wert auf Datenschutz!

Handeln ohne länger _______ Nachdenken ist gefährlich.

Hoh _______ Studiengebühren bedeuten nicht besser _______ Bildung!

Kämpf um sauber _______ Luft!

Gleich _______ Geld für gleich _______ Arbeit!

Aktivität 2: Widerstand im Dritten Reich.

Lesen Sie den Text und ergänzen Sie die **Adjektivendungen.**

Politisch _______ Widerstand jugendlich _______ Gruppen im Dritten Reich.

Im nationalsozialistisch _______ Deutschland gab es divers _______ Widerstandsgruppen die sich gegen das faschistisch _______ Regime wehrten. Die Aktivitäten dieser mutig _______ Gruppen reichten von passiv _______ Resistenz und non-konform _______ Verhalten bis zu inner _______ Emigration und endgültig _______ Exil. Es gab auch radikal _______ Versuche, das Reich zu unterminieren, wie zum Beispiel, die von der Weiß _______ Rose.

Oppositionell _______ Verhalten von Jugendlichen gab es auch in verschieden _______ Formen. Langsam _______ Arbeiten durch öffentlich _______ Proteste gegen Wehrpflicht oder die Ablehnung der Arbeit in der obligatorisch _______ Hitlerjugend. Beispiele für derart non-konform _______ Verhalten waren die Edelweißpiraten und die Swingjugend, die versuchten eigen _______ Lebensformen zu entwickeln.

VERSTEHEN & MITTEILEN:
Ein Gedicht besprechen

Sie haben von dem Leben des Autors Bertolt Brecht gelesen. Jetzt lesen Sie sein Gedicht "An die Nachgeborenen" von 1939 und besprechen Sie die Themen in Kleingruppen. Bereiten Sie sich auf ein Gespräch im Forum vor, indem Sie folgende Fragen beantworten.

Vor dem Lesen: Der Hintergrund des Gedichts

- Beschreiben Sie die Atmosphäre in Deutschland im Jahre 1939. Wie war der Alltag? Was ist mit vielen Grundrechten der Bürger wie Meinungsfreiheit, Redefreiheit und Pressefreiheit passiert?
- Warum schrieb Brecht ein Gedicht über die Situation? Wo war er zu der Zeit des Geschehens?

Lesen Sie im Internet das Gedicht. Besprechen Sie in Kleingruppen folgenden Fragen:

1. Wie beschreibt Brecht die Zeit, in der er lebt? Warum beschreibt er sie auf diese Art und Weise?
2. Was will Brecht mit dem folgenden Satz sagen: "Was sind das für Zeiten, wo ein Gespräch über Bäume fast ein Verbrechen ist, weil es ein Schweigen über so viele Untaten einschließt"?
   - Von welchen Untaten redet er?
   - Warum ist es ein "Verbrechen" über ein Thema wie Bäume zu reden? Worin besteht das "Kriminelle"?
3. Brecht verwendet die Anreden "wir" und "ihr" im Gedicht – warum? Welchen Effekt haben diese informellen Formen?
4. Wer sind die Nachgeborenen? Was will Brecht von ihnen?

Nach dem Lesen

- Ist Brechts Gedicht eine Form von Widerstand? Wenn ja, was für eine?
- Kann diese Art von Aktionismus erfolgreich sein?
- Können Sie an andere Beispiele denken, wo gewaltlose Methoden verwendet werden um Widerstand zu leisten? Waren diese Methoden erfolgreich?
- Welche Rolle hat Gewalt im Widerstand?

Bertolt Brecht

BESCHREIBEN UND ERKLÄREN:
Die Kunst in/als Widerstand

SCHREIBAKTIVITÄT

Sie wollen einen Aufsatz für deutschsprachige Besucher einer Kunstausstellung in Ihrer Heimatstadt schreiben. Die Kunstwerke, die gezeigt werden, haben mit der Rolle von Kunst in oppositionellen Aktivitäten zu tun. Schreiben Sie eine informative Broschüre, in dem Sie über die Kunst als eine Art von Widerstand beschreiben. Denken Sie an die Kunstformen, die Sie schon besprochen haben. Die folgenden Fragen können auch helfen:

- Was denken Sie, kann man politische Opposition oder sozialen Widerstand durch Kunst erreichen?
- Warum wird Kunst manchmal zu politischen oder revolutionären Zwecken benutzt?
- Ist dieser Gebrauch von Kunst positiv oder negativ?

VOKABELARBEIT

Aktivität 1: Wie kann ich das anders sagen?

Welche Synonyme passen zu den folgenden Wörtern? Markieren Sie sie mit den richtigen Buchstaben.

_____ äußern	**a.** der Autor
_____ schaffen	**b.** die Verbindung
_____ der Widerstand	**c.** umfassen
_____ vertreten	**d.** sehen
_____ entsprechen	**e.** das
_____ beinhalten	**f.** die Opposition
_____ betrachten	**g.** kreieren
_____ der Schriftsteller	**h.** künstlich
_____ der Gebrauch	**i.** repräsentieren
_____ artifiziell	**j.** sagen
_____ der Zusammenhang	**k.** die Verwendung

Aktivität 2: Den Wortschatz erweitern.

Nomen und Verben verbinden. Sie können Nomen aus Verben bilden, indem Sie die Stammform des Verbs verwenden. Schauen Sie aber die Formen im Wörterbuch nach, denn nicht alle Nominalformen werden gleich gebildet. Schreiben Sie auch die Artikel!

Beispiel: verbinden ⟶ die Verbindung

1. erneuern ____________________

2. malen ____________________

3. zusammenhängen ____________________

4. wandeln ____________________

5. widerstehen ____________________

6. fühlen ____________________

7. verhalten ____________________

8. zulassen ____________________

9. zwingen ____________________

10. steuern ____________________

11. kehren ____________________

12. leiten ____________________

AUFBAUEN UND WEITER ARBEITEN
Widerstandskämpferin Irma Schwager

Viele Menschen nahmen in der NS-Zeit am Widerstand teil. Unter ihnen waren auch viele Kommunisten, die für die Gleichheit der Menschen und gegen die Herrschaft der Nationalsozialisten kämpften. Zu dieser Zeit hatten die Kommunisten gemeinsame Ziele mit anderen politischen Parteien, die die Politik der Nationalsozialisten für gefährlich hielten. In diesem Video sehen Sie eine Rede von Irma Schwager am 70. Jahrestag der Annexion Österreichs durch das nationalsozialistische Regime.

Wer ist Irma Schwager?

Sie ist eine österreichische, antifaschistische Widerstandskämpferin, Politikerin und Philanthropin, die nach der Annexion Österreichs im Jahre 1938 nach Belgien auswanderte. Von dort flüchtete sie nach Frankreich, während ihre Eltern im Holocaust starben. Im Krieg schloss sie sich der Widerstandsbewegung in Frankreich an. Eine ihrer Aufgaben war es deutsche Soldaten kennenzulernen und sie durch Gespräche und verteiltes Agitationsmaterial von der Sinnlosigkeit und Ausweglosigkeit des Krieges zu überzeugen. Später beteiligte sich Irma Schwager am Kampf gegen den Kalten Krieg und setzte sich in vielen Konflikten (Vietnam, Frauenbewegung) für die Gleichheit der Menschen ein. 2005 wurde Irma Schwager im Rahmen von 1000 Frauen für den Friedensnobelpreis nominiert.

Fragen zum Video:

1. Welche Frage stellt Irma Schwager am Anfang der Rede? Wie beantwortet sie die Frage?
2. Viele Frauen nahmen am Widerstandskämpf teil. Wie alt war die älteste Kämpferin? Wie alt war die jüngste?
3. Sie erwähnt einige Gruppen, die am Widerstandskampf im Zweiten Weltkrieg teilnahmen. Welche Gruppen waren es?
4. Bei welcher Gruppe war sie engagiert? Was war ihre Aufgabe?
5. Mit wie vielen Frauen machte sie "Überzeugungsarbeit" zusammen? Was ist mit ihnen passiert?
6. Was sagt Irma Schwager über ihre Rolle im Befreiungskampf gegen das NS-Regime?
7. Was sagt sie über den Widerstandsversuch im Allgemeinen?
8. Gegen welche Elemente in der Gesellschaft muss man, Irma Schwager nach, immer noch kämpfen?

THEMA 3

GRAFFITI UND DER KÜNSTLERISCHE WIDERSTAND

KULTURTIPP

Erich Fried (* 6. Mai 1921 in Wien; † 22. November 1988 in Baden-Baden) war ein österreichischer Lyriker, Übersetzer und Essayist, der auch in Deutschland lebte. Fried war ein wichtiger Vertreter der politischen Dichtung im Nachkriegsdeutschland. Gleichzeitig galt er als bedeutender Shakespeare-Übersetzer, der die Sprachspiele des englischen Dramatikers erfolgreich ins Deutsche übertrug.

Er beteiligte sich am politischen Diskurs seiner Zeit, hielt Vorträge, nahm an Demonstrationen teil und war in öffentlichen Positionen der Außerparlamentarischen Opposition tätig. Er blieb aber eine unabhängige Figur, die sich nie für eine bestimmte Ideologie festlegen ließ. Unter anderen Texten schrieb er 1979 die Sammlung *Liebesgedichte* , die ein breiteres Publikum fand.

Die East-Side Gallery

Graffiti wird schon lange als Form des Protests verwendet. Die Widerstandgruppe "Weiße Rose" wird immer wieder angeführt, wenn es um politisches Graffiti als Mittel des öffentlichen Protests und des Widerstandes geht. Hans Scholl hatte damals mit einem Pinsel das Wort FREIHEIT mit Teerfarbe neben den Eingang der Münchner Universität gemalt. Neben der Verteilung von Flugblättern hat die Gruppe Sprüche, wie z.B. „Nieder mit Hitler", an Hauswände gemalt um ihren Protest in die Öffentlichkeit zu tragen. Der Spruch auf dem Bild befindet sich an der East-Side Gallery in Berlin. Die East-Side Gallery ist die größte zusammenhängende Open-Air Graffiti-Galerie der Welt. Sie besteht aus einem 1,3 km langen Überrest der Berliner Mauer. Die Mauer, die vor über 50 Jahren den Kalten Krieg begleitete, sowie Ost- und Westdeutschland physisch trennte, ist seit der Wiedervereinigung Anlaufpunkt für Touristen, die sich sowohl über die Geschichte informieren, als auch die Kunstwerke bewundern wollen.

"East-Side-Gallery", gelegen zwischen der Jannowitzbrücke und der Oberbaumbrücke in Berlin.

Diese Reste der Berliner Mauer, die nach der Öffnung von vorwiegend ostdeutschen Künstlern auf der Ost-Seite bemalt wurden, beinhalten sowohl Protestgedanken als auch Wünsche auf ewigen Frieden. Aber für Graffiti- und Streetart-Interessierte sind einzelne Mauerabschnitte auch Anlaufstellen um sich über neue Styles zu informieren, oder zu sehen, welche Künstler und Künstlerinnen in der Stadt unterwegs sind.

- Was ist Ihre Meinung zu Graffiti? Halten Sie Graffiti für eine gerechte Kunstform der Öffentlichkeit, oder glauben Sie das es eher eine Art Vandalismus ist?
- Gibt es Situationen, in denen die Bemalung von öffentlichen Gebäuden und Gegenständen in Ordnung ist?
- Wann sind Graffitis eine Form des Protests und wann gelten sie als Kunstwerke?
- Was wollen Graffiti–Künstler und –Künstlerinnen mit ihrer Kunstform ausdrücken?
- Was bedeutet Erich Frieds Spruch? Warum wollte die Künstlerin Elisa Budzinski seine Wörter als Gegenstand ihres Werkes benutzen?

INTERPRETIEREN UND REFLEKTIEREN: Graffiti – eine Kunstform?

Ob Graffiti als Kunstform betrachtet werden kann, steht für mich außer Frage. Viele Leute werden diese Ansicht vielleicht nicht mit mir teilen und sagen, dass Graffiti in ihren Augen nichts als Schmiererei an Wänden ist oder einfach Sachbeschädigung. Für viele Sprühereien und Tag-Gekritzel mag dies auch zutreffen. Wenn man aber die Arbeiten bekannter Graffiti-Künstler betrachtet und sich damit vorurteilslos auseinandersetzt, muss man Graffiti den künstlerischen Anspruch in irgendeiner Form anerkennen.

Die Entstehung der Graffiti-Kunst

Die Geschichte des Graffiti ist eigentlich so alt wie die Menschheit selbst. Bereits steinzeitliche Höhlenmalereien wurden teilweise mit einer einfachen Sprühtechnik aufgebracht. Dazu haben die „Künstler" Farbe durch hohle Knochen geblasen. Gemälde und Texte an Wände zu malen wurde auch von politischen Gruppen zur Verbreitung von Protestparolen oder zu Propagandazwecken genutzt (z.B. von den Nationalsozialisten, Widerstandsgruppen wie der Weißen Rose, Studenten in der Zeit der Studentenrevolte, Punks, etc.).

Die moderne Geschichte des Graffiti begann Ende 1970 in New York und Philadelphia, wo Sprayer ihre Namen an Wände und in U-Bahn-Stationen sprühten. Mit diesen so genannten Tags versuchten damals wie heute die Graffiti-Sprayer Bekanntheit – bzw. Fame - in der Szene zu erlangen. Je schwieriger der Fleck ist, an dem ein solcher Tag aufgebracht wurde, desto mehr Ansehen kann ein Sprayer erlangen. Die Graffiti-Kunst verbreitete sich sehr schnell in New York und die Sprayer suchten nach anderen Ausdrucks-Formen als den einfachen Tags, um sich selbst Aufmerksamkeit zu verschaffen. Die Tags wurden größer und aufwendiger. Die Entwicklung ging weiter, bis ganze Bilder (Pieces / Masterpieces) auf Wände und vor allem an Züge gesprüht wurden. Züge und U-Bahnen waren (und sind auch heute noch) ein beliebtes Ziel für Graffiti-Künstler, da sie durch die ganze Stadt bzw. das ganze Land fahren und somit viele Leute die Pieces sehen.

Die Graffiti-Künstler versuchten nun nicht nur durch reine Quantität, sondern auch durch die Qualität ihrer Arbeiten bekannt zu werden. Dadurch, dass die New Yorker Graffiti-Künstler herumreisten oder in andere Städte zogen, verbreitete sich die Graffiti-Kultur in den ganzen USA. Bald schwappte die Graffiti-Kunst auch nach Europa herüber und fand in den 90er Jahren weite Verbreitung. Vor allem durch die Entstehung der Hip-Hop-Kultur wurde Graffiti in Europa richtig modern. Später ist Graffiti auch in Asien und Süd-Amerika beliebt geworden.

Graffiti heute

Auch heute noch ist Graffiti bei den Jugendlichen sehr beliebt und ist in der Regel stark mit der Hip-Hop-Szene verbunden. Außerdem beeinflusst der Graffiti-Stil inzwischen sehr stark den Bereich des Grafikdesigns und Kommunikations-Designs. Graffiti ist also wie ich finde eine überaus interessante Kunstrichtung. Wer noch mehr über Graffiti erfahren will kann ja z.B. mal bei diesem deutschen Graffiti-Blog hineinschauen.

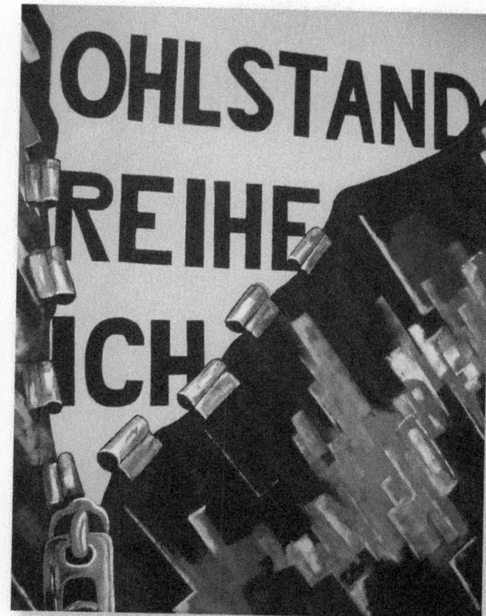

East-Side Gallery, Berlin

FRAGEN ZUM TEXT

1. Was ist das Thema des Textes? Wo findet man einen solchen Text?
2. Wovon will der Autor den Leser überzeugen?
3. Wie beschreiben die Gegner von Graffitis diese Straßenbilder?
4. Wie und wo hat Graffiti als Kunstform angefangen?
5. Welche Gegenstände haben die frühen Graffiti-Künstler bemalt?
6. Mit welcher Szene wird Graffiti heutzutage verbunden?

SPRACHFUNDAMENT 3: Etwas beschreiben – die Partizipialkonstruktion

Es gibt im Deutschen zwei Partizipien, die wie Adjektive verwendet werden können:

- **Das Partizip I (Partizip Präsens).**
  Das **Partizip Präsenz zeigt** einen parallelen Vorgang, der sich in einen gleichzeitigen Relativsatz im Aktiv auflösen lässt. Das Partizip I als Adjektiv drückt eine **Gleichzeitigkeit** oder eine **nicht abgeschlossene Aktion** aus.

  Beispiel: *eine streikende Gruppe*

- **Das Partizip II (Partizip Perfekt).**
  Das **Partizip Perfekt zeigt** einen beendeten, schon abgeschlossen Vorgang. Der entsprechende Relativsatz wird mit Partizip Perfekt + sein gebildet. Das Partizip II als Adjektiv drückt meist eine **passivische Handlung**, ein **Resultat** oder **etwas Abgeschlossenes** aus. Die beiden Handlungen laufen nicht parallel, sondern zeitlich versetzt.

  Beispiel: *der aufgelöste Studentenstreik*

Was?	Wie?
das Partizip I = Partizip Präsens.	Das **Partizip I** bildet man mit dem **Infinitiv + d** **Beispiele:** schreiend, schwimmend, wartend
das Partizip II = Partizip Perfekt	Das **Partizip II der regelmäßigen und unregelmäßigen Verben** bildet man nach den bekannten Regeln. Das Partizip II als Attribut steht zwischen dem Artikel und dem Nomen, auf das es sich bezieht.

Tipp:

Wenn man Partizipien als Adjektive verwendet, werden sie genau wie Adjektive dekliniert.

Beispiel:

Die Künstlerin ist sehr engagiert.

Die engagierte Künstlerin nahm an der Demonstration teil.

SPRACHARBEIT EINEN PROZESS BESCHREIBEN – PARTIZIP PRÄSENS UND PARTIZIP PERFEKT

Aktivität 1: Aus den Nachrichten

Schreiben Sie die Sätze aus der Zeitung mit einem **Partizip im Präsens** um.

1. Die Künstlerin, die in Köln arbeitet, fährt nächste Woche nach Berlin.

   ____

2. Die Studenten, die Tag und Nacht protestieren, wollen die Studiengebühren abschaffen.

   ____

3. Die Kunstwerke, die provozieren, werden noch eine Woche im Museum ausgestellt.

   ____

4. Die Arbeiter, die seit zwei Wochen streiken, wollen mehr Geld bekommen.

   ____

5. Die Farben im Kunstwerk, die beeindrucken, zeigen die Gefühle des Künstlers.

   ____

Aktivität 2: Die Kunst und die Literatur beschreiben

Schreiben Sie die Sätze aus der Zeitung mit einem **Partizip im Perfekt** um.

1. Die Künstlergruppe, die sehr beliebt ist, kommt nächste Woche in Hamburg an.

   ____

2. Der neue Roman, der letzte Woche erschienen ist, steht schon auf der Bestseller-Liste.

   ____

3. Die Graffitis, die vor vielen Jahren in der East-Side Gallery geschaffen wurden, müssen langsam saniert werden.

   ____

4. Der Nobelpreis für Literatur, der 1999 verliehen wurde, ging an den deutschen Autor Günter Grass.

   ____

5. Ein Bildband, das in fast jeder Buchhandlung verkauft wird, dokumentiert das Leben der Schauspielerin Romy Schneider, die "Sissi" spielte.

   ____

VERSTEHEN & MITTEILEN: Ein Graffiti Blog

SCHREIBAKTIVITÄT

Sie haben oben einen Artikel aus dem Blog kunstkurs-online.de über die Rolle von Graffiti als Kunstform gelesen. Sind Sie mit dem Autor des Artikels einverstanden oder sehen Sie Graffiti anders? Schreiben Sie einen Blog-Eintrag, in dem Sie die folgenden Fragen beantworten. Begründen Sie Ihre Argumente mit konkreten Beispielen

- Ist Graffiti immer eine Kunstform? Gibt es manchmal Situationen, in denen Graffiti nur eine Beschädigung von öffentlichen Gegenständen und Plätzen ist?
- Soll die Produktion von Graffitis überall erlaubt sein, oder nur an manchen Orten, wie zum Beispiel in der East-Side Gallery in Berlin?
- Finden Sie, dass Graffiti eine akzeptable Form der Rede- oder Meinungsfreiheit ist?
- Was sind die Nachteile von Graffitis? Können sie manchmal gefährlich oder schädlich sein? 
- Wenn Sie einen Ort, der Graffiti-Werken gewidmet werden soll, aussuchen dürften, welchen (Ort) würden Sie wählen? 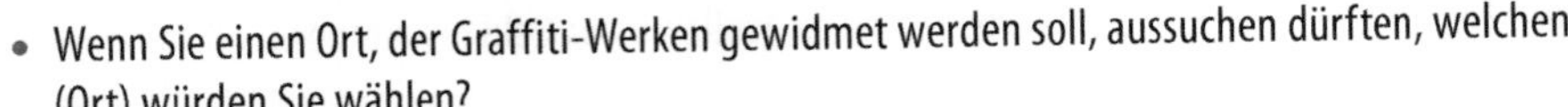

Tipp:

Nützliche Ausdrücke

- Ich sehe das anders.
- Ich finde es kommt darauf an.
- Ich bin ganz anderer Meinung.
- Im Prinzip schon, aber...
- Ich möchte nochmal auf ... zurückkommen.
- Könnte es nicht (auch) sein, dass...?
- Auf der einen Seite ... auf der anderen Seite...

BESCHREIBEN UND ERKLÄREN: Die Kunst und das Engagement

SCHREIBAKTIVITÄT

Die East-Side Gallery. Unten sehen Sie zwei Kunstwerke von der East-Side Gallery in Berlin. Wählen Sie eines aus, und beschreiben Sie es und seine Bedeutung.

- Welches Thema wird im Werk behandelt?
- Was will der Künstler/die Künstlerin mit dem Werk ausdrücken?
- Gibt es eine politische oder soziale Kritik? Wenn ja, was für eine Kritik? (Wer/was wird kritisiert?)
- Wie finden Sie das Werk? Erklären Sie, was Ihnen (nicht) gefällt.
- Glauben Sie, dass Graffiti eine Kunstform sind? Warum (nicht)?

Vergessen Sie nicht Ihr Argument mit konkreten Beispielen zu begründen.

____

____

____

____

____

____

____

AUFBAUEN UND WEITER ARBEITEN

Sich durch die Kunst engagieren!

Sie haben nun schon über Graffitis gelesen und geschrieben. Jetzt versuchen Sie mit einem Partner/einer Partnerin Ihre eigene Kunst zu schaffen.

Denken Sie an ein wichtiges Prinzip, Ideal oder Problem, das Sie zum Ausdruck bringen wollen und malen Sie ein Bild, das dieses Thema künstlerisch behandelt. Das Bild kann eine Kritik des Problems ausdrücken oder eine positive Darstellung eines Prinzips oder Ideal darstellen.

Schreiben Sie einen Titel des Werkes und eine kurze Beschreibung seines Inhalts. Erklären Sie, welches Ziel Sie mit dem Bild erreichen wollten und ob es Ihnen gelungen ist.

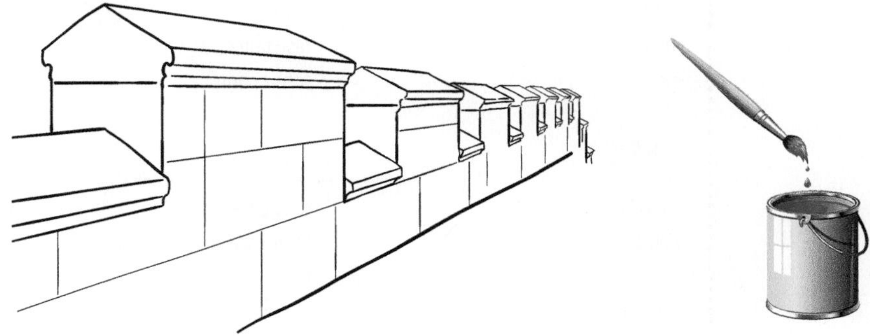

VERBINDUNGEN UND ERWEITERUNGEN

Die letzten Tage der Sophie Scholl

Schauen Sie den Film *Die letzten Tage der Sophie Scholl.* Bereiten Sie sich dann auf eine Diskussion im Kurs vor, indem Sie Notizen zu den folgenden Themen aufschreiben.

WER

- Mitglieder der Gruppe

WO

- Wo wurde die Gruppe gegründet?
- Wo haben sie ihre Aktionen durchgeführt?

WARUM

- Was führte zu der Bildung dieser Gruppe?
- Welche Ziele hatte sie?

WAS

- Welche Methoden haben sie angewendet, um ihre Ziele zu erreichen?
- Was waren die Folgen ihrer Handlungen?
- Was ist mit der Gruppe passiert?

Schreiben Sie einen Absatz über Die Weiße Rose. Verwenden Sie Ihre Notizen, um ihre Geschichte zu erzählen.

NOMEN

die Angst, ¨e	fear
der Anlaufpunkt, -e	starting point
das Ansehen	reputation
der Aufbruch, ¨e	departure
der Aufenthalt, -e	stay
der Auftrag, ¨e	contract
der Ausdruck, ¨e	expression
der Bestandteil, -e	component
der Bewohner, -	inhabitant (m)
die Bewohnerin,-nen	inhabitant (f)
der Bürger, -	citizen (m)
die Bürgerin, -nen	citizen (f)
das Dasein	existence
das Denkmal, ¨er	memorial
die Einsamkeit	loneliness
die Epoche, -n	epoch, era
die Ernährung	nutrition
die Erneuerung, -en	renewal
das Exil	exile
die Farbe, -en	color
die Farbigkeit	chromaticity
der Gebrauch, ¨e	use
das Gedicht, -e	poem
das Gefühl, -e	feeling
der Gegenstand, ¨e	object
der Graben, ¨	trench
die Großstadt, ¨e	metropolis
die Heimat	homeland
die Herrschaft, -en	governance, authority
die Industrialisierung	industrialization
das Jahrhundert, -e	century
der Krieg, -e	war
die Kuh, ¨e	cow
der Künstler, -	artist (m)
die Künstlerin, -nen	artist (f)
die Kunst, ¨e	art
das Landschaftsbild, -er	landscape painting
die Macht, ¨e	power
die Machtübernahme, -n	seizing of power
die Menschheit	humanity
die Mischung, -en	mixture
das Motiv, -e	motif
das Porträt, -s	portrait
das Publikum	audience
das Schaffen	creation
der Schriftsteller, -	author (m)
die Schriftstellerin, nen	author (f)
der Spruch, ¨e	saying
die Stilrichtung, -en	artistic style
der Stoff, -e	subject, material
der Tod, -e	death
der Traum, ¨e	dream
der Überrest, -e	remnant
die Verbrennung, -en	burning
der Vertreter, -	representative (m)
die Vertreterin, -nen	representative (f)
der Wahnsinn	madness
der Wandel	change
das Werk, -e	work
der Widerstand, ¨e	resistance
der Zusammenhang, ¨e	connection

VERBEN

auswählen	to choose
sich befinden	to be located
begleiten	to accompany
bemalen	to paint
besetzen	to occupy
besitzen	to possess
bewundern	to marvel at
drehen	to turn
durchführen	to carry out
einziehen + in (AKK)	to draft, move in
erfahren	to experience
erlangen	to acquire, obtain
erneuern	to renew
ersetzen	to replace
hervorrufen	to call forth
hineinschauen	to look into
kehren	to turn
komponieren	to compose
leiten	to lead
malen	to paint
prägen	to coin, form
schaffen	to create
sterben	to die
steuern	to direct, steer
verbrennen	to burn
verdeutlichen	to clarify
verhalten	to behave
verlassen	to leave

verursachen	to cause
verwirklichen	to realize, achieve
vorlesen	to read aloud
wachsen	to grow
zeigen	to show
zulassen	to allow
zurückkehren	to return
zurücktreten	to back out, abdicate
zwingen	to force

ADJEKTIVE/ ADVERBIEN

bunt	colorful
damals	at that time
furchtbar	terrible
grausam	cruel, brutal
heutzutage	nowadays
innerst	innermost
künstlerisch	artistic
künstlich	artificial
malerisch	picturesque, scenic
momentan	instantaneous
prägend	formative
rasch	fast, impetuous
schwungvoll	bold, spirited
unabhängig	independent
verschieden	different
vorwiegend	predominant

PRÄPOSITIONEN

infolge	as a result of
während	during

WICHTIGE AUSDRÜCKE

ein Thema behandeln	to address a topic
eine Rede halten	to hold a speech
einen Film drehen	to film a movie
Widerstand leisten	to resist
zum Ausdruck bringen	to express

KAPITEL

5

Schutzstreifen
Betreten und Befahren
verboten!

GRENZEN ÜBERSCHREITEN: EIN BLICK IN DIE VERGANGENHEIT

WORUM GEHT ES HIER?

Kapitel 5: Grenzen überschreiten: Ein Blick in die Vergangenheit

- Beschreiben Sie die Szenen, die auf den Bildern dargestellt sind.
- Welche Grenzen werden in diesen Szenen überschritten?
- Was bedeutet es über eine Grenze zu treten?
- Kann man von sowohl von physischen, als auch von psychologischen oder symbolischen Grenzen reden? Was ist ein Beispiel davon?

THEMA 1

DEUTSCHLAND NACH DEM ZWEITEN WELTKRIEG

NEUE VOKABELN

die Bombardierung	der Rosinenbomber
die Flüchtlinge	die Trümmer
die Hungersnot	die Trümmerfrauen
die Kriegsgefangenschaft	das Überleben
die Lebensmittelkarte	der Wiederaufbau
die Nachkriegszeit	die Wohnungsnot

Diskussionsfragen:

- Was sehen Sie auf diesen Bildern?
- Was denken Sie, wann wurden die Fotos gemacht?
- Mit welchen Adjektiven kann man die Bilder beschreiben?
- Welche Gefühle oder Perspektiven werden durch die Bilder ausgedrückt?

INTERPRETIEREN UND REFLEKTIEREN: Aus den Trümmern: Deutschland in der Nachkriegszeit

Bundesarchiv, Bild 183-M1203-303
Foto: Donath, Herbert | 18. Marz 1948

Mit der Kapitulation am 7. Mai 1945 endete der Zweite Weltkrieg in Deutschland. Für den Neuanfang eines normalen Lebens und sich entwickelnder Kultur war dieser Zeitpunkt so etwas wie eine Stunde Null. Nach sechs Jahren Krieg war Deutschland strukturell und politisch zerstört. Trümmerhaufen lagen überall und es fehlte an Essen, Strom, Wasser und Wohnungen. Die Währung des Dritten Reiches, die Reichsmark, hatte keinen Wert mehr und jeder Tag war für die Bürger ein Kampf um das Überleben. Viele Männer kehrten nicht aus dem Krieg zurück und die Frauen mussten sowohl ihre Familien versorgen als auch die Städte aus den Trümmern hervorgraben.

Durch die Flächenbombardierungen der Alliierten wurden fast fünf Millionen Wohnungen und ein Fünftel der Fabriken und Verkehrsverbindungen in Deutschland zerstört. Die deutschen Großstädte lagen danach unter 400 Millionen Kubikmetern Schutt. In Dresden allein kamen schätzungsweise mehr als 35000 Menschen bei einem Luftangriff der britischen und amerikanischen Luftstreitkräfte ums Leben. Um die Trümmer nach den Bombardierungen zu beseitigen, mussten Männer und Frauen im arbeitsfähigen Alter Backsteine sammeln und von Mörtel befreien, so dass sie wieder zum Bau verwendet werden konnten. Der Hauptteil dieser Arbeit wurde von den sogenannten "Trümmerfrauen" durchgeführt.

Eine weitere Notsituation betraf die 15 Millionen Ostflüchtlinge, die vor der Roten Armee aus dem Osten Europas flohen. Sie suchten ein besseres Leben in den Besatzungszonen der westlichen Mächte. Die meisten von ihnen kamen in die heutigen Bundesländer Niedersachsen, Schleswig Holstein und Bayern, wo sie jedoch oft Bürger zweiter Klasse blieben. Die Flüchtlinge wurden in Baracken untergebracht und notdürftig versorgt. Sie hatten meist keine, oder nur sehr gering bezahlte Arbeit.

Wegen der hohen Zahl der Flüchtlinge wurde die Suche nach Familienmitgliedern und anderen Angehörigen schwierig. Ungefähr zehn Millionen Menschen wurden gesucht oder waren vermisst. Es gab zwar einen offiziellen Dienst, der die Suche nach Angehörigen leitete, aber auch in Eigeninitiative schrieben ganz normale Bürger Namen Vermisster an die Wände zerstörter Gebäude oder hingen Suchschilder auf. Während der Suchdienst vier Millionen Menschen wiedergefunden hat, fanden durch die Suchaktionen der Bürger zwei Millionen vermisste Menschen wieder zu ihren Familien.

Direkt nach dem Krieg war die Hungersnot das größte Problem der Bevölkerung. Damit jeder genug zu essen bekam, wurden Lebensmittel durch die Lebensmittelkarten rationiert. Der Hauptanteil der Nahrung waren Kartoffeln und Brot. Die notwendige Menge von 300g Brot pro Tag konnte aber nicht überall ausgegeben werden. Im Monat gab es nur 300-400g Fleisch und 200-300g Fette, so wenig, dass die meisten Menschen hungrig blieben. Viele fuhren quer durch Deutschland, um Essen zu „hamstern". Viele Familien bekamen von den US-Amerikanern Care-Pakete oder verhandelten auf dem illegalen Schwarzmarkt, wo sie wertvolle Objekte oder Zigaretten gegen Essen austauschten. Erst 1950 wurde die Hungersnot überwunden.

??? FRAGEN ZUM TEXT

A. Probleme der Nachkriegszeit. Beschreiben Sie die Probleme die direkt nach dem Krieg entstanden, indem Sie die Tabelle ausfüllen. Geben Sie konkrete Beispiele.

das Problem	Beispiele und mögliche Lösungen
Kriegsbeschädigungen und Trümmer	
Wohnungsnot	
Ostflüchtlinge	
vermisste Menschen	
Hungersnot	

B. Beantworten Sie die Fragen anhand des Textes.

1. Was bedeutet der Begriff "Flächenbombardierung"? Wo und wann fand sie statt?
2. Wer waren die Trümmerfrauen? Warum waren sie wichtig?
3. Wozu brauchten die Menschen in Deutschland eine Lebensmittelkarte?
4. Was war der Schwarzmarkt? Warum war er wichtig im Nachkriegsdeutschland?

SPRACHFUNDAMENT 1: Einen Bericht erstatten – Indirekte Rede

Wenn man weiter erzählen will, was eine andere Person gesagt hat, ohne die Glaubwürdigkeit der Aussagen bestimmen zu müssen, verwendet man die indirekte Rede. Man bildet die **indirekte Rede** meistens mit dem **Konjunktiv I**. In bestimmten Zusammenhängen muss der **Konjunktiv II** verwendet werden, um die Form der indirekten Rede von der Form des Indikativ zu unterscheiden.

Was?	Wie?
Konjunktiv I	**Der Konjunktiv I** basiert auf dem **Verbstamm**. Am Ende des Verbstamms fügt man ein –e an und konjugiert das Verb auf die normale Art und Weise. Um das Zitat eines anderen einzuführen, verwendet man die Konjunktion "dass." **Beispiele:** **Indikativ:** Frau Braun sagte, "Ich fahre am Dienstag nach Berlin." **Konjunktiv I:** Frau Braun sagte, dass sie am Dienstag nach Berlin fahre.
Konjunktiv II	Man verwendet den **Konjunktiv II**, wenn man anhand der Verbform nicht unterscheiden kann, ob der Satz im Indikativ oder im **Konjunktiv I** steht. Diese Situation entsteht oft in der Pluralform. **Beispiele:** **Indikativ:** Frau Braun sagte, "Mein Mann und ich fahren am Dienstag nach Berlin." **Konjunktiv I:** Frau Braun sagte, dass sie und ihr Mann am Dienstag nach Berlin **fahren**. ➔ Hier kann man die zwei Verbformen nicht unterscheiden, deshalb verwendet man den **Konjunktiv II**. **Konjunktiv II**: Frau Braun sagte, dass sie und ihr Mann am Dienstag nach Berlin führen.

Tipps:

- **Man kann den Konjunktiv II** anstatt des Konjunktiv I verwenden, wenn die Person, die den Bericht erstattet, Zweifel an dem Wahrheitsgehalt der Aussagen des Sprechers hat.
- Wenn die Form des Konjunktiv II nicht üblich ist, verwendet man eine **würde-Konstruktion,** um den Konjunktiv II zu bilden.
- Die Form des Konjunktiv I für das Verb **"sein"** ist unregelmäßig. Die Formen in der ersten und dritten Person-Singular bestehen nur aus dem Verbstamm (es gibt keine Endung).

Formen des Konjunktiv I

ich	**-e** / **gehe**	**wir**	**-en** / **gehen**
du	**-est** / **gehest**	**ihr**	**-et** / **gehet**
er/es/sie	**-e** / **gehe-**	**sie/Sie**	**-en** / **gehen**

Formen des Konjunktiv I: "sein"

ich	**sei**	**wir**	**seien**
du	**sei(e)st**	**ihr**	**sei(e)t**
er/es/sie	**sei**	**sie/Sie**	**seien**

SPRACHARBEIT INDIREKTE REDE

Aktivität 1: Berichte vom zweiten Weltkrieg

Schreiben Sie die Zitate in indirekte Rede um, und verwenden Sie die Konjunktion "dass". Achten Sie auf die Pluralformen!

1. In einer Zeitung stand, "Deutschland erklärt durch seinen Überfall Polens den Krieg."

____

Deutsche Allgemeine Zeitung

DAZ

„Ich glaube an einen langen Frieden"

Deutsche Allgemeine Zeitung

DAZ

Chamberlain über Führerrede und Rombesuch

2. Ein Radiosender berichtete: "Frankreich und England erklären dem Deutschen Reich den Krieg."

____

3. Franklin Delano Roosevelt deklarierte in einer Rede von 1941: "Die erste Freiheit ist die Freiheit der Rede und der Meinungsäußerung – überall in der Welt."

____

4. Viele Bürger behaupteten, "Die Soldaten kommen bald wieder nach Deutschland zu ihren Frauen und Familien zurück".

____

5. Am 9. Mai, 1945 stand in der Österreichischen Zeitung, "Der Krieg ist zu Ende."

____

Aktivität 2: Eine Zeitzeugin

Sie reden mit Amelia Huber, die in Berlin als Trümmerfrau arbeitet. Sie müssen ihre Zitate (die unterstrichen sind) für Ihren Bericht in indirekte Rede umschreiben. Verwenden Sie den Konjuktiv I und achten Sie auf die Wortstellung.

Sie: Wie geht es Ihnen in Berlin?

Frau Huber: <u>Ich arbeite Tag und Nacht, um die Trümmer wegzuräumen.</u>

Sie: Warum machen Sie diese Arbeit?

Frau Huber: <u>Ich will bei dem Wiederaufbau unserer Stadt helfen. Außerdem kann ich durch diese Arbeit mehr Essen für meine Familie besorgen.</u>

Sie: Bekommen Sie einen Lohn für Ihre Arbeit?

Frau Huber: <u>Wir verdienen einen niedrigen Lohn für diese Arbeit. Wichtig aber sind die zusätzlichen Lebensmittelrationen, die wir bekommen.</u>

Sie: Lebensmittelrationen? Was machen Sie damit?

Frau Huber: <u>Ich gebe sie meinen Kindern, so dass sie sich besser ernähren können.</u>

Schreiben Sie jetzt den Bericht:

____

____

____

____

____

Aktivität 3: Aussagen über Deutschland in der Nachkriegszeit.

Ergänzen Sie die Aussagen in der indirekten Rede mit der passenden Form des Verbs "sein" im Konjunktiv I.

1. Der Wiederaufbau Deutschlands ______________ ein langer Prozess.
2. Viele Soldaten ______________ in Kriegsgefangenschaft und könnten nicht helfen.
3. Die Trümmerfrau ______________ mit ihrer unermüdlichen Arbeit die Heldin der Nachkriegszeit.
4. Kleine Kinder ______________ an ein Leben ohne Krieg nicht gewöhnt.
5. Die Deutschen ______________ bereit, ein neues Deutschland aufzubauen.
6. Es ______________ höchste Zeit Deutschlands Ruf in der Welt zu verbessern.

VERSTEHEN & MITTEILEN

GESPRÄCHSTHEMA

Die Nachkriegszeit in Deutschland

Besprechen Sie mit einem Partner oder einer Partnerin, was Sie über die deutsche Geschichte, besonders während der Nachkriegszeit, wissen. Erstellen Sie zusammen eine Zeitleiste mit den wichtigsten Informationen. Stellen Sie dann Ihre gemeinsame Arbeit im Forum vor und vergleichen Sie sie mit den Zeitleisten anderen Kursteilnehmer.

Achten Sie bei der Arbeit auf folgende Aspekte:

- Was wissen Sie über die deutsche Geschichte?
  - Denken Sie an wichtige Ereignisse, Daten, Orte und Personen.
  - Warum sind diese Dinge wichtig?
- Was haben Sie in anderen Kursen über die deutsche Geschichte gelernt?

Beispiel:

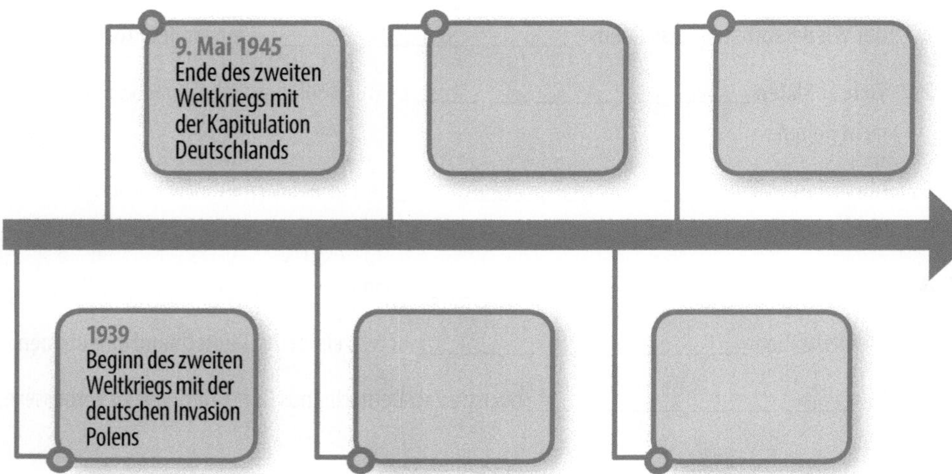
1939
Beginn des zweiten Weltkriegs mit der deutschen Invasion Polens
9. Mai 1945
Ende des zweiten Weltkriegs mit der Kapitulation Deutschlands

BESCHREIBEN UND ERKLÄREN:
Aus der Perspektive der Betroffenen

Ein Tagebucheintrag Sie haben schon etwas über die alltäglichen Beschwerden des Lebens im Nachkriegsdeutschland gelesen und gehört. Versetzen Sie sich nun in die Lage einer deutschen Person in dieser Zeit, z.B. einer "Trümmerfrau", einem zurückgekehrten Soldaten, einem Kind, oder einem Ostflüchtling.

Brainstorming

Machen Sie Notizen zu dieser Person und ihrem Umfeld. Bedenken Sie folgende Punkte:

- Welche Probleme, Herausforderungen, und auch Freuden haben Sie gefühlt?
- Was war Ihnen wichtig und unwichtig?
- Was machte Sie traurig?
- Was gab Ihnen Mut und Hoffnung?

Einen Tagebucheintrag schreiben

Benutzen Sie nun Ihre Notizen, um einen Tagebucheintrag zu schreiben. Achten Sie auf Form und Stil eines Tagebucheintrags.

Präsentieren

Lesen Sie Ihren Tagebucheintrag im Forum vor. Die Gruppe soll erraten, wer Sie sind.

Aktivität 1: Nach dem Ende des Zweiten Weltkriegs

Verwenden Sie die neuen Vokabeln, die Sie gelernt haben, um diesen Text über das Kriegsende zu ergänzen.

Angehörige	*Flüchtlinge*	*Kriegsgefangen-schaft*	*zweite Weltkrieg*	*Stunde Null*	*Wiederaufbau*
Hungersnot	*Schwarzmarkt*	*Kapitulation*	*Wohnungen*	*Nahrung*	*hamstern*
Barracken	*Suchschilder*	*Zerstörung*	*Lebensmittel-karte*	*Trümmerfrauen*	*Sektoren*

Der ____________________ endete im Jahr 1945 mit der ____________________ Deutschlands. Man nennt den Moment, bevor man begann, Deutschland wieder aufzubauen, die ____________________. Aus der fast totalen ____________________ der Großstädte und der politischen und sozialen Systeme des Landes begann der ____________________. Als Erstes wurde Deutschland in vier ____________________ geteilt. Auch die Stadt Berlin wurde geteilt. Da viele Männer noch in ____________________ oder tot waren, mussten die sogenannten ____________________ Deutschland aus Schutt und Asche ausgraben. Ein anderes großes Problem war die hohe Zahl der ____________________, die aus dem Osten in den Westen zogen. Sie hatten keine ____________________ und mussten in ____________________ untergebracht werden. Viele Menschen suchten vermisste, die sie nicht finden konnten. Sie haben ____________________ aufgehängt um bei der Suche zu helfen. Am schlimmsten war die ____________________. Es gab nicht genug zu essen und Lebensmittel mussten durch die ____________________ rationiert werden. Wenn man mehr oder andere Artikel brauchte, die man sonst nicht bekommen konnte, verhandelte man auf dem ____________________. Manche Menschen fuhren auf der Suche nach ____________________ durch ganz Deutschland. Sie ____________________ Essen und andere Produkte.

Aktivität 2: Die Geschichte beschreiben

Schreiben Sie, welches Verb zu welchem Nomen passt.

_____ einen Krieg	**a.** austauschen
_____ die zerstörte Stadt	**b.** sammeln
_____ Lebensmittel	**c.** beseitigen
_____ Produkte auf dem Schwarzmarkt	**d.** führen
_____ Backsteine	**e.** fehlen
_____ Trümmer	**f.** rationieren
_____ an Essen und Wohnungen	**g.** ausgraben

AUFBAUEN UND WEITER ARBEITEN

INTERNETRECHERCHE

Die zwei deutschen Staaten verarbeiteten die Vergangenheit der NS-Diktatur auf verschiedene Art und Weisen. Rechechieren Sie im Internet darüber, um die Fragen zu beantworten. Schauen Sie die Seite des *Lebendigen Museum Online* an: http://www.dhm.de/lemo/html/.

1. Was war das Luxemburger Abkommen, und wann wurde es unterzeichnet? Was sollte durch dieses Abkommen erreicht werden?

2. Was bedeutet der Begriff "Entnazifizierung"? Beschreiben Sie kurz, wie die Alliierten das deutsche Volk über die Verbrechen der Nationalsozialisten aufklärten.

3. Wie wurden Naziverbrecher nach dem Krieg behandelt und bestraft? Welche Prozesse wurden durchgeführt? (Nennen Sie zwei).

4. Wie haben sich die BRD und die DDR mit der NS-Vergangenheit auseinandergesetzt? Welche Ähnlichkeiten/Unterschiede gab es in dieser Hinsicht zwischen den beiden Ländern?

THEMA 2

DEUTSCHLAND - ZWEI LÄNDER, ZWEI SYSTEME

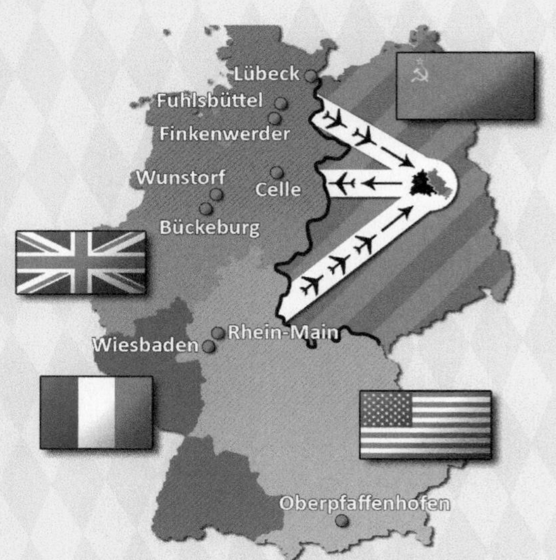

Karte mit den Routen der Berliner Luftbrücke

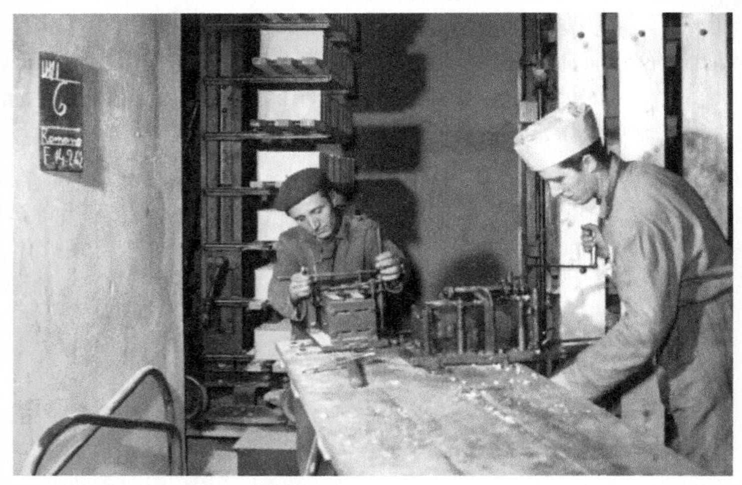

Italienische Gastarbeiter bei der Arbeit, 1962

Gründung der DDR am 07. Oktober, 1949

Zwei Frauen vor der Gedächtniskirche in Berlin, 1948

- Beschreiben Sie, was Sie auf den Bildern sehen.
- Welche Aspekte der deutsch–deutschen Geschichte bringen die Bilder zum Ausdruck?
- Was denken Sie, von welchem Teil Deutschlands kommen die Fotos?
- Sehen Sie berühmte Symbole oder Strukturen? Welche Bedeutung haben sie?
- Drücken die Fotos Hoffnung oder Zweifel für die Zukunft aus?

INTERPRETIEREN UND REFLEKTIEREN: Die Teilung Deutschlands

Nach dem Krieg wurde Deutschland in vier Teile geteilt. Die USA, Großbritannien und Frankreich besetzten die Bundesländer im Westen und Süden Deutschlands. Dieses Gebiet erhielt den Namen "Bundesrepublik Deutschland" (BRD). Sie besetzten auch den westlichen Teil Berlins. Die sowjetische Besatzungszone bestand aus den östlichen Bundesländern und Ost-Berlin. Der sowjetische Sektor wurde später zum offiziell anerkannten Land mit dem Namen "Deutsche Demokratische Reuplik" (DDR). Bis zum Bau der Mauer im August 1961 konnten sich die Westberliner ohne Einschränkung in den östlichen Sektor der Stadt bewegen. Schon ab Oktober 1946 durfte man die Grenze nur überqueren, wenn man vorher einen 30-Tage-gültigen Interzonenpass beantragt hatte. Die Berliner, die im Sperrgebiet wohnten, hatten keinen Interzonzenpass und durfte keine Besucher aus dem Westen empfangen.

Von Anfang an war die Teilung Berlins zwischen den alliierten Großmächten nicht ohne Probleme. Kurz nach der Einführung der neuen Währung in Westberlin versuchten die sowjetischen Mächte den Westen zu zwingen, die Gründung eines Weststaates in West-Berlin aufzugeben. In der Nacht zum 24. Juni 1948 blockierten sowjetische Truppen die Zufahrtswege nach West-Berlin. Die Gas- und Stromversorgung der Westsektoren wurde von Seiten des Sowjetsektors drastisch reduziert. Darauf folgte die totale Sperrung West-Berlins. Nur durch eine Luftbrücke, eine Idee von US-Militärgouverneur Lucius Clay, konnten ungefähr 1,5 Millionen Tonnen lebenswichtiger Produkte nach Berlin transportiert werden. Die Luftbrücke blieb bis zum 30. September 1949 aktiv.

Nach ihrer Gründung wurden beide deutschen Staaten schrittweise in die jeweiligen Machtblöcke des Ostens und des Westens integriert. Die jeweiligen Regierungschefs in beiden Teilen Deutschlands (im Westen Konrad Adenauer und im Osten Walter Ulbricht und Erich Honecker) prägten diese Entwicklung. Zuerst wurde die BRD als Mitglied in die Europäische Gemeinschaft für Kohle und Stahl (EGKS) aufgenommen. 1955 trat die DDR mit der Volksarmee dem östlichen Militärbündnis des Warschauer Paktes bei. Die Bundesrepublik mit der Bundeswehr wurde in die westliche NATO eingegliedert. Die beiden Länder bekamen auch zum größten Teil ihre Souveränität zurück und entwickelten sich in sehr unterschiedlichen Richtungen. Während die BRD zu einer demokratischen Republik mit einer Marktwirtschaft wurde, führte die kommunistische Parteidiktatur der DDR eine zentrale Planwirtschaft ein.

Mit der Unterstützung des Marshall-Plans erlebte die BRD in den 1950er und 1960er Jahren einen raschen Wirtschaftsaufschwung, den man als Wirtschaftswunder bezeichnete. Die BRD warb viele ausländische Arbeiter aus Ländern wie Italien, Portugal, Spanien und der Türkei an, um bei dem Wiederaufbau der Städte zu helfen. Da viele deutsche Männer entweder tot oder noch in Kriegsgefangenschaft waren, brauchte das Land Arbeitskräfte von außerhalb um Bau- und Minenarbeit zu tätigen. Im Jahre 1961 stiegen Produktion und der Export vieler deutscher Produkte rasch und die Zahl der Arbeitslosen sank auf unter 1 Prozent. Als Folge des Wirtschaftsaufschwungs wuchs auch das Einkommen von vielen Familien. Dieses Geld wurde für Luxusgüter, wie elektrische Haushaltsgeräte und Autos, ausgegeben. Immer mehr Menschen konnten sich auch Urlaubsreisen leisten.

Im Gegensatz zur BRD schritt der Wiederaufbau in der sowjetischen Besatzungszone viel langsamer voran. Die Sowjetunion unterstützte Ostdeutschland nicht beim Aufbau. Stattdessen übernahm sie ostdeutsche Betriebe als Form der Reparationszahlung. Im Jahre 1945-46 mussten Bürger, die mehr als 100 Hektar Grundbesitz hatten, ihren Besitz an die Regierung abgeben. 1948 fand in Ostdeutschland, wie in der BRD, eine Währungsreform statt, die die Situation nicht sonderlich verbesserte. Weil die DDR den Wirtschaftsaufschwung des Westens nicht erlebte, blühten der Schwarzmarkt und Tauschhandel bis lange nach Kriegsende. Wegen dieser schlechten wirtschaftlichen und politischen Bedingungen, flüchteten viele Menschen aus der DDR in den Westen.

Die Lage in der DDR wurde ab 1949 langsam besser, aber während die Menschen in Westdeutschland in vollen Läden einkauften, wurden in der DDR noch Lebensmittelmarken ausgeteilt. Erst Anfang der 1950er Jahre fing dort ein langsamer Aufschwung an, aber die Bevölkerung war trotzdem noch unzufrieden. Die politische Führung erkannte die Unzufriedenheit nicht, die besonders mit der schlechte Versorgungssituation verbunden war, und dies führte zum Aufstand des 17. Juni. Ein bedeutender Wirtschaftsaufschwung etablierte sich erst ab dem 13. August 1961, als die Mauer gebaut und die innerdeutsche Grenze geschlossen wurde. Die Mauer bestand 28 Jahre und die Teilung Deutschlands dauerte 45 Jahre bis zur Wiedervereinigung im Jahre 1990.

1. Ordnen Sie die untenstehenden Begriffe unter "DDR" oder "BRD" in die Tabelle ein. Dann schreiben Sie eine kurze Definition zu jedem Begriff. Tipp: Nicht alle Begriffe sind im Text zu finden.

Konrad Adenauer
Walter Ulbricht
sozialistisch
Warschauer Pakt
demokratisch
Erich Honecker
Marshall Plan
kapitalistisch
Wirtschaftswunder
Marktwirtschaft
NATO
Nationale Volksarmee
Planwirtschaft
Bundeswehr
zentrale
kommunistisch

BRD	DDR

2. Beschreiben Sie kurz die Anfänge der wirtschaftlichen Systeme in beiden deutschen Staaten nach dem Krieg.

3. Welches Ereignis hat die politische und wirtschaftliche Lage Ostdeutschlands stabilisiert?

4. Bis wann hat die Teilung Deutschlands bestanden Welches Ereignis führte zur Vereinigung der beiden Länder?

SPRACHFUNDAMENT 2: Berichte von Gestern: Konjunktiv I der Vergangenheit

Wenn man weiter erzählen will, was ein anderer in der **Vergangenheit** gesagt hat, ohne die Glaubwürdigkeit der Aussagen bestimmen zu müssen, verwendet man den **Konjunktiv I der Vergangenheit**. Diese Form wird meistens mit dem **Konjunktiv I** gebildet. In bestimmten Zusammenhängen muss der **Konjunktiv II** verwendet werden, um die Form der indirekten Rede von der Form des Indikativs zu unterscheiden.

Was?	Wie?
Konjunktiv I der Vergangenheit	Der **Konjunktiv I der Vergangenheit** wird mit dem Konjunktiv I der Verben **"haben"** oder **"sein"** und einem Partizip gebildet. Die Form des Verbs ist dem Perfekt gleich **(Hilfsverb + Partizip)**, nur dass das **Hilfsverb** im **Konjunktiv I** steht. **Beispiele:** **Indikativ:** Die DDR **hat** eine Mauer **gebaut**. **Konjunktiv I der Vergangenheit:** Es wurde erzählt, dass die DDR eine Mauer gebaut habe.
Konjunktiv II der Vergangenheit	Man verwendet den **Konjunktiv II der Vergangenheit**, wenn man anhand der Verbform nicht unterscheiden kann, ob der Satz im **Indikativ** oder im **Konjunktiv I** steht. Diese Situation entsteht oft in der Pluralform. Die Form des Verbs ist dem Perfekt gleich **(Hilfsverb + Partizip)**, nur dass das **Hilfsverb** im **Konjunktiv II** steht. **Beispiele:** **Indikativ:** Die Ostdeutschen haben eine Mauer **gebaut**. **Konjunktiv Ii der Vergangenheit:** Es wurde erzählt, dass die Ostdeutschen eine Mauer **gebaut hätten**. ➔ Hier kann man die zwei Verbformen nicht unterscheiden, deshalb verwendet man den **Konjunktiv II des Hilfverbs.**

KONJUNKTIV I DER VERGANGENHEIT

Aktivität 1: Berichte von der Nachkriegszeit

Stellen Sie sich vor, es ist das Jahr 1948. Sie arbeiten als ReporterIn und haben Berichte davon gehört, was einige Menschen nach dem Krieg machten. Schreiben Sie Sätze, in denen Sie erklären, was passiert ist und verwenden Sie den **Konjunktiv I der Vergangenheit.**

Beispiel: Man sagte, dass Gisela Henkel bei der Beseitigung der Trümmer geholfen habe.

Man sagte, dass...

- Robert Braun.... eine neue Fabrik aufmachen
- Herr und Frau Mertens.... eine neue Wohnung gebaut
- Johann Ostermann.... nach Amerika auswandern
- Die Familie Müller.... in Deutschland bleiben
- Ein ehemaliger Soldat.... einen Roman über die Ereignisse des Kriegs schreiben
- Eine alte Frau.... Lebensmittel mit einer Lebensmittelkarte besorgen
- Heinrich Bergmann aus Ost-Berlin....nach West-Berlin ziehen
- Ein ehemaliger Schuldirektor.... hamstern

Trümmerfrauen bei der Arbeit

Aktivität 2: Der Mauerbau

Sie redeten mit jemandem, der am Tag des Mauerbaus (13. August 1961) in Berlin war. Berichten Sie, was Sie gehört haben und verwenden Sie den **Konjunktiv I der Vergangenheit**.

Man hörte, dass....

1. Viele Menschen versuchten, noch in letzter Minute in den Westen zu flüchten.

   ____

2. Manche Familien sind auf einmal vollständig getrennt worden.

   ____

3. Die Regierung behauptete, dass sie einen anti-faschistischen Schutzwall baute.

   ____

4. Die Straßen nach West-Berlin wurden abgeriegelt.

   ____

5. Sowjetische Truppen bereiteten sich auf einen Kampf an der Grenze vor.

   ____

6. Alle Verkehrsverbindungen zwischen den beiden Teilen Berlins wurden blockiert.

   ____

VERSTEHEN & MITTEILEN: Ein idealer Staat - Welches System ist besser?

Es ist das Jahr 1960. Sie fahren zu einem Gipfel der Regierungschefs der Besatzungsnationen in Berlin. Es ist schon klar, dass sich in den beiden Teilen Deutschlands (Ost und West) zwei verschiedene Systeme entwickelt haben. Sie müssen sich einigen, welches System für beide Teile Deutschlands adoptiert werden sollte. Die einzige Alternative dazu ist, dass Deutschland getrennt bleibt. Welches System soll angewandt werden, um die weitere Teilung Deutschlands zu verhindern?

Szenario 1: Ihre Gruppe vertritt die Politker in der BRD. Diskutieren Sie über die folgenden Fragen und versuchen Sie die Politiker der anderen Seite zu überzeugen.

- Für welche Ideale steht das System?
- Welche Rolle spielen der Staat und die Regierung?
- Welche Rolle spielt der einzelne Mensch?
- Welche Verantwortung hat der Staat dem einzelnen Menschen gegenüber? Welche der Einzelne gegenüber dem Staat.
- Welche Chancen haben die Bürger und Bürgerinnen Fortschritt zu erreichen?
- Wie wird eine faire Gesellschaft erreicht? Denken Sie an Geld, Wohnungen, Bildung und Besitz.
- Warum ist das System vorteilhaft für die Bürger und Bürgerinnen?

Szenario 2: Ihre Gruppe vertritt die Politker in der DDR. Diskutieren Sie über die folgenden Fragen und versuchen Sie die Politiker der anderen Seite zu überzeugen

- Für welche Ideale steht das System?
- Welche Rolle spielen der Staat und die Regierung?
- Welche Rolle spielt der einzelne Mensch?
- Welche Verantwortung hat der Staat dem einzelnen Menschen gegenüber? Welche der Einzelne gegenüber dem Staat.
- Welche Chancen haben die Bürger und Bürgerinnen Fortschritt zu erreichen?
- Wie wird eine faire Gesellschaft erreicht? Denken Sie an Geld, Wohnungen, Bildung und Besitz.
- Warum ist das System vorteilhaft für die Bürger und Bürgerinnen?

Rollenspiel: Nachdem Sie das Thema in Kleingruppen (entweder für die DDR oder für die BRD) besprochen haben, wählen Sie zwei Gruppensprecher oder Gruppensprecherinnen, die die Gruppe vertreten. Der Rest der Kleingruppe hilft den Gruppensprechern in der Diskussion mit kurzen Kommentaren zu Fakten und Argumenten.

BESCHREIBEN UND ERKLÄREN:
Lageberichte

Stellen Sie sich vor, es ist das Jahr 1961 und Sie leben entweder in der DDR oder in der BRD (Sie dürfen das Land wählen). Beschreiben Sie die Atmosphäre und die neusten Entwicklungen in Ihrem Land. Erzählen Sie über die Politik und die Wirtschaft und die Beziehungen zum "anderen" Deutschland. Beziehen Sie die Fragen unten mit ein.

- Wie finde ich das Leben in diesem Teil Deutschlands?
- Habe ich genug zum Leben?
- Wie finde ich das Wirtschaftsystem?
- Glaube ich an die politischen Ideale des Staates?
- Bin ich mit den Möglichkeiten Arbeit zu finden und zu verreisen zufrieden?

Aktivität 1: Die Geschichte der Teilung Deutschlands

Ergänzen Sie die Sätze mit den passenden Vokabeln.

Bundeskanzler	*NATO*	*Berliner Mauer*	*Luftbrücke*	*errichtete*	*Grenze*
blockiert	*gewählt*	*Straßen*	*Warschauer Pakt*	*West-Alliierten*	*versorgten*

1. Die ______________________ führten Westdeutschland, während die Sowjets Ostdeutschland besetzten.

2. Die Sowjets haben die ______________________ nach West-Berlin ______________________.

3. Die Amerikaner ______________________ die Stadt Berlin über die Berliner ______________________.

4. Konrad Adenauer wurde zum ersten ______________________ der Bundesrepublik Deutschland ______________________.

5. Die DDR trat dem ______________________ bei, während die BRD in die ______________________ einstieg.

6. August 1961 ______________________ die DDR-Regierung eine innerdeutsche ______________________ und die ______________________.

Aktivität 2: Welches Wort passt?

Schreiben Sie, welches Verb zu welchem Nomen passt.

_____ in ein anderes Land	**a.** abriegeln
_____ eine Mauer	**b.** folgen
_____ gegen ein Regime	**c.** flüchten
_____ einen Landweg	**d.** erhalten
_____ ein Grenzgebiet	**e.** kontrollieren
_____ einem Befehl	**f.** demonstrieren
_____ einen Pass	**g.** errichten
_____ Begrüßungsgeld	**h.** protestieren
_____ friedlich	**i.** überwachen
_____ ein Land	**j.** kontrollieren

AUFBAUEN UND WEITER ARBEITEN: Deutschland in den 1950er Jahren

INTERNETRECHERCHE

A. Erforschen Sie die Teilung Deutschlands und damit verbundene Themen im Internet. Schreiben Sie die wichtigsten Details auf.

1. Beschreiben Sie die politischen Ereignisse im Osten und im Westen nach dem Zweiten Weltkrieg (1945-53). Was waren die Berliner Blockade und die Berliner Luftbrücke?

2. Welches Ereignis fand am 17. Juni 1953 in der DDR statt? Was führte zu dieser Situation? Was waren die Folgen davon?

3. Erklären Sie die zwei Wirtschaftssysteme in Deutschland genauer. Was waren die Merkmale dieser Systeme?

4. Wer waren die Gastarbeiter? Aus welchen Ländern stammten sie? Wann und warum kamen sie nach Deutschland?

5. Sie haben über das Wirtschaftswunder gelesen. Wann fing es an? Was bedeutet der Begriff "Kaufrausch"?

6. Welche Rolle spielten Frauen in der ökonomischen Entwicklung in den beiden Teilen Deutschlands? Hatten sie die gleichen Rechte und Chancen?

B. **Die Flucht aus der DDR.** Schauen Sie sich das Video mit Berichten von Zeitzeugen an, die aus der DDR flüchteten. Beantworten Sie dann die Fragen zum Video.

Zeitzeugen	#1	#2	#3
Aus welchem Teil der DDR ist er/sie geflüchtet?			
Wie ist er/sie geflüchtet?			
Was ist sofort und später danach passiert?			
Andere Details			

Flüchtlinge aus der DDR: Was sagen die Zeitzeugen im Allgemeinen über Flüchtlinge aus der DDR?

- Wie alt waren die meisten, die versuchten zu flüchten?
- Was ist mit vielen von ihnen passiert?

THEMA 3

WENDE UND WIEDERVEREINIGUNG

Jonglieren auf der Mauer

East-Side Gallery, Berlin

- Was sehen Sie auf den Fotos?
- Was denken Sie, aus welchem Teil Deutschland stammen die Fotos?
- Inwiefern drücken sie eine Art Grenzüberschreitung aus?
- Welche Grenze erkennen sie? Warum ist sie wichtig für die Geschichte der Wiedervereinigung Deutschlands?

NEUE VOKABELN

friedlich
die Grenze
der Kalte Krieg
der Mauerfall
die Montagsdemonstration
das Niemandsland
die Staatssicherheit
die Wende
die Wiedervereinigung

Montagsdemonstration, Leipzig

INTERPRETIEREN UND REFLEKTIEREN: Der Tag des Mauerfalls

Die Ereignisse, die zum Tag des Mauerfalls am 9. November 1989 hinführten, werden oft auch als "Wende" oder "friedliche Revolution" bezeichnet. Viele Menschen mit verschiedenen Hintergründen haben Beiträge zu der friedlichen Revolution geleistet. In erster Linie waren es aber die langanhaltenden Proteste und Massendemonstrationen der DDR Bürger, die den Fall der Mauer herbeigeführt haben.

Aufgrund von Wahlfälschung bei Kommunalwahlen und der Solidarität der DDR-Regierung mit dem unterdrückerischen Regime in China wuchs während des Jahres 1989 der Widerstand gegen die Politik der DDR immer mehr. Als Ausdruck dieses Widerstands fanden ab September 1989 jede Woche die Montagsdemonstrationen statt. Bei diesen Demonstrationen in ostdeutschen Städten wie Leipzig, Dresden und Halle traten die DDR-Bürger wöchentlich in Massen für Frieden und Demokratie ein. Die massenhafte Ausreise von DDR-Bürgern war zur selben Zeit ein weiterer Ausdruck des Protests gegen das Regime. Immer mehr Menschen verließen die DDR Richtung Westen, indem sie über Länder wie Ungarn und die Tschechoslowakei in die BRD reisten.

All diese Entwicklungen haben dem Zentralkomitee der SED, der Regierung der DDR, verdeutlicht, dass die Teilung Deutschlands, in der Form in der sie seit 1961 bestand, nicht mehr aufrechtzuerhalten war. Aufgrund des Drucks der eigenen Bevölkerung, beschloss das Zentralkomitee der SED am 9. November 1989 die Gesetze für Privatreisen der DDR Bürger zu lockern. Als diese Änderung bekannt wurde, versammelten sich am selben Abend Tausende Menschen an den Grenzübergängen, doch die Grenzsoldaten wussten nicht wie sie auf den Ansturm reagieren sollten. Als die Menschenmasse immer größer wurde und immer lauter protestierte, mussten die Kontrolleure am Grenzübergang Bornholmer Straße kurz vor Mitternacht ihren Widerstand aufgeben und die Menschen passieren lassen. Ungefähr eine halbe Stunde später waren alle Grenzübergänge in Berlin offen. Die Menschen kletterten bei dem Brandenburger Tor auf die Mauer und feierten und jubelten. Noch in dieser Nacht liefen die Menschen aus beiden Teilen der Stadt durch das Brandenburger Tor und überschritten die innerdeutsche Grenze, deren nahes Ende in dieser Nacht allen klar wurde.

FRAGEN ZUM TEXT

1. Welche Aktionen des DDR-Regimes steigerten den Widerstand der Bürger?
2. Wie drückten die Bürger ihren Unmut gegenüber der Regierung aus? Was machten sie?
3. Was veranlasste viele Menschen sich in der Nacht des 9. November 1989 an den Grenzübergängen zu versammeln?
4. Wie kam es, dass sich die Grenzsoldaten vorerst so passiv verhielten?

Im Forum.
Besprechen Sie jetzt Ihre Antworten im Forum. Gibt es unterschiedliche Meinungen?

HÖRAKTIVITÄT

Sie haben den Text über den Mauerfall gelesen. Schauen Sie nun das Video über die Öffnung der Berliner Mauer und beantworten Sie dann die folgenden Fragen zu dem Film:

1. Warum konnten einige Menschen vorerst ungehindert durchs Brandenburger Tor gehen?
2. Welche konkreten Aktionen der Menschen haben zu der Öffnung der Grenze beigetragen?
3. Warum waren die Grenzsoldaten der DDR zunächst so passiv gegenüber den Demonstranten?
4. Welche Rolle spielte die Westberliner Polizei bei den Demonstrationen?
5. Sie haben den Text über den Mauerfall gelesen. In welcher Phase des "Wendeprozesses" fanden die Szenen in dem Video statt?
6. Warum wird der Mauerfall und die Wiedervereinigung auch als "friedliche Revolution" bezeichnet?

SPRACHFUNDAMENT 3: Konjunktiv II der Vergangenheit

Der Kunjunktiv II der Vergangenheit hat zwei Funktionen:

- Wünsche ausdrücken
- hypothetische oder unrealistische Situationen beschreiben

Es gibt nur eine Vergangenheitsform im **Konjunktiv II**. Das Präteritum und das Perfekt werden beide durch diese Form ersetzt. Der Konjunktiv II der Vergangenheit wird mit einem Hilfsverb im Konjunktiv II und einem Partizip gebildet.

Konjunktiv II	Die Vollverbformen
Was?	**Wie?**
Konjunktiv der Vergangenheit mit dem Hilfsverb "haben"	**Beispiele:** **<u>Indikativ</u>** **Perfekt:** Ich **habe** gegen die Berliner Mauer **demonstriert**. **Präteritum:** Ich **demonstrierte** gegen die Berliner Mauer. **<u>Konjunktiv II</u>** Wenn ich in der BRD **gelebt hätte**, **hätte** ich gegen die Berliner Mauer **demonstriert**.
Konjunktiv der Vergangenheit mit dem Hilfsverb "sein"	**Beispiele:** **<u>Indikativ</u>** **Perfekt:** Ich **bin** nach dem Mauerfall über die Grenze gegangen. **Präteritum:** Ich **ging** nach dem Mauerfall über die Grenze . **<u>Konjunktiv II</u>** Wenn ich in der DDR **gelebt hätte**, **wäre** ich über die Grenze **gegangen**.

SPRACHARBEIT KONJUNKTIV II DER VERGANGENHEIT

Aktivität 1: Was hätten Sie gemacht?

Sie reden mit Freunden über den Mauerfall in Deutschland und überlegen sich, was Sie, Ihre Freunde und andere gemacht hätten.

1. ich... Montagsdemonstration.... teilnehmen

____

2. Annette.... ein Lied.... zusammen mit David Hasselhoff.... singen

____

3. Wir... gegen die ostdeutsche Regierung.... protestieren

____

4. Markus.... auf die Mauer.... springen

____

5. Robert.... mit dem Trabi.... über die Grenze.... fahren

____

6. die Ost-Berliner.... mit den West-Berlinern..... zusammen feiern

____

7. Charlotte.... ihr Begrüßungsgeld.... holen

____

8. Wir alle.... ein Stück aus der Mauer.... hämmern

____

Aktivität 2: An ihrer Stelle

Viele Menschen reagierten auf den Mauerbau und die Situation unterschiedlich Schreiben Sie, was Sie an der Stelle dieser Menschen gemacht hätten und verwenden Sie den **Konjunktiv II der Vergangenheit**.

- Viele Politiker akzeptierten endlich die Teilung Deutschlands, *aber/und ich....*

  ____

- Einige DDR-Bürger ignorierten die Probleme in Ostdeutschland, *aber/und ich....*

  ____

- Viele Menschen in West-Europa und den USA machten sich Sorgen um den Kalten Krieg, *aber/und ich....*

  ____

- Viele der DDR-Bürger und -Bürgerinnen glaubten an die Ideale des Sozialismus, *aber/und ich....*

  ____

- Menschen, die in den Westen flüchteten, versuchten ihre Familien und Freunde über die Grenze zu bringen, *aber/und ich....*

  ____

Tipp:

Um aus dem Infinitiv eines Verbs ein Adjektiv oder Adverb zu bilden, fügt man ein –d am Ende des Infinitivs an.

VERSTEHEN & MITTEILEN: Am Tag des Mauerfalls

Einige Zeitzeugen und Zeitzeuginnen reden über den Tag, an dem die Mauer fiel. Schauen Sie das Video und machen Sie Notizen zu ihren Reaktionen. Schreiben Sie dann Ihre eigenen Fragen an die Zeitzeugen und Zeitzeuginnen.

I. Vor dem Video: Sie haben schon einiges über den Mauerbau und den Mauerfall gelesen und gehört. Beschreiben Sie kurz die Reaktionen auf den Mauerfall auf beiden Seiten der Grenze.

____

____

II. Zum Video: Markieren Sie die Wörter, die die Reaktionen der Menschen im Video am besten beschreiben.

traurig | **glücklich** | **sich ärgernd**
heulend | **zweifelnd** | **unglaubend**
überrascht | **feierlich** | **schockiert**

II. Was sagten Sie? Schreiben Sie Notizen zu den Kommentaren der Zeitzeugen und Zeitzeuginnen.

	Wo sie waren	Wie sie darauf reagierten
#1		
#2		
#3		
#4		
#5		
#6		

Ein Bericht erstatten. Stellen Sie sich vor, Sie haben die Gelegenheit mit den Zeitzeugen und Zeitzeuginnen ein Interview zu führen. Formulieren Sie weitere Fragen, die Sie stellen möchten. Erklären Sie, warum Sie diese Fragen für wichtig halten. Denken Sie an die Formalität und den Inhalt der Fragen.

BESCHREIBEN UND ERKLÄREN: Deutschland nach dem Mauerfall

SPRECHAKTIVITÄT

Sie haben viel über die Berliner Mauer und den Kalten Krieg in Deutschland gelesen. Bereiten Sie jetzt eine mündliche Präsentation vor, in der Sie anderen Deutschlernenden die Reaktionen auf den Mauerfall und die Wiedervereinigung erklären. Denken Sie bei der Vorbereitung an folgende Punkte:

- Waren die Deutschen hauptsächlich froh oder ambivalent über das Zusammenwachsen der beiden Teile Deutschlands?
- Was sind die positiven und negativen Aspekte der Wiedervereinigung?
- Viele Menschen redeten nach der Wiedervereinigung von einer "Mauer im Kopf", die das Denken der Ost- und Westdeutschen bestimmte. Was bedeutet dieser Begriff?
- Zwanzig Jahre nach dem Mauerfall haben viele Menschen Gefühle der Ambivalenz in Bezug auf die Wiedervereinigung Deutschlands – warum?
- Was denken Sie, wird die "Mauer im Kopf" eines Tages abgebaut werden können?
- Vergessen Sie nicht Ihr Argument mit konkreten Beispielen zu begründen.

AUFBAUEN UND WEITER ARBEITEN: Deutschland und der Kalte Krieg

INTERNETRECHERCHE

Ronald Reagans Besuch in Berlin. "Herr Gorbachev, reißen Sie diese Mauer nieder!" Mit diesen Worten deutete der damalige US-Präsident Ronald Reagan das Ende des Kalten Kriegs an. Sein Besuch am 12. Juni 1987 war aus vielen Gründen bedeutend für die Geschichte Deutschlands und Europas. Die Rede war Teil einer wohlüberlegten, über mehrere Jahre ausgearbeiteten Strategie. Sie sollte die Entwicklung in Deutschland, Russland entgegenzukommen, aufhalten.

Erforschen Sie weiter das Thema im Internet. Wie reagierten die West- und Ost-Deutschen auf den Besuch und die Rede? Glaubte man, dass solch eine große Veränderung möglich war? Schreiben Sie dann einen Aufsatz über den Besuch und seine Bedeutung für das Ende des Kalten Kriegs.

VERBINDUNGEN UND ERWEITERUNGEN

Der Tunnel

Schauen Sie den Film *Der Tunnel*. Bereiten Sie sich dann auf eine Diskussion im Kurs vor, indem Sie Notizen zu den folgenden Fragen aufschreiben.

Fragen zum Film

1. Wer ist Harry Melchior? Beschreiben Sie seine Karriere in der DDR.
2. Wie und warum kommt er nach West-Berlin?
3. Wer sind Matthis und Carola? Was passiert mit ihnen?
4. Welche Probleme bereitet Carola Harry?
5. Welchen Plan entwerfen Harry und seine Freunde? Wie versuchen sie ihn zu verwirklichen?
6. Wer ist Fritzi Scholz? Warum möchte sie Harry und den anderen helfen?

Interpretationen und Diskussionen

Erforschen Sie mit einem Partner/einer Partnerin die Webseite www.berlinermaueronline.de, um mehr über die Geschichte der Mauer zu erfahren. Besprechen Sie dann die folgenden Fragen.

1. Viele Menschen versuchten auf verschiedene Weisen, dem Regime der DDR zu entfliehen. Wie kamen diese Menschen über die Grenze?
2. Was waren die Hauptgründe für ihre Flucht?
3. In welchem Sektor befand sich Checkpoint Charlie? Was war seine Rolle in der Geschichte der Mauer?
4. Wie viele Menschen starben bei dem Versuch über die Grenze zu kommen? Wie reagierten die Menschen im Osten und Westen darauf?
5. Was denken Sie, was hätten Sie gemacht, wenn Sie in der DDR gelebt hätten? Hätten Sie versucht, in den Westen zu flüchten?

WIEDERHOLUNG: Wichtige Ereignisse der modernen deutschen Geschichte

Daten						
2003-2004	2002	1953	2005	20. Juni 1948	9. Mai 1945	1994
24. Juni 1948	5. Juni 1945	1989	1993	1939	23. Mai 1949	1991
1961	7. Okt. 1949	1947	1999	1990	1963	

Jahr	Ereignisse
________	Der Zweite Weltkrieg beginnt mit der Invasion Polens durch deutsche Truppen.
________	Um null Uhr eins endet der Zweite Weltkrieg in Europa offiziell mit der Kapitulation der Deutschen Wehrmacht. Durch diesen Krieg verloren insgesamt 55 Millionen Menschen ihr Leben.
________	Die vier Alliierten (die Vereinigten Staaten, die Sowjetunion, Großbritannien und Frankreich) übernehmen die oberste Regierungsgewalt in Deutschland. Deutschland wird in vier Besatzungszonen aufgeteilt. Berlin, die ehemalige Hauptstadt, wird separat in vier Besatzungszonen aufgeteilt.
________	Der Marshallplan wird für Deutschland die Grundlage für das kommende Wirtschaftswunder.
________	Es gibt neues Geld: die Deutsche Mark. Jeder Bürger der Westzonen und West-Berlins bekommt zu Anfang 40 Mark.
________	Beginn der Berliner Blockade. Die Sowjetunion blockiert alle Wege nach West-Berlin, außer den Luftwegen. Elf Monate lang werden die Berliner durch die "Luftbrücke" versorgt.
________	Gründung der Bundesrepublik Deutschland (BRD).
________	Gründung der Deutschen Demokratischen Republik (DDR).
________	Volksaufstand in Ost-Berlin und der DDR gegen das kommunistische Regime.
________	Bau der Mauer in Berlin.
________	Besuch Präsident John F. Kennedys in Berlin. Seine Erklärung der Solidarität mit den Berlinern endet mit den oft zitierten Worten: "Ich bin ein Berliner."
________	Die Grenzen zwischen der DDR und der BRD werden geöffnet.
________	Tag der offiziellen deutschen Einigung. Fünf neue Bundesländer (Brandenburg, Mecklenburg-Vorpommern, Sachsen, Sachsen-Anhalt und Thüringen) treten der Bundesrepublik bei.
________	Der deutsche Bundestag wählt Berlin zum Regierungssitz des vereinigten Deutschlands.
________	Der Vertrag über die Europäische Union tritt in Kraft.
________	Offizieller Abschied der Besatzungstruppen von Berlin.
________	Der Bundestag tagt zum ersten Mal im neuen Reichstagsgebäude in Berlin.
________	Der Euro ersetzt die Deutsche Mark als Währung im täglichen Gebrauch.
________	Die Bundesrepublik wird zwei Jahre lang Mitglied des UNO-Sicherheitsrates.
________	Deutschland bekommt seine erste Bundeskanzlerin, Angela Merkel, eine ehemalige Bürgerin der DDR.

AKTIVER WORTSCHATZ

NOMEN

der Alliierte, -n	allies
der Angehörige, -n	family member (m)
die Angehörige, -n	family member (f)
der Befehl, -e	command
der Bericht, -e	report
die Besatzungszone	occupation zone
die Beschwerde, -n	complaint
die Bevölkerung, -en	general public, population
die Bombardierung, -en	bombing
der Flüchtling, -e	displaced person, refugee
die Grenze, -en	border
die Grenzüberschreitung, -en	border crossing
die Hungersnot	famine
die Kapitulation, -en	capitulation
die Kriegsgefangenschaft	war captivity
die Lage, -n	situation
die Lebensmittelkarte, -n	ration card
der Lohn, ¨e	wage
das Mitglied, -er	member
der Mut	courage
die Nachkriegszeit, -en	postwar period
die Nahrung	nourishment
das Niemandsland	no-man's land
der Prozess, -e	process, trial
der Rosinenbomber, -	candy bomber
der Schießbefehl, -e	order to shoot
das Schild, -er	sign
der Schutt	debris
der Sektor, -en	sector
die Suche	search
das System, -e	system
das Tagebuch, ¨er	journal, diary
die Teilung, -en	division, separation
die Trümmer	rubble
die Trümmerfrau, -en	rubble woman
der Überfall, ¨e	assault
das Überleben	survival
die Vergangenheit, -en	past
die Vergangenheitsbewältigung	overcoming of the past
der Vertrag, ¨e	contract, treaty
die Wahl, -en	vote, election
die Wahlfälschung, -n	voter fraud
die Währung, -en	currency
die Währungsrefom, -en	currency reform
der Wiederaufbau	rebuilding
das Wirtschaftssystem, -e	economic system
die Wohnungsnot	housing shortage
die Zeitleiste, -n	timeline
der Zeitzeuge, -en	eyewitness (m)
die Zeitzeugin, -nen	eyewitness (f)
das Zitat, -e	quote

VERBEN

andeuten	to foreshadow
anwerben	to recruit
aufbauen	to build
auseinandersetzen	to grapple with
ausgraben	to dig out
austauschen	to exchange
auswählen	to choose
behandeln	to deal with
beitreten	to join
beseitigen	to clear
bestrafen	to punish
einsteigen	to join
erklären	to explain
sich ernähren	to nourish oneself
errichten	to erect
fehlen	to be absent
fliehen	to flee
flüchten	to escape
führen	to lead
sich gewöhnen + an (DAT)	to get used to
hamstern	to forage
hineinführen	to lead in
sammeln	to collect
stattfinden	to take place
überschreiten	to cross
überwinden	to overcome
unterzeichnen	to sign
verbessern	to improve
verhandeln	to bargain, negotiate
versetzen	to relocate
versorgen	to provide for
voranschreiten	to proceed
wegräumen	to clear away

ADJEKTIVE/ ADVERBIEN

damalig	at that time
damals	back then
drüben	over there
ehemalig	previous
niedrig	low
physisch	physical
psychologisch	psychological
sonderlich	special, particular
täglich	daily
vermisst	missing
vollständig	complete, entirely
wertvoll	valuable
wöchentlich	weekly
zerstört	destroyed
zufrieden	content
zusätzlich	additional

WICHTIGE AUSDRÜCKE

in Kraft treten	to come into effect
die Mauer im Kopf	a wall in one's head
die Stunde Null	zero hour
der Ossi, -s	someone from the East (sl.)
der Wessi, -s	someone from the West (sl.)

KAPITEL

6

DIE DEUTSCHE IDENTITÄT: REGIONAL, NATIONAL, INTERNATIONAL

WORUM GEHT ES HIER?

Kapitel 6: Die deutsche Identität: Regional, National, International

Deutsche Fußballnationalmannschaft, 2011

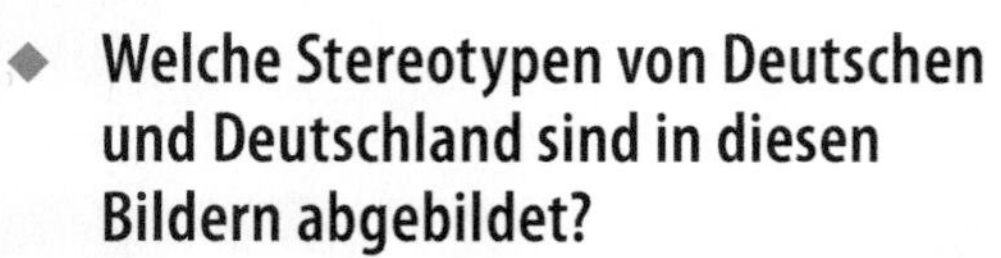

- Welche Stereotypen von Deutschen und Deutschland sind in diesen Bildern abgebildet?
- Woher kommen die Stereotypen?
- Sieht man auch in den USA diese Stereotypen? Woher kommen sie?
- Sollte man versuchen das Deutschlandbild in den USA zu verändern? Wenn ja, warum und wie?

DIE FLAGGE BASIERT AUF DEM HUMANISTISCHEN GRUNDGEDANKEN VON FRIEDEN UND EINHEIT ALLER VÖLKER. SIE IST EINE AUSEINANDERSETZUNG MIT DEM ERBE ALLER DEUTSCHEN GENERATIONEN NACH DEM 2. WELTKRIEG.

Türkisches Kinderfest in Uetersen

WAS IST DEUTSCHLAND? WAS IST DEUTSCH?

Diskussionsfragen:

- Was sehen Sie auf den folgenden Bildern?
- Was wird durch die Bilder ausgedrückt?
- Inwiefern prägen die Bilder unser Deutschlandbild?
- Welcher Teil von Deutschland wird auf diesen Bildern dargestellt?
- Warum ist dieser Teil von Deutschland in den USA und anderen Ländern besonders bekannt?

NEUE VOKABELN

abbauen
der Käfer
die Lederhose
das Missverständnis
sich überlegen
das Schloss
das Stereotyp
die Toleranz
über etwas nachdenken
das Verständnis
das Vorurteil

INTERPRETIEREN UND REFLEKTIEREN: Was ist Deutsch(land)?

Das Wort "deutsch" bezieht sich unter anderem auf die Sprache, die Nationalität und die Kultur. Das Wort "Deutschland" ist auch eine vielfältige Bezeichnung, die den deutschen Staat, die Namen BRD und DDR und heute die "Bundesrepublik Deutschland" beinhaltet. Deutschland ist aber mehr als eine politische Region; sie ist auch ein kulturelles Gebiet, in dem deutschsprachige Menschen die Kultur seit Jahrhunderten beeinflussen. In verschiedenen historischen Epochen reichte dieses Gebiet von westlich des Rheins bis Litauen und von Südtirol bis nach Dänemark. Sowohl in Deutschland, als auch in Österreich und der Schweiz, ist Deutsch offizielle Sprache.

Die deutsche Sprache hat eine lange Geschichte. Das Wort *"deut"* stammt aus dem Althochdeutschen und bezieht sich auf etwas, was dem deutschen Volk gehört. In diesem Fall war es die deutsche Sprache, die Sprache des Volkes. Dagegen war Latein die Sprache der Gelehrten. Die Menschen verwendeten Deutsch im Alltag, während alte Schriften, die nicht von jedem gelesen werden konnten, auf Lateinisch verfasst waren. Erst als Martin Luther die Bibel ins Deutsche übersetzte, erschien dieser Text in einer Form, die jedem Deutschsprechenden zugänglich war.

Die Identität eines Landes und die Identität dessen Bürger basieren aber nicht nur auf der Sprache. Deutschland, Österreich und die Schweiz haben unterschiedliche Varianten der deutschen Sprache. Auch innerhalb dieser Länder gibt es sprachliche Einzelheiten und einzigartige Dialekte, die die Sitten, die Kultur und die Identität einer Gegend widerspiegeln. Auch die Region, aus der man stammt, spielt eine wichtige Rolle in der Identitätsbildung der Menschen in Deutschland.

Deutschland ist ein Land, dessen Identität nicht allein auf nationalen und regionalen Allgemeinheiten basiert. Viel mehr ist Deutschland ein multikulturelles Land, das als Heimat für viele Auswanderer und Generationen ihrer Familien dient. Seit Jahrhunderten verlassen Menschen ihre Heimat und wandern nach Deutschland ein. Sie suchen aus verschiedenen Gründen ein neues Zuhause in Deutschland. Sie suchen Arbeit, Zuflucht vor politischer Verfolgung, sie verlieben sich oder kommen mit Familien und Angehörigen zusammen. Viele lassen sich sogar einbürgern, denn für sie ist Deutschland Zuhause.

Was bedeutet es "Deutscher" oder "Deutsche" zu sein? Es gibt viele Stereotypen von Deutschen: sie sind pünktlich, fleißig, erfinderisch und technisch fortgeschritten; dies sind alles positive Aspekte. Aus einem negativen Blickwinkel gesehen sind sie aber zurückhaltend und gleichzeitig zu direkt, pedantisch und ohne Humor. Erst wenn man in Deutschland ist, erfährt man mehr über die Menschen, die in Deutschland leben und darüber, wie sie sich mit der Frage des Deutschseins auseinandersetzen.

FRAGEN ZUM TEXT

1. Woher stammt das Wort "deutsch"? Was bedeutete es ursprünglich?
2. Nennen Sie drei Orte außerhalb Deutschlands, wo Deutsch gesprochen wird?
3. Warum war Martin Luthers Übersetzung der Bibel so wichtig?
4. Aus welchen Gründen immigrieren viele Menschen nach Deutschland?
5. Nennen Sie drei positive Stereotypen von Deutschen. Woher kommen diese Stereotypen?
6. Welche negativen Stereotypen von Deutschen gibt es? Was ist ihr Ursprung?
7. Wie kann man am besten die Frage "Was ist Deutsch(land)" beantworten?

NEUE VOKABELN

die Abstammung	die Heimat	stammen
auseinandersetzen	das Jahrzehnt	die Übersetzung
der Blickwinkel	die Herkunft	die Verfolgung
die Denkweise	die Nationalität	die Zuflucht

SPRACHFUNDAMENT 1:
Ein Argument bilden und begründen – Koordinierende Konjunktionen

Wenn man zwei Sätze verbinden möchte, um ein Argument zu bilden oder eine längere Geschichte zu erzählen, verwendet man koordinierende Konjunktionen. Koordinierende Konjunktionen ändern die Stellung des Verbs nicht. Je nachdem ob es eine **Konjunktion in der Position 0** oder eine **Konjunktion in der Position I** ist, kann vor dem Verb, das in der zweiten Position steht (Position II), ein Subjekt oder ein anderes Funktionswort stehen.

Was?	Wie?
Konjunktion in der Position 0	Wenn man zwei Hauptsätze mit einer Konjunktion in der Position 0 verbindet, ist die Wortstellung nach der Konjunktion genau wie die Wortstellung in einem normalen Hauptsatz. **Beispiele: *und*** **ohne Konjunktion:** Wir fahren nach Hause. Ich gehe ins Bett **0 I II** **mit der Konjunktion:** Wir fahren nach Hause und ich gehe ins Bett. **** *Wenn das Subjekt in beiden Sätzen gleich ist, fällt das Subjekt weg.* Wir fahren nach Hause und gehen ins Bett.
Konjunktion in der Position I	Wenn man zwei Hauptsätze mit einer Konjunktion in der Position I verbindet, wird das Verb direkt nach der Konjunktion eingefügt. **Beispiel: *darum*** **ohne Konjunktion:** Ich bin müde. Wir fahren jetzt nach Hause. **I II** **mit der Konjunktion:** Ich bin müde, darum fahren wir jetzt nach Hause. **** *Auch wenn das Subjekt in beiden Sätzen gleich ist, muss man das Subjekt in beiden Sätzen beibehalten.* Ich bin müde, darum fahre ich jetzt nach Hause.

Konjunktionen in der Position 0	Konjunktionen in der Position I
und	dann
oder	danach
denn	darum
aber	sonst
sondern	dennoch
	deshalb

SPRACHARBEIT KOORDINIERENDE KONJUNKTIONEN IN DER POSITION 0 UND I

Aktivität 1: Was bedeutet es Deutscher/Deutsche zu sein?

Ein polnischer Student redet mit einer deutschen Studentin darüber, was für sie "Deutsch" ist.

einerseits.... andererseits	*dann*	*darum*	*oder*
aber	*trotzdem*	*denn*	*und*

Stefan: Julia, du kommst doch aus Frankfurt, oder? __________________ möchte ich dich fragen, was es für dich bedeutet "Deutsch" zu sein.

Julia: Deutsch sein? Mmm, das ist schwierig, __________________ ich identifiziere mich viel mehr mit der Gegend, aus der ich komme.

Stefan: Interessant... __________________ wo kommst du her?

Julia: Ich komme aus Franken, __________________ fragst du aus welchem Bundesland ich komme?

Stefan: Das ist eben meine Frage: Wo ist für dich zu Hause? __________________ kommst du aus dem Bundesland Bayern, __________________ fühlst du dich wahrscheinlich am meisten in Franken zu Hause.

Julia: Das stimmt. Wenn ich im Ausland bin, sage ich, dass ich Deutsche bin, __________________ für mich ist Franken meine Heimat. Ich kann quer durch Deutschland fahren und mich in vielen Städten und Dörfern wohl fühlen, __________________ bleibt für mich Franken die Heimat. Wenn ich in Franken unterwegs bin, __________________sage ich den Namen meines Heimatorts: Pegnitz.

Aktivität 2: Freunde von Stefan und Julia äußern sich auch zum Thema "mein Zuhause"

Eva: Ich/in Berlin/geboren worden. Ich/"Ich bin ein Berliner"/ sagen

____

Robert und Jens: Wir/seit Jahrzehnten/in Deutschland/ leben. Wir/immer/"Wir sind aus Dänemark"/ erklären

____

Natascha: Meine Vorfahren/aus Deutschland/stammen. Ich/in Russland/geboren worden. Ich/"Ich bin Russin"/sagen

____

Yuko: Ich/fast mein ganzes Leben/in Deutschland leben. Ich/ als Japanerin/sich fühlen. Ich/die japanische Staatsbürgerschaft/haben

____

Jakob: Im Ausland/ich/"Ich bin Deutscher"/sagen. Ich/sagen/"Ich bin Hamburger"

____

VERSTEHEN & MITTEILEN:
Wie beschreiben Sie sich?

Sie lesen einen Blog, in dem es darum geht, wie man sich identifiziert und wo man sich zuhause fühlt. In einem Eintrag schreibt ein Student aus Boston, dass er "Amerikaner" ist. Eine deutsche Leserin findet es komsich, dass er das Land und nicht die Stadt nennt. Schreiben Sie eine Antwort auf ihren Blog-Eintrag, indem Sie erklären, warum es in den USA typisch ist, dass sich die Menschen mit ihrem Land verbinden, während man sich in Deutschland eher mit einer Region oder einer Stadt identifiziert. Welche historischen und sozialen Gründen gibt es für die beiden Reaktionen?

werbistdu.blog.de

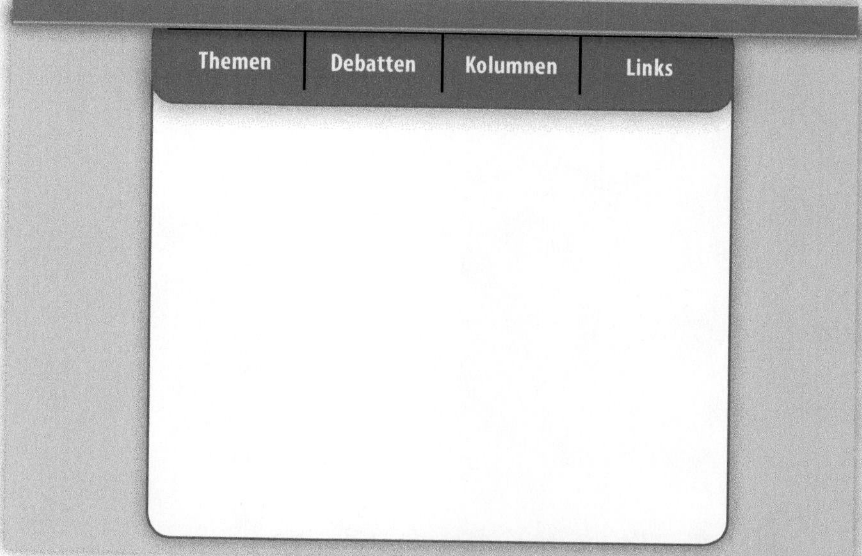

BESCHREIBEN UND ERKLÄREN:
Deutschland – mehr als Lederhosen und Bratwurst

Sie verbrachten das letzte Jahr in Deutschland und lernten viel über die Sprache, die Kultur und die Menschen. Wenn Sie wieder zu Hause sind, werden Sie darum gebeten, eine Rede für die Deutschklassen in der Stadt/Nachbarschaft zu halten. Ihr Thema: Deutschland – mehr als Lederhosen und Bratwurst. Viele Menschen in Ihrem Heimatland kennen nur das stereotypische Deutschland. Versuchen Sie ihr Deutschlandbild zu erweitern, indem Sie die Probleme der Stereotypen erklären und die Vielfältigkeit der Kultur beschreiben. Nennen Sie konkrete Beispiele und vergleichen Sie sie mit ähnlichen Stereotypen aus Ihrer Kultur.

Brainstorming

Machen Sie Notizen über die Stereotypen, die Sie besprechen möchten.

- Woher kommen diese Stereotypen?
- Was ist wahr/nicht wahr an den Stereotypen?
- Warum sind solche Stereotypen problematisch?
- Wie verändert man am besten sein Deutschlandbild?

Die Rede vorbereiten

Benutzen Sie nun Ihre Notizen, um die Rede vorzubereiten. Achten Sie auf Form und Stil der Präsentation. Denken Sie auch an Ihr Publikum.

Präsentieren

Halten Sie Ihre Rede jetzt vor der Klasse und beantworten Sie die Fragen Ihres Publikums. Vergessen Sie nicht den Augenkontakt zu halten.

Aktivität 1: Nach dem Ende des Zweiten Weltkriegs

Verwenden Sie die neuen Vokabeln, die Sie gelernt haben, um diesen Text über Stereotypen zu ergänzen.

Stereotyp	*Vorurteile*	*Kern*	*Missverständnissen*
Herkunft	*Stereotypen*	*korrigieren*	*der Abstammung*

Über jede Kultur gibt es ______________________, die vielleicht einen ______________________ der Wahrheit beinhalten, aber meistens nicht schädlich sind. Ein ______________________ wird aber problematisch, wenn es zu ______________________ führt. Besonders schädlich werden diese Ideen, wenn sie sich auf der ______________________ oder ______________________ eines anderen basieren. So können ______________________ sehr schnell zu rassistischen Äußerungen führen. Deshalb muss man ständig daran arbeiten, falsche ______________________ so schnell wie möglich zu ______________________.

Aktivität 2: Die Geschichte beschreiben

Schreiben Sie, welches Verb zu welchem Nomen passt.

_____ Vorurteile	**a.** zeigen
_____ aus einem Land	**b.** stammen
_____ tschechischer Herkunft	**c.** beantragen
_____ Verständnis	**d.** kommen
_____ aus einer russischen Familie	**e.** korrigieren
_____ Asyl	**f.** sein
_____ falsche Denkweisen	**g.** abbauen

AUFBAUEN UND WEITER ARBEITEN

Heinrich Heine war ein wichtiger Schriftsteller des 19. Jahrhunderts. Weil seine Werke, die sehr politisch und kritisch waren, in Deutschland verboten wurden, flüchtete er nach Paris, wo er 12 Jahre blieb. 1843 kehrte er nach Deutschland zurück, um seine Mutter zu besuchen. Dieses Gedicht, *Deutschland. Ein Wintermärchen*, enstand 1844, als er wieder in Paris war. Es ist eine Reisedokumentation der Gegenstände, Gefühle und Stimmungen, die Heine mit Deutschland verband. Es ist auch eine satirische Behandlung der Situation im Deutschland des 19. Jahrhunderts. Interessanterweise war Deutschland zur Zeit der Entstehung dieses Gedichts noch kein vereinigtes Land, sondern eine Mischung aus Königreichen und Herzogtümern. Wenn es kein Deutschland gab, womit verbindet der Erzähler im Gedicht seine Heimatgefühle? Was ist für ihn das Deutschsein?

Caput IX

Von Köllen war ich drei Viertel auf acht
Des Morgens fortgereiset;
Wir kamen nach Hagen schon gegen drei,
Da wird zu Mittag gespeiset.

Der Tisch war gedeckt. Hier fand ich ganz
Die altgermanische Küche.
Sei mir gegrüßt, mein Sauerkraut,
Holdselig sind deine Gerüche!

Gestovte Kastanien im grünen Kohl!
So aß ich sie einst bei der Mutter!
Ihr heimischen Stockfische, seid mir gegrüßt!
Wie schwimmt ihr klug in der Butter!

Jedwedem fühlenden Herzen bleibt
Das Vaterland ewig teuer -
Ich liebe auch recht braun geschmort
Die Bücklinge und Eier.

Wie jauchzten die Würste im spritzelnden Fett!
Die Krammetsvögel, die frommen
Gebratenen Englein mit Apfelmus,
Sie zwitscherten mir: "Willkommen!"

"Willkommen, Landsmann" - zwitscherten
sie "Bist lange ausgeblieben,
Hast dich mit fremdem Gevögel so lang
In der Fremde herumgetrieben!"

Es stand auf dem Tische eine Gans,
Ein stilles, gemütliches Wesen.
Sie hat vielleicht mich einst geliebt,
Als wir beide noch jung gewesen.

Sie blickte mich an so bedeutungsvoll,
So innig, so treu, so wehe!
Besaß eine schöne Seele gewiß,
Doch war das Fleisch sehr zähe.

Auch einen Schweinskopf trug man auf
In einer zinnernen Schüssel;
Noch immer schmückt man den Schweinen bei uns
Mit Lorbeerblättern den Rüssel.

Heinrich Heine
Deutscher Musenalmanach für das Jahr 1837. Weidmann, Leipzig 1837.

1. An welche Aspekte der deutschen Kultur erinnert sich der Erzähler?

2. Sind die Worte des Erzählers nur satirisch zu verstehen oder gibt es etwas Wahres an seinen Gefühlen des Heimwehs?

3. Woran kann man erkennen, dass dieses Werk eine Satire ist?

4. Haben Sie ähnliche Gegenstände oder Situationen, die Sie an Ihre Heimat erinnern? Sind sie immer positiv oder auch manchmal satirisch zu behandeln?

DEUTSCHE FLAGGE – DEUTSCHE GESCHICHTE

NEUE VOKABELN

anfeuern
der Aufstand
der Befreiungskrieg
die Fanmeile
die Nationalflagge
das Nationalgefühl
die Nationalhymne
die Studentenrevolution
der Weltmeister

Diskussionsfragen:

- Was sehen Sie auf den folgenden Bildern?
- Aus welcher Zeit stammen die Fotos?
- Mit welchen Adjektiven kann man die Bilder beschreiben?
- Welche Gefühle oder Perspektiven werden durch die Bilder ausgedrückt?

KULTURTIPP

Das "Lied der Deutschen" wurde von August Heinrich Hoffmann von Fallersleben am 26. August 1841 auf der Insel Helgoland geschrieben. Der "Deutsche Bund" bestand zu dieser Zeit aus 39 souveränen Staaten von unterschiedlicher Größe und politischer Bedeutung. Hoffmann von Fallersleben nahm die Teilung des Landes als Anlass und schrieb die Strophen des "Deutschlandliedes", die seine Sehnsucht nach politischer Einheit und Freiheit ausdrücken sollten. Die Melodie für das "Lied der Deutschen" stammte von Joseph Haydn und wurde ursprünglich für den Wiener Kaiser Franz II. komponiert. Erst der sozialdemokratische Reichspräsident Friedrich Ebert erklärte am 11. August 1922 das Deutschlandlied zur verbindlichen Reichshymne.

Barrikade in der Breiten Straße (Kreidelithograph). Berlin, 1848

Die Fanmeile, Berlin, 2006

INTERPRETIEREN UND REFLEKTIEREN: Warum Schwarz-Rot-Gold?

Woher stammt die deutsche Nationalflagge?

Die Geschichte der drei Farben der deutschen Flagge, Schwarz, Rot, Gold, führt zur deutschen Einheitsbewegung im 19. Jahrhundert zurück. Seit dem frühen 19. Jahrhundert und den Befreiungskriegen von Napoleon gab es eine politische Strömung in Deutschland, die versuchte, die Vereinigung des Landes zu erreichen. Diese Bewegung ging meistens von Studenten und Fakultäten an Universitäten und Burschenschaften aus. Sie hegten ein starkes Nationalgefühl und wollten ein vereintes Deutschland etablieren. Die begeisterten Revolutionäre nahmen sich ein Beispiel an den Uniformen des Lützowschen Freikorps. Diese hatten in den Befreiungskriegen gegen Napoleon gekämpft. Ihre Jacken waren schwarz, die Samtaufschläge hatten eine rote Farbe und die Knöpfe leuchteten golden. Die Studenten konnten sehr leicht diese Komponenten wiederherstellen, und so sahen sie alle ähnlich aus.

Im Jahr 1817 auf dem Wartburgfest außerhalb von Eisenach schwang die Jenaer Burschenschaft ihre Nationalflagge in Schwarz-Rot-Gold und erinnerte an die Taten des Lützow-Korps. Daraufhin wurden die drei Farben zum Symbol der Republik.

Als nach der Märzrevolution von 1848 die Abgeordneten der Deutschen Nationalversammlung in der Frankfurter Paulskirche sich nicht über die Reihenfolge der deutschen Farben einigen konnten (so gab es damals u.a. auch Gold-Schwarz-Rote Fahnen), gab es einen Machtspruch von König Friedrich Wilhelm IV. von Preußen, der deklarierte, dass Schwarz-Rot-Gold die richtige Reihenfolge sei. Dazu legte man dem preußischen König das Motto in den Mund,: "Aus Nacht, durch Blut, zum Licht!" Später entwickelte man daraus "Schwarz die Vergangenheit, Rot (blutig) der Kampf und Golden die Zukunft".

?? FRAGEN ZUM TEXT

1. Woher kommen die Farben Schwarz, Rot, Gold für die Nationalflagge? Wer hat die Reihenfolge der Farben bestimmt?
2. Welche Gruppe hat diese Farbe zuerst als Uniform getragen? Wer hat diesen Stil später übernommen?
3. Wie ist die Fahne mit dem deutschen Nationalismus verbunden?
4. Was passierte im Jahr 1817 auf der Wartburg bei Eisenach?
5. Wofür stehen die einzelnen Farben Schwarz, Rot, Gold?

KULTURTIPP

Am 18. Oktober 1817 stürmten 500 Studenten der Burschenschaften und einige Professoren aus vielen deutschen Staaten mit dem Ziel die deutsche Einigung zu erreichen, auf die Wartburg bei Eisenach. Sie trugen die rot-schwarz-rote Fahne (mit goldenen Fransen) auf die Wartburg bei Eisenach (Wartburgfest) und demonstrierten für die Freiheit und ein einheitliches Reich. Vom 27. bis zum 30. Mai 1832 demonstrierten 30.000 Teilnehmer auf dem Hambacher Fest für nationale und demokratische Ziele und führten erstmals eine schwarz-rot-goldene Fahne mit sich. Am 18. Mai 1848 zog die erste Deutsche Nationalversammlung in die Frankfurter Paulskirche ein. Am 13. November 1848 wurde Schwarz-Rot-Gold im Reichsgesetzblatt als deutsche Flagge verkündet.

SPRACHFUNDAMENT 2: Etwas beschreiben – Relativsätze

Wenn man zwei Sätze verbinden möchte, um etwas zu beschreiben, verwendet man **Relativsätze.** Um zwei Sätze zu verbinden, braucht man ein **Relativpronomen**, das sich auf ein **Beziehungswort** im verbundenen Satz bezieht.

Es gibt drei Fragen, die man stellen kann, die bei der Bildung von Relativsätzen hilfreich sind

1. Welches Element findet man in beiden Sätzen?
2. Wie ist das Genus des Elements im ersten Satz?
3. Wie ist der Kasus des Elements im zweiten Satz?

Was?	Wie?
Relativsätze im Nominativ	Die Farben der deutschen Nationalflagge sinde Schwarz, Rot, Gold. Sie stammen von der Uniform des Lützowschen Freikorps *Die Farben der deutschen Nationalflagge, **die** von der Uniform des Lützowschen Freikorps stammen, sind Schwarz, Rot, Gold.*
Relativsätze im Akkusativ	Ich finde die Musik der Nationalhymne sehr schön. Joseph Haydn komponierte sie. *Ich finde die Musik der Nationalhymne, **die** Joseph Haydn komponierte, sehr schön.*
Relativsätze im Dativ	Die revolutionären Studenten stellten selber Uniformen her. Die Farben Schwarz, Rot, Gold gefielen den Studenten sehr gut. *Die revolutionären Studenten, **denen** die Farben Schwarz, Rot, Gold sehr gut gefielen, stellten selber Uniformen her.*
Relativsätze im Genitiv	Das "Lied der Deutschen" wurde von Hoffmann von Fallersleben geschrieben. Seine Melodie stammt von Joseph Haydn. *Das "Lied der Deutschen", **dessen** Melodie von Joseph Haydn stammt, wurde von Hoffmann von Fallersleben geschrieben.*

	Nominativ	Akkusativ	Dativ	Genitiv
Maskulin	**der**	**den**	**dem**	**dessen**
Neutrum	**das**	**das**	**dem**	**dessen**
Feminin	**die**	**die**	**der**	**deren**
Plural	**die**	**die**	**denen**	**deren**

Tipps:

- Alle Relativpronomen sind "Verb-Kicker". Das heißt, dass das Verb in Relativsätzen am Ende des Satzes steht.
- Der Relativsatz soll möglichst nah am Beziehungswort stehen.
- Ein Relativsatz kann mitten in einem anderen Satz stehen. Sollte nur ein Wort auf den Relativsatz folgen, wird es in der Regel vor den Relativsatz gesetzt.

SPRACHARBEIT RELATIVPRONOMEN

Aktivität 1: Die Geschichte Deutschlands beschreiben

Beschreiben Sie die folgenden Begriffe, die wir in der Klasse besprochen haben, indem Sie die Sätze mit Relativpronomen verbinden.

1. Eine Nationalhymne ist ein Lied. Das Lied verkörpert die Ideale einer Nation.

   ____

2. Die deutschen Burschenschaften wollten für ein vereintes Deutschland kämpfen. Die Flagge der Burschenschaften bestand aus den Farben Schwarz, Rot und Gold.

   ____

3. Die Farben der Burschenschaften waren in der 1848er Revolution ein Symbol des vereinten Deutschland. Die Flagge der Burschenschaften diente als Muster für die erste offizielle Fahne Deutschlands.

   ____

4. Das Gedicht "Das Lied der Deutschen" wurde später der Text der deutschen Nationalhymne. Hoffmann von Fallersleben schrieb das Gedicht im Jahre 1841.

   ____

Aktivität 2: Wichtige Tatsachen über Deutschland

Kombinieren Sie die Sätze mit dem passenden Relativpronomen. Achten Sie auf Genus, Kasus und Wortstellung.

1. Hambach ist im heutigen Rheinland-Pfalz. Im Mai 1832 fand in der Stadt eine große Demonstration statt.

   ____

2. Der deutsche Bund war eine Gruppe von Staaten. Sie vereinigten sich gegenüber Preußen und der Habsburger Monarchie.

   ____

3. Joseph Haydn war ein wichtiger Komponist. Sein Kaiserlied für Kaiser Franz II (den zweiten) wurde zur Melodie der deutschen Nationalhymne.

   ____

4. Elsass-Lothringen wurde nach dem fränkisch-preußischen Krieg ein Teil vom deutschen Reich. Es gehörte früher zu Frankreich.

   ____

5. Helgoland ist Deutschlands weitentfernteste Insel. Auf der Insel wurde das Deutschlandlied geschrieben.

   ____

VERSTEHEN & MITTEILEN:
Flaggen in Deutschland – ja oder nein? Was sagt die Maus?

HÖRAKTIVITÄT

Schauen Sie sich den Podcast "Die Deutschlandflagge" unter http://podcast.wdr.de/maus.xml. Dann beantworten Sie die Fragen zu der Sendung.

- Woraus bestand Deutschland vor 200 Jahren?
- Wer herrschte über viele Gegenden Deutschlands?
- Wie reagierten die Leute darauf?
- Woher kamen die deutschen Nationalfarben?
- Beschreiben Sie die Geschichte der zwei Flaggen.
- Wo sieht man Flaggen?
- Was darf man mit der Flagge nicht machen?
- Was darf man mit der Flagge machen?
- Welche Farbe kann man statt Gelb benutzen?
- Warum benutzt man die Farbe Gold nicht für die Flagge?

Seit 2006 kritisieren viele Intellektuelle und Politiker, dass die deutsche Flagge wieder in der Öffentlichkeit, besonders von jungen Menschen, gehisst wird. Sie wissen nun einiges über die Geschichte Deutschlands und der deutschen Fahne. Ist es problematisch, dass man deutsche Flaggen an Autos und an Gebäuden sieht?

Szenario 1:

Ihre Gruppe vertritt die ältere Generation, die denkt, dass die Tatsache, dass man deutsche Flaggen überall sieht, nicht nur negativ, sondern auch eine gefährliche Entwicklung ist. Diskutieren Sie über die folgenden Punkte und versuchen Sie die Sprecher der anderen Seite zu überzeugen.

- Deutschlands Nationalflagge hat eine problematische Geschichte hinter sich. Die Flagge wurde zu propagandistischen Zwecken benutzt. Man darf nicht vergessen, dass solche Symbole eine falsche Idee repräsentieren können.
- Die Gefühle des Nationalstolzes sind wegen der Geschichte Deutschlands etwas, was die Bevölkerung vermeiden sollte.
- Man denkt nicht lang genug darüber nach, was der Nationalstolz bedeutet. Er kann auch negativ sein.

Szenario 2:

Ihre Gruppe vertritt die jüngere Generation. Sie findet, dass es höchste Zeit ist, dass die Deutschen wieder Gefühle des Nationalstolzes haben dürfen. Die deutschen Flaggen überall sind deshalb positiv. Diskutieren Sie über die folgenden Fragen und versuchen Sie die Sprecher der anderen Seite zu überzeugen.

- Die Deutschen müssen über ihre Geschichte nachdenken, aber sie auch überwinden können.
- Die jüngere Generation hat andere, positive Verbindungen zur Nationalflagge und Nationalhymne.
- Man denkt nicht lang genug darüber nach, was der Nationalstolz bedeutet. Er kann auch positiv sein.

Rollenspiel:

Nachdem Sie das Thema in Kleingruppen besprochen haben, wählen Sie zwei Gruppensprecher oder Gruppensprecherinnen, die die Gruppe vertreten. Der Rest der Kleingruppe hilft den Gruppensprechern in der Diskussion mit kurzen Kommentaren zu Fakten und Argumenten.

BESCHREIBEN UND ERKLÄREN:
Was ist Deutsch?

Wenn ein Freund oder eine Freundin Ihnen die Fragen stellen würde "Wie ist die deutsche Identität? Was ist Deutsch?", was würden Sie sagen? Schreiben Sie Ihre Antwort in einem Aufsatz und erklären Sie, was die deutsche Identität ausmacht, wie sie sich entwickelt hat, welche Probleme es gibt und was es in Zukunft heißen wird Deutscher/Deutsche zu sein. Denken Sie an die Geschichte, die Politik, die Kunst, die Popkultur, Sport, etc. und nennen Sie konkrete Beispiele, um Ihr Argument zu unterstützen.

____

____

____

____

____

____

VOKABELARBEIT

Aktivität 1: Die Nationalflagge

Womit verbinden Sie die Nationalfarben und die Flagge einer Nation? Schreiben Sie passende Vokabeln. Sie können sowohl konkret als auch abstrakt sein.

Die Nationalflagge

Vokabelliste
____
____
____

Aktivität 2: Welches Wort passt?

Schreiben Sie, welches Verb zu welchem Nomen passt.

_____ eine Fahne

_____ eine Hymne

_____ ein Land

_____ Ideale eines Landes

_____ zwei Gruppen auf einen Plan

_____ Missverständnisse

_____ für die Freiheit

_____ ein Nationalgefühl

a. ausräumen
b. sich einigen
c. hegen
d. vereinen
e. kämpfen
f. komponieren
g. hissen
h. verkörpern

AUFBAUEN UND WEITER ARBEITEN
Wir sind Wir

INTERNETRECHERCHE

Schauen Sie das Video zum Lied "Wir sind Wir" von Paul van Dyk und Peter Heppner. Dann besprechen Sie die Fragen in Kleingruppen. Danach besprechen Sie die Bedeutung des Lieds im Forum.

1. Welche Bilder sehen Sie im Video? Was für eine Bedeutung haben sie?

2. Was bedeutet der Titel des Lieds: "Wir sind wir"? Was wollen van Dyk und Heppner mit diesem Lied vermitteln? Warum ist es wichtig, dass das Lied im Jahr 2005 veröffentlicht wurde?

3. Worum geht es im Video? Was für eine Rolle spielt die Geschichte Deutschlands im Video?

4. Warum werden Abschnitte von Dokumentarfilmen ins Video integriert?

5. Warum thematisieren sie den berühmten Mauersprung?

6. Was für eine Wirkung haben die Musik und das Video auf den Zuschauer? Wie unterscheidet sich die Wirkung von einem Buch oder einen Zeitungsartikel liest? Welche Rolle spielt ein solches Mittel wie Video für den Konsumenten von heute?

7. Im Lied heißt es: "Und ich frag' mich, wer wir sind... wir sind wir." Könnte man einen ähnlichen Text in einem amerikanischen Lied finden? Was ist an diesem Lied besonders deutsch?

EUROPA IN DEUTSCHLAND - DEUTSCHLAND IN EUROPA

- Was sehen Sie auf den Fotos?
- Wie stellen die Bilder die Verbindung zwischen Deutschland und Europa dar?
- Nennen Sie eine Rolle Deutschlands in der EU.

Europäische Zentralbank, Frankfurt

Schengen Grenze Bayern

Das Rathaus in Nancy, Frankreich

INTERPRETIEREN UND REFLEKTIEREN: Kommunikation unter Europäern

Europäer sollten mehr kommunizieren: Rede und überwinde Vorurteile!
Donnerstag, August 27, 2009 von cspannagel

Gastbeitrag von Anna Brakoniecka (@stoerungsquelle)
Als ich nach Deutschland kam dachte ich, die Sprachkenntnisse reichen völlig aus, um die anderen Menschen zu verstehen. Nach 10 Jahren an verschiedenen deutschen Orten, sowohl im Osten wie im Westen, nach vielen interkulturellen Erfahrungen inkl. Sprachkursen wie "Sächsisch" und "Fränkisch", weiß ich, dass Sprachen keine Voraussetzung für volle Verständigung sind, aber sie helfen unglaublich, wenn man mit anderen kommuniziert.

Ein Wissens- und Meinungsaustausch war mir immer wichtig. Nur durch Kommunizieren können wir uns weiterentwickeln und Konflikte vermeiden bzw. ausarbeiten. Kommunikation ist entscheidend. Und da wir in einem vereinten Europa leben, gewinnt der Wissens-, Kultur- und Informationsaustausch international stets größere Bedeutung. Europäer sollten mehr kommunizieren: Rede und überwinde Vorurteile!

Das ist das Motto meines Projektes. Es handelt sich dabei um eine Internetplattform Scholar-Online, die meist nur zum "Scholar" (http://www.scholar-online.eu) abgekürzt wird und die für alle Europäer zugänglich ist. Jeder kann sich äußern, auch ohne sich registrieren zu müssen, und jeder Kommentar wird zeitnah in andere Projektsprachen übersetzt, teilweise auch mit Zusatzerklärungen, die den Kontext verständlich machen. Nicht jeder Deutsche kennt die politisch-gesellschaftliche Situation in anderen Ländern, um die Nuancen und Wortspiele sofort zu erkennen, genauso wie die anderen Europäern nicht immer mit den typisch deutschen Ausdrucksweisen und Anspielungen vertraut sind.

Unser Projekt besteht aus drei Bereichen:

- Wir haben einen Diskussionsbereich, wo wir 10 Themen vorgeschlagen haben. Das Hauptthema ist "Ich bin ein Europäer und bin stolz darauf". Die Gespräche verlaufen je nachdem wie sich die Europäer äußern. Manchmal werden viele politisch-historische Argumente präsentiert, manchmal geht es um sozial-kulturelle Angelegenheiten. Und manchmal werden Fragen gestellt, aus denen lebendige Debatten entstehen.
- Um die Stereotypen abzubauen und zu zeigen, wie heutige Europäer aussehen und wer sie sind, haben wir die Galerie der Europäer aufgebaut. Hier hat jeder die Möglichkeit, sich selbst zu beschreiben, wir übersetzen alles in die anderen Sprachen. Somit lernen wir uns besser kennen und sehen, dass es viele aktive und interessante Europäer im Alltag zu treffen sind.
- Das neueste Teilprojekt heißt Galerie der Projekte und hier wollen wir vorstellen, womit sich Europäer täglich oder ausnahmenweise beschäftigen. Wie Young People UK schrieb wäre es schade, wenn der Wissensaustausch nur dadurch angehalten würde, weil uns die Sprachkenntnisse fehlen. Deswegen stellen wir Projekte dar und jeder kann sich darüber äußern, eigene Verbesserungsvorschläge, Fragen, Lob oder konstruktive Kritikpunkte aufschreiben und somit tauschen wir europaweit unsere Gedanken aus. Hier haben wir auch die Bildungsexpedition Deutschland vorgestellt und hoffen auf ein multikulturelles Feedback unserer Gäste.

Mein Team besteht aus vielen tollen, sehr freundlichen und engagierten Europäern, jeder hilft soweit es möglich ist (zuerst als Volontär) mit, um die Kommunikation zwischen Europäern zu fördern. Uns freut jede Person, die unsere Seite besucht und am Projekt teilnimmt, auch wenn die Mehrheit meistens nur verfolgt, was die anderen geschrieben haben. Wir wünschen uns, dass uns noch mehr Europäer besuchen und sich am Meinungsaustausch beteiligen werden. Europäer sollten mehr kommunizieren: Rede und überwinde Vorurteile! http://www.scholar-online.eu

1. Beschreiben Sie kurz die Autorin. Warum ist dieses Projekt für sie besonders wichtig.
2. Was sind wichtige Bestandteile der Kommunikation? Welches Element reicht nicht allein für volle Verständigung aus?
3. Was können die Menschen Europas über diese Webseite lernen? Nennen Sie zwei Sachen.
4. Welche drei Bereiche gibt es auf dieser Webseite? Was wird in jedem Bereich betont?
5. Was wollen die Autoren und Autorinnen der Webseite mit ihrer Arbeit erreichen?

SPRACHFUNDAMENT 3: Hauptsätze und Nebensätze mit unterordnenden Konjunktionen verbinden

Konjunktionen sind sehr wichtig, um Aussagen zu verbinden und Handlungszusammenhänge zu erklären. So können Konjunktionen zum Beispiel Gründe, zeitliche Reihenfolgen, Gegensätze oder Bedingungen von bestimmten Handlungen oder Ereignissen beschreiben.

Was?	Wie?
Hauptsatz-Nebensatz	Unterordnende Konjunktionen leiten einen Nebensatz ein, der von einem Hauptsatz abhängig ist. In einem Nebensatz steht das konjugierte Verb an letzter Position. **Beispiel:** Andreas spart sein Geld, (HAUPTSATZ) weil (UNTERORDNENDE KONJUNKTION) er im Sommer mit dem Zug durch Europa reisen (NEBENSATZ (MITTELFELD)) möchte. (KONJUGIERTES VERB)
Nebensatz-Hauptsatz	Der Nebensatz kann auch vor dem Hauptsatz stehen. In diesem Fall steht der komplette Nebensatz in der ersten Position des Satzes. Das konjugierte Verb des Hauptsatzes folgt deshalb in Position 2. **Beispiel:** Weil er im Sommer mit dem Zug durch Europa reisen möchte, (NEBENSATZ (eingeleitet mit einer unterordnenden Konjunktion)) spart (KONJUGIERTES VERB DES HAUPTSATZES) Andreas sein Geld. (REST DES HAUPTSATZES)

Oft verwendete unterordnende Konjunktionen sind:

als	bevor	bis	da
damit	falls	indem	nachdem
obwohl	seit	seitdem	sodass
solange	während	weil	wenn

Tipps:

- Andere Verbformen, zum Beispiel Infinitive oder Partizipien, stehen direkt vor dem konjugierten Verb des Nebensatzes.
- Abgesehen von der Position des Verbs ist die Wortstellung in Nebensätzen unverändert: temporale Angaben (Wann?)-modale Angaben (Wie?)-lokale Angaben (Wo?); oder "time – manner – place".
- Die Präpositionen "nach" und "seit" sollten nicht mit den Konjunktionen "nachdem" und "seit" verwechselt werden.

SPRACHARBEIT UNTERORDNENDE KONJUNKTIONEN

Aktivität 1:

Was drücken die oben aufgelisteten Konjunktionen aus? Ordnen Sie die Konjunktionen nach den verschiedenen Kategorien.

Grund (kausal)	zeitliche Reihenfolge (temporal)	Gegensatz (adversativ)	Bedingung (konditional)	Art und Weise (modal)	Folge (konsekutiv)

Aktivität 2: Sätze verbinden

Schauen Sie sich die gegebenen Satzelemente an und verbinden Sie sie dann mit einer Konjunktion zu einem logischen Satz.

• Momentan sind 27 Länder Mitglied der EU. • Die EU wurde gegründet. • Die Rolle des europäischen Parlaments wird oft kritisch gesehen. • Die europäischen Staaten haben sich zusammengeschlossen. • Spanien trat der Europäischen Gemeinschaft bei.	**sodass** **bevor** **obwohl** **da** **seitdem** **nachdem** **damit**	• Die europäische Integration stellt viele Herausforderungen. • Viele Staaten sind Mitglied der EU geworden. • Es greift in die staatliche Souveränität ein. • Der europäische Wirtschaftsraum wird freier und integrierter. • Sie wurde von Deutschland, Frankreich, Italien, Belgien, den Niederlanden und Belgien gegründet.

1. ______________________________

2. ______________________________

3. ______________________________

4. ______________________________

5. ______________________________

VERSTEHEN & MITTEILEN:
Kulturelle Integration – nicht so einfach wie man denkt.

Deutschland in Europa. Besprechen Sie mit einem Partner/einer Partnerin die Rolle Deutschlands in Europa. Welche Vorteile hat Deutschland durch die Integration in Europa und die einheitliche Währung, den Euro? Was sind die Schwierigkeiten dieser Integration? Wie können diese Schwierigkeiten überwunden werden?

Vorteile	Nachteile

BESCHREIBEN UND ERKLÄREN: Die Erweiterung der EU

Stellen Sie sich vor, Sie sind wichtiger/wichtige Wirtschaftsexperte/Wirtschaftsexpertin in Deutschland und halten eine Rede über die künftige Rolle Deutschlands in der Europäischen Union. Was denken Sie? Welche Rolle spielen Deutschland und die deutsche Wirtschaft innerhalb der EU? Welche positiven Aspekte der Währungsunion gibt es für Deutschland? Mit welchen Problemen wird Deutschland wegen der Einführung des Euros und der gemeinsamen EU-Politik konfrontiert? Wie sieht die Zukunft Deutschlands und der deutschen Wirtschaft aus? Was werden wir in zehn Jahren über den Euro und die Europäische Union sagen?

Aktivität 1: Integration in Europa

Schreiben Sie, welches Verb zu welchem Nomen passt.

_____ einen Vertrag	**a.** beitreten
_____ kulturelle Vielfalt	**b.** gründen
_____ eine Gemeinschaft	**c.** überwinden
_____ Mitglied in einer Gruppe	**d.** fördern
_____ Ziele	**e.** ratifizieren
_____ einer Organisation	**f.** werden
_____ Schwierigkeiten	**g.** formulieren

Aktivität 2: Chancen und Herausforderungen in Europa

Ergänzen Sie den folgenden Text mit den gegebenen Vokabeln. Achten Sie auf die Verbformen.

Vielfalt	*Einheit*	*Integration*	*Beziehungen*	*Vertrag*
Austausch	*beitreten*	*gründen*	*integrieren*	*Souveränität*
Respekt	*Gemeinschaft*	*Herausforderungen*		

Die Europäische ____________________ wurde 1967 ____________________. Die wirtschaftliche ____________________ Europas war von Beginn an Ziel der Europäischen Gemeinschaft. Die Zusammenführung Europas wurde 1993 durch den ____________________ von Maastricht auf der politischen Ebene weitergeführt. Der Versuch Europa wirtschaftlich und politisch zu ____________________, stellt die Menschen Europas vor viele ____________________. So sind zum Beispiel die Kulturen der europäischen Länder zum Teil sehr unterschiedlich. Diese ____________________ der Kulturen bedeutet, dass der ____________________ und der ____________________ zwischen den Menschen sehr wichtig sind, damit die Verständigung und die gemeinsame Arbeit in der EU produktiv sind. Die ____________________ der europäischen Staaten birgt allerdings auch Schwierigkeiten. So meinen Kritiker der EU oft, dass die engen ____________________ zwischen den Ländern die ____________________ der einzelnen Nationen einschränken. Trotzdem sind über die Jahre immer mehr Staaten der EU ____________________. Heute zählt sie schon 27 Nationen zu ihren Mitgliedern.

Aktivität 3: Welche Definition passt zu welchem Begriff?

1. _____ Römische Verträge
2. _____ der Euro
3. _____ der Euro-Raum
4. _____ Europäische Gemeinschaft für Kohle und Stahl (EGKS)
5. _____ "An die Freude"
6. _____ Werner Bericht

a. die Länder, die die gemeinsame Währung benutzenw
b. der erste konkrete Plan für die Schaffung einer europäischen Währungsunion
c. das Zahlungsmittel von vielen EU-Nationen
d. der Text der europäischen Nationalhymne
e. ein europäischer Wirtschaftsverband, der ein früher Vorläufer der späteren EU war
f. beinhalten die Grundlagen der Europäischen Union

AUFBAUEN UND WEITER ARBEITEN:
Integration in Europa

Der untenstehende Textauszug kommt von der Internetseite des Erasmus Studentennetzwerks. Erasmus ist eine europäische Organisation mit dem Ziel den Austausch unter europäischen Studenten durch Auslandsaufenthalte zu fördern. Lesen Sie die Werte, die Sie beschreiben und beantworten Sie dann die Fragen zu dem Text.

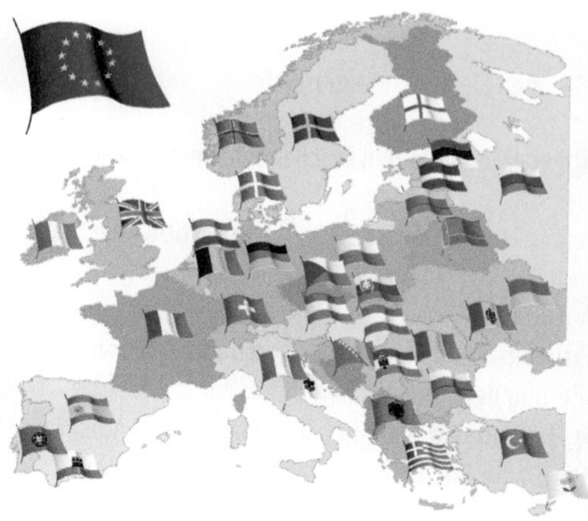

Die Werte, an die alle ESN-Mitglieder glauben und für die sie arbeiten, sind...

- Einheit in Vielfalt, Vielfalt in der Einheit: Wir haben alle eine unterschiedliche Herkunft, aber ein gemeinsames Ziel.
- Studenten helfen Studenten: Wir setzen uns engagiert und ehrenamtlich für die Vorteile Anderer ein.
- Spaß auf der Basis von Freundschaft und Respekt: Unsere Beziehungen basieren auf Respekt.
- Die internationale Dimension des Lebens: Wir sind aufgeschlossen, mobil, neugierig, kooperativ und interaktiv um Grenzen zu durchbrechen.
- Liebe für Europa als ein Ort von Frieden und kulturellem Austausch: Wir leben und fördern die Vielfalt Europas.
- Offenheit mit Toleranz: Wir verstehen und akzeptieren Andere und lernen von ihnen.
- Kooperation in der Integration: Wir betrachten Internationalität ganzheitlich.

Besprechen Sie die Werte des Erasmus Studentennetzwerks mit einem Partner/einer Partnerin. Diskutieren Sie über die folgenden Fragen:

- Wie können die beschriebenen Werte praktisch angewendet werden?
- In welchen konkreten Situationen spielen diese Werte eine wichtige Rolle?
- Helfen diese Werte die Vorurteile, die in einer multikulturellen Gesellschaft existieren, zu überwinden?
- Warum ist es besonders wichtig, dass sich junge Leute in Europa mit diesen Themen beschäftigen?
- Welche Rolle können junge Leute bei der Gestaltung einer auf Gleichheit basierenden Gesellschaft spielen?

Präsentieren Sie Ihre Ideen als Gruppe und erklären Sie, warum Sie diese Punkte für wichtig halten.

VERBINDUNGEN UND ERWEITERUNGEN: Wo ist die Mitte von Europa?

Schauen Sie den Film *Die Mitte* (2004) Bereiten Sie sich dann auf eine Diskussion im Kurs vor, indem Sie Notizen zu den folgenden Themen aufschreiben.

Fragen zum Film

1. Ist der Film eine Sozialkritik oder eine Satire? Nennen Sie konkrete Beispiele!

2. Untersucht Mucha die Problematik grundsätzlich oder bringt er den Zuschauer lieber zum Lachen?

3. Welche Rolle spielt die Suche nach dem Mittelpunkt Europas? Ist diese Suche wichtig oder hält sie den Film nur locker zusammen.

4. Sie haben einiges über die EU und einige Reaktionen auf die Folgen der Vereinigung Europas gelernt. Denken Sie, dass die Idee der Vergrößerung der Europäischen Union gut ist? Welche Vorteile und Nachteile sehen Sie? Nehmen Sie Stellung und schreiben Sie einen kurzen Aufsatz, in dem Sie Ihre Meinung begründen. Versuchen Sie Ihr Publikum zu überzeugen, dass Ihre Stellung zum Thema die richtige ist.

Stalin Statue im Grutas Park, Lithauen

Wiederholung: Die Organe der EU

Erklären Sie, welche Merkmale zu welchem Organ passen, indem Sie die richtigen Abkürzungen (EP=Europäisches Parlament, ER=Europäischer Rat, REU=Rat der Europäischen Union, EK=Europäische Kommission, ERH=Europäischer Rechnungshof, EuGH=Gerichtshof der Europäischen Gemeinschaften) in die Lücken setzen.

______ Rechtsprechendes Organ der Europäischen Union.

______ Das Exekutivorgan der EU, das für die Ausführung der europäischen Gesetze sorgt.

______ Besteht aus den Staats- und Regierungschefs der Mitgliedsstaaten der EU.

______ Das gesetzgebende Organ der Europäischen Union. Besteht aus je einem Vertreter jedes itgliedsstaats auf Ministerebene.

______ Überprüft die Recht- und Ordnungsmäßigkeit der Einnahmen und Ausgaben der Union.

______ Dieses Organ besteht aus Volksvertretern.

______ Dieses Organ tritt alle sechs Monate zusammen.

______ Dieses Organ ist gegenüber den anderen Gemeinschaftsorganen völlig unabhängig.

______ Der Vorsitz dieses Organs wird turnusmäßig für jeweils sechs Monate wahrgenommen.

______ Der Präsident und die Mitglieder dieses Organs werden von den Mitgliedsstaaten mit der Zustimmung des Parlaments ernannt.

______ Wählt alle zweieinhalb Jahre einen neuen/eine neue Präsidentin.

______ Vertreter dieses Organs werden alle fünf Jahre von den Bürgern gewählt.

______ Die Tagungen dieses Organs richten sich nach der Dringlichkeit der behandelten Fragen (z.B. Umwelt, Verkehr, Finanzen, Industrie, usw.)

AKTIVER WORTSCHATZ

NOMEN

die Abstammung, -en	ancestry
das Asyl	asylum
der Asylant, -en	asylum seeker (m)
die Asylantin,-nen	asylum sekker (f)
der Austausch, ¨e	exchange
die Beziehung, -en	relationship, connection
der Blickwinkel, -	perspective
die Burschenschaft, -en	fraternity
die Burschenschafter, -	fraternity member
die Denkweise, -en	mindset
die Einbürgerung, -en	naturalization
die Entstehung, -en	origin, formation
die Fahne, -n	flag
die Flagge,-n	flag
die Gemeinschaft, -en	community
die Heimat	homeland
das Heimatland, ¨er	native country
die Herausforderung, -en	challenge
die Herkunft, ¨e	origin
die Integration	integration
das Jahrzehnt, -e	decade
der Käfer, -	beetle
der Kern, -e	crux, core
die Lederhose, -n	leather pants
das Mitglied, -er	member
das Missverständnis, -se	misunderstanding
das Muster, -	example
die Nation, -en	nation
die Nationalhymne, -n	anthem
die Nationalität, -en	nationality
der Nationalstolz	national pride
der Respekt	respect
die Reihenfolge, -en	sequence
das Schloss, ¨er	castle
die Schwierigkeit, -en	difficulty
die Souveränität	souvereignty
der Staat, -en	state, country
das Stereotyp, -en	stereotype
der Stolz	pride
die Toleranz	tolerance
die Übersetzung, en	translation
der Ursprung, ¨e	orgin, source
das Verständnis	understanding
die Verfolgung, en	persecution
der Vertrag, ¨e	contract
die Vielfalt	diversity
das Vorurteil, -e	prejudice
der Weltmeister, -	champion
die Währung	currency
das Ziel, -e	goal
die Zuflucht	refuge

VERBEN

abbauen	to abolish
auflösen	to dissolve
auseinandersetzen	to grapple with
auswandern	to emigrate
beeinflussen	to influence
beinhalten	to contain
beitreten	to join
demontieren	to dismantle
einbürgern	to consider
eingreifen	to come from
entstehen	to reflect on
einwandern	to immigrate
fördern	to advocate
komponieren	to compose
ratifizieren	to ratify
sich überlegen	to consider
stammen	to come from
stürmen	to storm
nachdenken + über (AKK)	to reflect on
überwinden	to overcome
verkörpern	to embody
zusammenschließen	to combine

ADJEKTIVE/ ADVERBIEN

bayerisch	Bavarian
einflussreich	influential
fränkisch	Franconian
norddeutsch	norther German
schädlich	destructive, detrimental
stereotypisch	stereotypical
stolz	proud
traditionell	traditional
vielfältig	diverse
weitentfernt	far-away

KONJUNKTIONEN

aber	however
als	when, as
bevor	before,
bis	until
da	given that
damit	in order to, so that
darum	for that reason
dennoch	nevertheless
deshalb	therefore
einerseits...	on the one hand...
andererseits	on the other hand
falls	in the event
indem	by
nachdem	after
obwohl	although
seitdem	since
sodass	so that
solange	as long as
sondern	however
während	whereas, during
weil	because
wenn	if

WICHTIGE AUSDRÜCKE

an etwas Beispiel nehmen	to follow an example
auf etwas stolz sein	to be proud of something
für etwas kämpfen	to fight for something
Hoffnung/Gefühle hegen	to foster hope/feeling
Vorurteile... abbauen/überwinden	to abolish/overcome prejudices

KAPITEL

7

DEUTSCHLAND:
IMMIGRATION UND INTEGRATION

WORUM GEHT ES HIER?

Kapitel 7: Deutschland: Immigration und Integration

- Was sehen Sie auf den Bildern?
- Welche internationalen Gruppen gibt es in Deutschland? Aus welchen Ländern stammen Sie?
- Was für eine Rolle spielt die Einwanderung in Deutschland?

EINE KURZE GESCHICHTE DER AUS – UND EINWANDERUNG IN DEUTSCHLAND

Diskussionsfragen:

- Aus welchen Gründen verlassen Menschen ihre Heimat?
- Welche Rolle spielt die Einwanderung in Ihrem Heimatland?
- Können Sie sich vorstellen eines Tages auszuwandern? Warum (nicht)?
- In welches Land würden Sie auswandern?
- Welche Eigenschaften müssen Auswanderer haben, um diese große Lebensveränderung zu bewältigen?

INTERPRETIEREN UND REFLEKTIEREN: Geschichte der Aus- und Zuwanderung in Deutschland

Auswanderung aus und Zuwanderung nach Deutschland haben eine lange Geschichte. Bis dato war der Höhepunkt der Zuwanderung nach Deutschland während der 1950er und 60er Jahre. In dieser Zeit nach dem zweiten Weltkrieg ist die deutsche Wirtschaft sehr stark gewachsen und benötigte deshalb eine sehr große Menge von Arbeitskräften. Wegen der guten Möglichkeiten Arbeit zu finden sind somit sehr viele Menschen aus anderen Ländern nach Deutschland gekommen, zum Beispiel aus Italien, Spanien, Griechenland, Portugal und der Türkei. Nach und nach sind auch viele Familienmitglieder dieser Gastarbeiter nach Deutschland nachgezogen.

Es gibt auch andere Gruppen von Migranten, die ein Anrecht darauf haben nach Deutschland zu kommen. Zum Beispiel gibt es die Gruppe der Spätaussiedler. Dies sind Menschen, die in den osteuropäischen Gebieten geboren wurden, die vormals zu Deutschland gehörten. Nachdem die Grenzen Deutschlands 1945 geändert worden waren, lebten diese Menschen nicht mehr in Deutschland. Seit 1950 sind ungefähr 4,5 Millionen Spätaussiedler, zum Beispiel aus dem heutigen Polen, Russland, Rumänien und der Tschechoslowakei, nach Deutschland zugewandert. Eine dritte Gruppe von Migranten nach Deutschland sind Menschen, die wegen einer bedrohlichen Situation in ihrem Heimatland in Deutschland Asyl bekommen.

In den letzten 5 bis 10 Jahren hat das Thema der Zuwanderung wieder an Wichtigkeit gewonnen, denn die deutsche Gesellschaft wird aufgrund des demografischen Wandels im Durchschnitt immer älter. Das heißt auch, dass es in Zukunft für die deutschen Unternehmen schwieriger wird gut ausgebildete Arbeitskräfte zu finden. Die Zuwanderung wird deshalb jetzt besonders gefördert. Im Jahr 2009 ist sogar ein spezielles Gesetz erlassen worden, das "Arbeitsmigrationssteuerungsgesetz", um die Zuwanderung von gut qualifizierten Menschen besser steuern und kontrollieren zu können.

Von allen Migrantengruppen wird erwartet, dass sie den Willen zeigen sich zu einem gewissen Grad in die deutsche Gesellschaft zu integrieren. Eine wichtige Grundlage hierfür ist das Lernen der deutschen Sprache. Damit dies für Migranten so leicht wie möglich ist, werden in Deutschland Sprachkurse speziell für Zuwanderer angeboten. Es gibt auch Integrationskurse und Integrationsprojekte, die es für Migranten einfacher machen sollen an dem alltäglichen gesellschaftlichen Leben in Deutschland teilzunehmen. Diese Angebote sind Ausdruck des oft zitierten Mottos "Fördern und Fordern". Das heißt, dass auf der einen Seite Zuwanderung und Integration von dem deutschen Staat gefördert wird, auf der anderen Seite jedoch von den Migranten gefordert wird, dass sie sich in die deutsche Gesellschaft und Kultur integrieren, wenn sie in Deutschland bleiben wollen und vielleicht sogar die deutsche Staatsbürgerschaft bekommen wollen.

Viele, aber bei Weitem nicht alle, nach Deutschland Zugewanderten wollen später auch deutsche Staatsbürger werden. Um die deutsche Staatsbürgerschaft beantragen zu können, müssen einige Voraussetzungen erfüllt werden. Zum Beispiel muss die betreffende Person schon seit acht Jahren legal in Deutschland leben und in der Lage sein für den Lebensunterhalt selber zu sorgen. Man muss außerdem auch mit einem Sprachtest nachweisen, dass man die deutsche Sprache beherrscht. Ein weiterer Test ist der Einbürgerungstest. Jede Person über 16 Jahre muss diesen Test bestehen, um die deutsche Staatsbürgerschaft zu bekommen. Der Test beinhaltet Fragen über das deutsche Recht, die deutsche Gesellschaft und das Leben in Deutschland.

NEUE VOKABELN

das Anrecht	fordern
das Asyl	die Grundlage
die Auswanderung	der Lebensunterhalt
beantragen	die Migration
bis dato	die Staatsbürgerschaft
die Einbürgerung	die Voraussetzung
die Einwanderung	der Wandel
erwarten	die Zuwanderung

FRAGEN ZUM TEXT

1. Warum kamen die Gastarbeiter in den 60er Jahren nach Deutschland?
2. Wie kann man die vier großen Gruppen von Migranten in Deutschland beschreiben?
3. Warum kamen und kommen Sie nach Deutschland?
4. Warum ist das Thema Migration in den letzten Jahren wieder aktueller geworden?
5. Was wird von Migranten, die länger in Deutschland leben, erwartet?
6. Was bedeutet das Motto "Fördern und Fordern"?
7. Welche Bedingungen gibt es für Menschen, die eine deutsche Staatsbürgerschaft beantragen wollen?

SPRACHFUNDAMENT 1:
Präpositionen mit dem Akkusativ und Dativ

Sie haben schon gelernt, dass Präpositionen im Deutschen immer einen bestimmten Kasus verlangen. Das heißt, es gibt zum Beispiel Präpositionen, die entweder immer mit dem Akkusativ oder immer mit dem Dativ stehen.

Was?	Wie?
Akkusativpräpositionen.	Die Präpositionen in der Tabelle unten werden immer mit dem **Akkusativ** verwendet. **Beispiel: "durch" mit Akkusativ** **Durch <u>die angebotenen Sprachkurse</u>** wird es Migranten erleichtert die deutsche Sprache zu lernen.
Dativpräpositionen	Die Präpositionen in der Tabelle unten werden immer mit dem **Dativ** verwendet. **Beispiel: "seit" mit Dativ:** Zugewanderte können die deutsche Staatsbürgerschaft beantragen, wenn sie **seit <u>acht Jahren</u>** in Deutschland leben.

Akkusativ- und Dativpräpositionen

Akkusativ
bis
durch
ür
gegen
ohne
per
um
wider

Dativ	
ab	gemäß
aus	mit
außer	nach
bei	seit
dank	von
entgegen	zu
entsprechend	
gegenüber	

Tipps:

- Die Präposition «nach» verwendet man, wenn man über größere Entfernungen redet. «Zu» bezieht sich auf Distanzen, die zu Fuß zurückgelegt werden können.
- Die Präposition «um», «zu», «mit», «aus» usw. dürfen nicht mit Präfixen, um...zu Konstruktionen oder Konjunktionen verwechselt werden.
- Man muss die Präpositionen, die im Akkusativ und Dativ stehen, auswendig lernen.

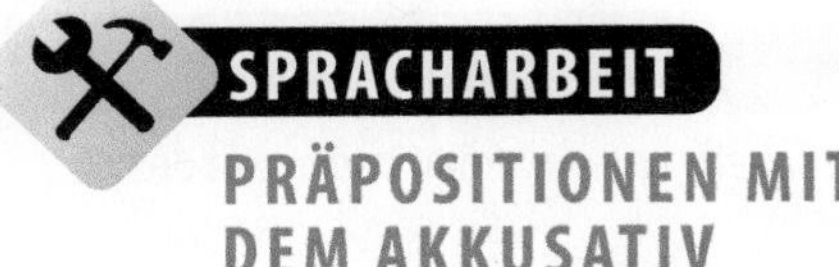

PRÄPOSITIONEN MIT DEM AKKUSATIV

Aktivität 1: Einwanderung nach Deutschland

Bilden Sie aus den gegebenen Elementen komplette Sätze.

1. Viele Zuwanderer kommen …		… Gesetz ein Recht in Deutschland einzuwandern.
	für	
2. Hochqualifizierte Arbeitskräfte sollen …		… ihre Familie nach Deutschland.
	durch	
3. Man kann nicht deutscher Staatsbürger werden …		… viele Gastarbeiter eine neue Heimat geworden
	ohne	
4. Die Spätaussiedler haben …		… gezielte Zuwanderung nach Deutschland kommen.
	per	
5. Deutschland ist…		… einen Einbürgerungstest zu bestehen.

1. ______________________________

2. ______________________________

3. ______________________________

4. ______________________________

5. ______________________________

Aktivität 2: Ein Brief an die Familie

Ergänzen Sie den Text mit den passenden Dativpräpositionen. Manchmal gibt es mehr als eine Möglichkeit.

gegenüber	*mit*	*zu*	*aus*	*entsprechend*
entgegen	*dank*	*laut*	*seit*	*bei*

Liebe Eltern und lieber Opa,

herzlich Grüße ____________ der Hansestadt Bremen! Ich lebe jetzt schon ____________ einem halben Jahr in dieser schönen norddeutschen Stadt. Ich habe eine schöne Wohnung direkt ____________ dem Goethe-Theater. ____________ meinen Erwartungen ist das Wetter hier viel besser als ich dachte. Heute Abend treffe ich mich ____________ meinen neuen Arbeitskollegen ____________ einem gemeinsamen Abendessen. ____________ meinem Sprachkurs ist mein Deutsch schon viel besser geworden. Das Leben hier ist aber nicht immer einfach. Ich vermisse euch sehr und hoffe, dass ihr mich bald mal besuchen kommt. Ich habe ____________ der Planung in unserer Firma die ersten drei Juliwochen Urlaub. Ihr könnt alle für eine Weile ____________ mir wohnen.

Bis bald,
euer Thomas.

Aktivität 3: Gastarbeiter in Deutschland

Ergänzen Sie die gegebenen Sätze mit den passenden Präpositionen. Achten Sie dabei auch auf Artikel und Adjektivendungen im Akkusativ oder Dativ.

entgegen *getreu* *durch* *mit* *ohne* *aus* *über*

1. Seit vielen Jahren kommen Menschen ______________ verschieden ______ Gründe ______ nach Deutschland.
2. Viele Gastarbeiter kamen ursprünglich ganz allein, also ______________ ihr ______ Familien, nach Deutschland.
3. In den 1950er und 60er Jahren ist die Zahl der Gastarbeiter ______________ wenig ______ Jahre stark gestiegen.
4. ______________ d______ ursprünglich ______ Erwartungen sind viele der Gastarbeiter in Deutschland geblieben.
5. Viele haben sogar ______________ d______ Zeit die deutsche Staatsbürgerschaft angenommen.
6. Seit 2009 wird die Zuwanderung nach Deutschland ______________ d______ Arbeitsmigrationssteuerungsgesetz geregelt.
7. Einwanderung und Integration wird heutzutage in Deutschland ______________ d______ Motto "Fördern und Fordern" gehandhabt.

VERSTEHEN & MITTEILEN:
Die USA – Land der Einwanderer

Die Geschichte amerikanischer Familien ist sehr oft mit interessanten Einwanderungserlebnissen verbunden. Stellen Sie sich vor, Sie erzählen einem/einer deutschen Bekannten von der Geschichte ihrer Familie. Führen Sie dieses Gespräch mit einem Partner/einer Partnerin und berichten Sie, was Sie über die Geschichte ihrer eigenen Familie wissen. Diskutieren Sie die folgenden Fragen:

- Seit wann lebt Ihre Familie in den USA?
- Aus welchem Land sind Ihre Vorfahren in die USA eingewandert?
- Aus welchen Gründen sind Ihre Vorfahren in die USA gekommen?
- Wissen Sie etwas über den Prozess der Integration?
- Inwiefern ist die Kultur des Landes, aus dem Ihre Vorfahren gekommen sind, heute noch Bestandteil der Familientradition?

Begründen Sie Ihre Antworten mit konkreten Beispielen. Besprechen Sie dann das Thema im Forum.

BESCHREIBEN UND ERKLÄREN:
In einem fremden Land leben – nicht immer leicht

Für viele Migranten ist die Situation in Deutschland nicht leicht. Oft ist es schwierig ein wirkliches Zugehörigkeitsgefühl zu entwickeln, weil sich die Migranten in vielen Situationen als "anders" wahrgenommen fühlen. Nutzen sie die Information aus dem Text in Thema 1 und schreiben Sie die Geschichte eines Einwanderers oder einer Einwandererfamilie. Beachten Sie dabei folgende Punkte:

- Woher kommt diese Person oder Familie?
- Wie ist die Situation in ihrem Heimatland?
- Warum sind sie nach Deutschland gekommen?
- Was erhofften oder erhoffen sie sich von einem Leben in Deutschland?
- Was macht den Prozess der Einwanderung und Integration für diese Person oder Familie schwierig?
- Wie werden diese Schwierigkeiten überwunden?

Stellen Sie danach Ihre Geschichte im Forum vor.

Aktivität 1: Einwanderung und Auswanderung - neue Kulturen lernen

Schreiben Sie, welches Verb zu welcher Konstruktion passt.

1. _____ sich an eine andere Kultur	**a.** teilnehmen
2. _____ die Staatsangehörigkeit	**b.** auswandern
3. _____ Heimweh	**c.** beantragen
4. _____ einen Einbürgerungstest	**d.** anpassen
5. _____ am täglichen Leben	**e.** bestehen
6. _____ einen Sprachkurs	**f.** haben
7. _____ in ein anderes Land	**g.** absolvieren

Aktivität 2: Aspekte der Migration

Verwenden Sie die neuen Vokabeln, die Sie gelernt haben, um diesen Text zu ergänzen. Achten Sie auf die Formen der Verben.

verlassen	*Heimatland*	*Einwanderer*	*Anpassung*	*Sprache*
Kultur	*Traditionen*	*Staatsbürgerschaft*	*Arbeitskräfte*	*Familien*
Unterschiede	*bewahren*	*Gerichten*	*beantragen*	*Prozess*

Einwanderung hat in Deutschland vor allem seit dem 20. Jahrhundert einen wichtigen Einfluss auf das alltägliche Leben. Insbesondere in den 50er und 60er Jahren, als viele deutsche Unternehmen ______________________ benötigten, kamen viele ______________________ nach Deutschland. Die Entscheidung das eigene Land zu ______________________ war für die meisten Menschen nicht leicht und deutete oft auf schwierige Lebensumstände im ______________________ hin. Der ______________________ der Emigration und Immigration bedeutete viele Herausforderungen. So lebten viele Gastarbeiter für eine Zeit getrennt von ihren ______________________. Oft gab es große ______________________ zwischen den alten ______________________ und den Lebensgewohnheiten in Deutschland. Ein gewisser Grad der ______________________ war deshalb fast immer notwendig, zum Beispiel in der Form des Erlernens einer neuen ______________________ oder fremder Arbeitsgewohnheiten. Zum Ausgleich ______________________ viele Zugewanderte die ______________________ ihres Heimatlandes in der Form von bestimmten Feiertagen, ______________________ oder traditioneller Musik. Trotz der Schwierigkeiten der Integration in eine zuerst fremde Gesellschaft haben sich viele der Einwanderer, die schon lange in Deutschland leben, entschieden die deutsche ______________________ zu ______________________. Für Deutschland bedeutet die Vielfalt der Kulturen der zugewanderten Menschen eine große Bereicherung.

AUFBAUEN UND WEITER ARBEITEN:
Die Auswanderung aus Deutschland

Lesen Sie den Artikel "Auswanderer" im Internet (Link: http://www.planet-wissen.de/alltag_gesundheit/gastarbeiter_und_migration/auswanderer/index.jsp). Er handelt von der Geschichte der Auswanderung aus Deutschland. Beantworten Sie dann die folgenden Fragen:

1. Wann begannen Menschen in großen Mengen aus Deutschland auszuwandern?

2. Was waren damals die Gründe für Auswanderung aus Deutschland?

3. Warum war der Prozess der Auswanderung so beschwerlich?

4. Was war das Land, in das Deutsche meistens ausgewandert sind?

5. Welche Länder sind heute bei deutschen Auswanderern beliebt? Warum?

6. Könnten Sie sich persönlich vorstellen, zumindest für eine Zeit, in einem anderen Land zu leben und zu arbeiten? Welche Gründe gibt es dafür oder dagegen?

DEUTSCHLAND ALS EINWANDERUNGSLAND

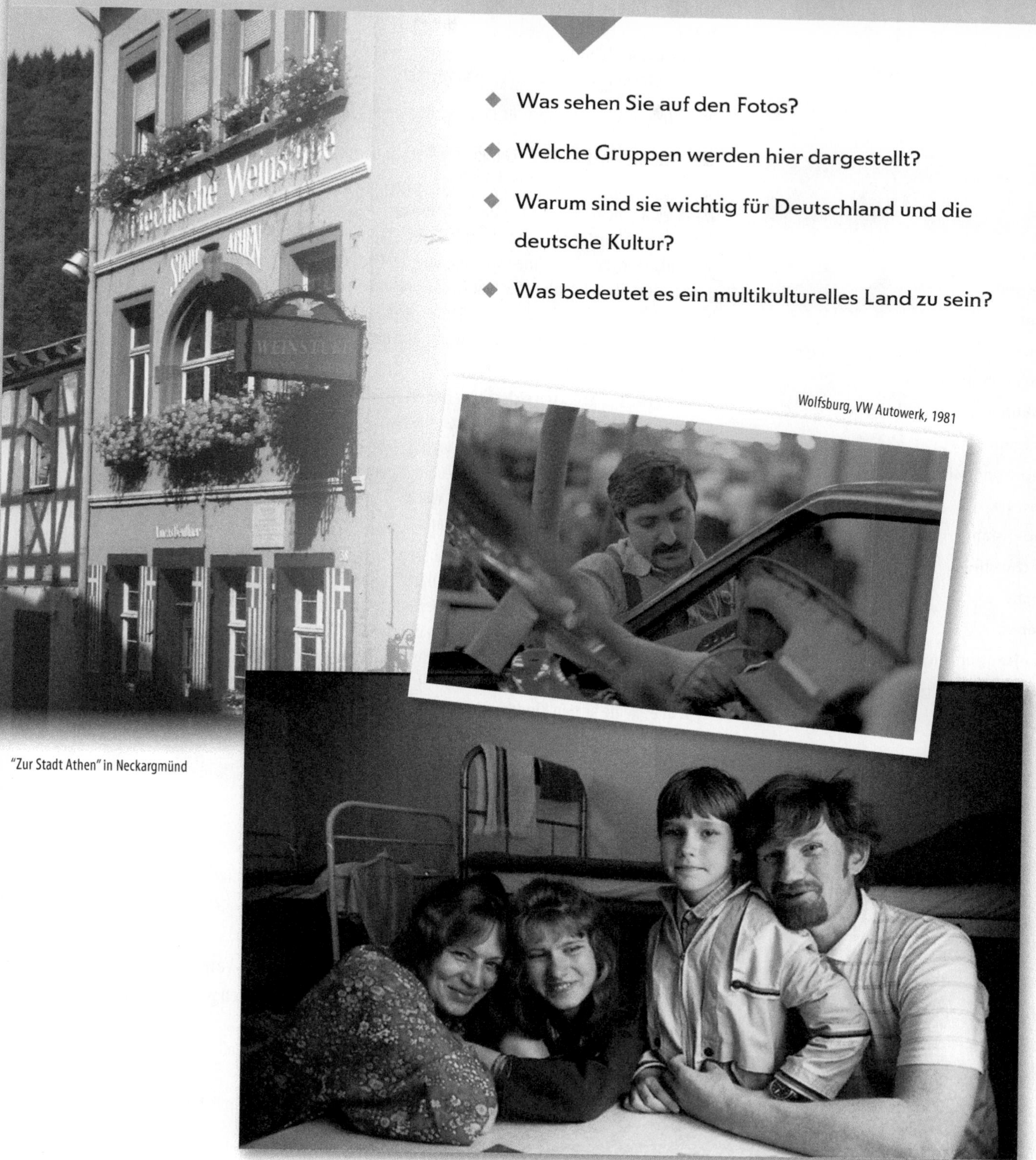

- Was sehen Sie auf den Fotos?
- Welche Gruppen werden hier dargestellt?
- Warum sind sie wichtig für Deutschland und die deutsche Kultur?
- Was bedeutet es ein multikulturelles Land zu sein?

Wolfsburg, VW Autowerk, 1981

"Zur Stadt Athen" in Neckargmünd

Eine Familie aus Sibirien in Friedland, 1988

INTERPRETIEREN UND REFLEKTIEREN: Deutsch sein

NEUE VOKABELN

aussterben
beantragen
bedingen
bestimmen
die Dachwohnung
die Einbürgerungsregelung
einzeichnen
die Geborgenheit
das Gewürz
das Lebensjahr
die Nachtruhe
das Recht
schneebedeckt
die Staatsangehörigkeit
das Staatsangehörigkeitsrecht
überfüllt

Zafer Şenocak: Deutschsein - Eine Aufklärungsschrift (Auszug).
Hamburg: Edition Körber-Stiftung, 2011, S. 9-10.

Die Sprache öffnen
Wann bietet eine Fremdsprache Geborgenheit?

"Ins Offene, dorthin, wo Sprache auch zur Begegnung führen kann."

Paul Celan, Brief an Brigitte und Gottfried
Bermann Fischer, 22. November 1958

Wenn ich an meine Kindheit in Deutschland denke, überkommt mich ein Gefühl der Geborgenheit. In meinem achten Lebensjahr zogen wir von Istanbul in einen kleinen oberbayrischen Ort. Als wir dort ankamen, lag der Schnee knietief, und der Ort erschien mir wie ausgestorben. Die Luft roch ganz anders als in Istanbul. Sie war frisch, brannte in der Nase, so als hätte man ihr ein Gewürz beigemischt. Der Schnee blieb noch lange liegen in diesem Jahr. Zu Hause, in einer möblierten Dachwohnung am Ortsrand, war es warm und gemütlich. Vom Fenster aus sah man die Berge mit ihren bewaldeten Hängen.

Vor dem Haus erstreckten sich schneebedeckte Felder. Nachts war es ganz still. Ruhe war wichtig in diesem Land. Nachtruhe. Der Lärm Istanbuls war nicht mehr zu hören. Ich vermisste vor allem die Schiffssirenen. Aus Istanbul hatte ich wenig mitgebracht. Ich erinnere mich an den Schulatlas, auf dem ich auf der dreitägigen Reise im Zug mit dem Finger jene Strecke nachfuhr, die uns dem Ziel München nahe brachte. Auf dem Atlas war eine Grenze eingezeichnet, die mitten durch Deutschland führte und deren Zweck ich nicht verstand.

"Es gibt ein freies und ein unfreies, gefangenes Deutschland", erklärte mir mein Vater. "Diese Grenze ist eine Mauer, die man nicht passieren darf." In welches Deutschland fuhren wir? In das freie oder in das unfreie? "In das freie natürlich", beruhigte mich mein Vater. "Da fahren jetzt viele Menschen aus der Türkei hin. Deshalb ist der Zug so überfüllt." "Wenn so viele Menschen von der Türkei nach Deutschland fahren, dann muss Deutschland ja viel schöner sein als die Türkei?" "Vielleicht nicht schöner, aber anders. Deutschland wird dir gefallen. Es gibt dort keine armen Kinder." Ein Land, in dem es keine armen Kinder gab, das war gut. Das war sicher ein Grund dafür, warum so viele Menschen nach Deutschland fuhren.

FRAGEN ZUM TEXT

1. Woher kommt Zafer Şenocak? Wann wanderte er mit der Familie nach Deutschland aus?
2. Welche Eindrücke hatte er von Deutschland, als er ankam?
3. Was vermisste er an seiner Heimat?
4. Was merkte er, als er in den Schulatlas schaute? Wie hat sein Vater es erklärt?
5. Der Vater erklärte seinem Sohn, dass Deutschland ihm gefallen würde. Was war der Grund, den er nannte?
6. Denken Sie an den Ton des Textes. Glauben Sie, dass Zafer Şenocak Angst hatte, als er nach Deutschland kam? War er aufgeregt, neugierig, traurig?
7. Was denken Sie, wie hätten Sie sich gefühlt, wenn Sie eine ähnliche Erfahrung gemacht hätten?

Besprechen Sie jetzt Ihre Antworten im Forum. Gibt es unterschiedliche Meinungen?

SPRACHFUNDAMENT 2: Wechselpräpositionen

Es gibt Präpositionen im Deutschen, die immer einen bestimmten Kasus verlangen, wie zum Beispiel die **Akkusativ-** und **Dativpräpositionen**. Es gibt aber auch **Wechselpräpositionen**, die sowohl mit dem Akkusativ als auch mit dem Dativ stehen können. Mit welchem Kasus diese Präpositionen verwendet werden, hängt vor allem von der Ortsangabe ab.

Was?	Wie?
Wechselpräposition mit dem Akkusativ	Wenn in einem Satz eine Bewegung auf ein bestimmtes Ziel angegeben wird, steht die Präposition mit dem **Akkusativ.** Dieser Satz beantwortet die Frage **wohin?** **Beispiel: "in" mit Akkusativ** Viele Auswanderer, die nach Deutschland kamen, stiegen **in ein** Schiff oder Auto und verließen ihr Heimatland für immer
Wechselpräposition mit dem Dativ	Wenn in einem Satz ein Platz, Ort, Punkt oder eine Fläche angegeben wird, steht die Präposition mit dem **Dativ.** Dieser Satz beantwortet die Frage **wo?** **Beispiel: "in" mit Dativ:** Zuwanderer mussten stundenlang **in einer Schlange** stehen, bis sie ihre Formulare bekommen haben.

Die Wechselpräpositionen

an
auf
hinter
in
neben
über
unter
vor
zwischen

Tipps:

- Wechselpräpositionen dürfen nicht mit Präpositionen, die von Verben oder Adverbien abhängen, verwechselt werden.

Beispiel: Viele Einwanderer freuen sich **über** ihre neue Heimat.
Viele Einwanderer sind froh **über** ihre neue Heimat.

SPRACHARBEIT WECHSELPRÄPOSITIONEN

Aktivität 1: Das Leben in einem neuen Land

Ergänzen Sie den Text mit den passenden Artikeln. Achten Sie auf den Kasus!

Mehmet Aydin stieg 1961 in ein ____________ Flugzeug und verließ für immer seine Heimat in d_______ Türkei. Er kam vor viel ____________ Jahren nach Deutschland, um Arbeit zu suchen. An ein ____________ sonnigen Tag im Mai ging er zum ersten Mal auf d_______ Arbeit in ein ____________ deutschen Autowerk. Er stand neun Stunden lang an ein ____________ Fließband und schraubte Ersatzteile zusammen. Nach so vielen Stunden auf d_______ Beinen war er ganz schön erschöpft und machte sich a_______ Ende des Tages auf d_______ Weg nach Hause.

Er wohnte mit fünf anderen Männern in ein ____________ Wohnung neben d_______ Bahnhof. Obwohl es ein bisschen laut war, störte das Mehmet nicht. Er war an d_______ Lärm Istanbuls gewöhnt. Außerdem war es sehr praktisch: Es gab eine Bushaltestelle direkt vor d_______ Haustür. Hinter d_______ Wohnhaus war ein schöner, kleiner Hof, wo die Männer zusammen grillen konnten. Zwischen ihr ____________ Wohnhaus und d_______ nächsten gab es einen Apfelbaum, von dem sie unzählige Äpfel pflückten und aßen.

Direkt über ihr ____________ Wohnung i_______ Wohnhaus wohnten andere Männer, die auch im Autowerk arbeiteten. Sie kamen aus Italien. Manchmal liefen sie zusammen in d_______ Stadt oder spielten auf d_______ Fußballplatz i_______ Park zusammen Fußball. Das Leben war nicht schlecht, aber Mehmet vermisste seine Frau und sein Kind. Erst nach ein ____________ Jahr konnte er sie nach Deutschland mitbringen.

Aktivität 2: Typische Ausdrücke

Ergänzen Sie die Präpositionen und die Artikel!

Wohin gingen Mehmet und seine Freunde in ihrer Freizeit?

Sie fuhren oft _________ Strand.

Sie gingen _________ die Kneipe

Sie gingen _________ Flohmarkt und kauften ein.

Sie flogen zurück _________ Türkei.

Sie brachten ihr Geld _________ Bank.

Sie gingen _________ Wald und machten eine Wanderung.

Wo waren Mehmet und seine Freunde in ihrer Freizeit?

Sie lagen oft _________ Strand.

Sie trafen Freunde in _________ Kneipe.

Sie kauften _________ Flohmarkt _______

Sie waren mit ihren Familien _________ Türkei.

Ihr Geld hatten sie _________ Bank.

Sie gingen _________ Wald wandern.

VERSTEHEN & MITTEILEN:
Staatsbürgerschaft - Was bedeutet das?

Die Staatsangehörigkeit in den USA wird durch das Land, in dem man geboren wird, bestimmt. In Deutschland wurde vor 2000 die Staatsangehörigkeit nur durch die Nationalität der Eltern bedingt. Erst seit dem Jahr 2000 können viele Menschen, die in Deutschland in nicht-deutsche Familien geboren wurden, oder ihr ganzes Leben in Deutschland verbrachten, unter bestimmten Bedingungen die deutsche Staatsbürgerschaft beantragen. Ab wann darf man die Staatsbürgerschaft in den USA beantragen? Wie unterscheiden Sie die beiden Systeme? Welches System finden Sie besser? Besprechen Sie das Thema mit einem Parnter/einer Partnerin und denken Sie an Folgendes:

- Welche Vorteile und Nachteile der beiden Einbürgerungsregelungen gibt es?
- Ab wann sollte man sagen können, dass man Bürger oder Bürgerin eines Landes ist?
- Welche Rechte und Pflichten gehören zur Staatsangehörigkeit eines Landes?
- Viele Menschen wollen die doppelte Staatsbürgerschaft. Ist das eine gute oder schlechte Idee?
- Die Regierungen vieler Länder sind gegen die doppelte Staatsbürgerschaft. Gibt es gute Gründe dafür?
- Wenn Sie in ein anderes Land einwandern würden, können Sie sich vorstellen, ihre Staatsbürgerschaft aufzugeben und eine andere anzunehmen? Warum (nicht)?

Begründen Sie Ihre Antworten mit konkreten Beispielen. Dann besprechen Sie das Thema im Forum.

BESCHREIBEN UND ERKLÄREN:
Wann wird man Bürger/Bürgerin?

Viele Menschen behaupten, dass, unabhängig davon wie lange Immigranten in einem Land leben, sie immer noch keine Bürger des Landes, sondern eben Immigranten sind. Es gibt aber auch viele Argumente dagegen. So behaupten zum Beispiel viele Menschen, dass man Bürger eines Landes ist, wenn man zur Gesellschaft, zum sozialen Netz und zur Wirtschaft eines Landes oder Ortes beiträgt. Andererseits ist es in der Vergangenheit auch passiert, dass die Grundrechte der Einheimischen eines Landes von Auswanderern weggenommen wurden. Nehmen Sie Stellung zu dieser Problematik und führen Sie in einer Rede ihr Argument aus. Nennen Sie konkrete Beispiele, die Sie aus der Geschichte oder eigener Erfahrung kennen.

Stellen Sie sich jetzt vor, Sie kandidieren für das Amt eines Politikers/einer Politikerin, die zu diesem Thema Ihre Meinung teilt. Halten Sie eine Rede, in der Sie die wichtigsten Punkte aus Ihrem Aufsatz erläutern. Versuchen Sie selbstbewusst und überzeugend zu reden, denn sie versuchen die Meinung anderer Menschen zu verändern.

Tipp:

Um den richtigen Ton zu treffen, müssen Sie direkt aber höflich sein. Sie sollten Ihr Argument auch mit konkreten Beispielen begründen. Denken Sie außerdem an Gegenbeispiele, an die die anderen Diskussionsteilnehmer bestimmt auch gedacht haben.

Aktivität 1: Staatsbürgerschaft vs. Staatsangehörigkeit

Ergänzen Sie den Text mit den passenden Vokabeln.

Staatsbürgerschaft	*Pass*	*Staat*	*Pflichten*	*Staatsbürger*
Einbürgerung	*Rechte*	*Integration*	*eingebürgert*	*Staatsangehörigkeit*

Die ______________________ bezieht sich auf die ______________________ und ______________________ einer Person in einem ______________________, dem sie angehört. Dieser Begriff ist nicht mit dem Terminus ______________________ zu verwechseln, der von der Nationalität eines Menschen abhängt. Durch den Prozess der ______________________ können Menschen, die nicht-deutsche Eltern haben oder nicht in Deutschland geboren wurden, ______________________ Deutschlands werden. Nachdem man ______________________ wird, bekommt man auch einen deutschen ______________________. Die ______________________ geht aber trotzdem danach weiter.

Aktivität 2: Komposita bilden

Benutzen Sie die Wörter aus den beiden Spalten, um Komposita zu bilden, die Sie in diesem Kapitel gelernt haben. Achten Sie darauf, wann ein –s eingefügt werden muss.

1. Staat	Ruhe
2. Bürger	bedeckt
3. Dach	Angehörikeit
4. Nacht	Wohnung
5. Gast	Rechte
6. Schnee	Regelung
7. Einbürgerung	Arbeiter

Schreiben Sie die neuen Wörter unten.

1. ____

2. ____

3. ____

4. ____

5. ____

6. ____

7. ____

AUFBAUEN UND WEITER ARBEITEN:
Wahlrecht für alle

Schauen Sie den Filmabschnitt "Wahlrecht für alle" und beantworten Sie die Fragen dazu. Denken Sie besonders darüber nach, für wen die Werbung gemeint ist.

1. Denken Sie an den Namen der Gruppe "Jede Stimme 2011" und das Motto im Filmabschnitt "Wahlrecht für alle". Was glauben Sie, ist das Ziel der Gruppe und ihrer Kampagne?

2. Wo wurde der Film aufgenommen?

3. Wie viele Menschen in Berlin sind keine deutschen Bürger/Bürgerinnen?

4. Wer wird im Film befragt? Welche Parteien werden vertreten? Wie sind die unterschiedlichen Meinungen?

5. Wie kann man sich an der Debatte beteiligen?

Erforschen Sie weiter das Thema im Internet unter der Adresse: http://jedestimme2011.de/. Beantworten Sie dann die folgenden Fragen.

1. Wie viele Menschen durften nicht offiziell an der Wahl teilnehmen, weil sie keine deutschen BürgerInnen sind?

2. Warum findet die Gruppe "Jede Stimme 2011" das inakzeptabel?

3. Wie waren die Ergebnisse der symbolischen Wahl? Welche Parteien haben am besten abgeschnitten?

4. Mit welchen Problemen werden viele BürgerInnen konfrontiert, wenn sie sich überlegen die deutsche Staatsbürgerschaft anzunehmen?

5. Wie ist Deutschland im Vergleich zu anderen europäischen Ländern hinsichtlich des kommunalen Ausländerwahlrechts?

INTEGRATION IN DEUTSCHLAND

Lukas Podolski, deutscher Fußballspieler

- Was sehen Sie auf den Fotos?
- Was besagen diese Fotos darüber, was es bedeutet, Deutscher oder Deutsche zu sein?
- Beschreiben Sie die Hintergründe, die diese Fotos zeigen. Was ist daran deutsch? Was ist international?
- Inwiefern drücken diese Fotos Integration aus?

Gastarbeiterfamilie in Walsum, 1962

INTERPRETIEREN UND REFLEKTIEREN: Probleme der Integration

Integration und Identität (Auszug):
http://en-paz.de/konflikt/integration-identitaet

Integration in Deutschland

Wenn in Deutschland von Integration die Rede ist, wird meistens die Integration von Nicht-Deutschen und Deutschen gemeint. Diese Aufteilung beinhaltet schon einige Schwierigkeiten. So werden manche Menschen als Personen mit Migrationshintergrund gesehen. Sie besitzen beispielsweise die deutsche Staatsangehörigkeit, aber ihre Großeltern sind aus der Türkei eingewandert.

Aber wieso sind diese Menschen keine Deutschen? Ist die Integration etwa fehlgeschlagen? Zunächst einmal muss man die Gründe sehen, aus denen Menschen einwandern. Es gab EinwandererInnen, die kamen um einen Job zu finden und Arbeit gab es zu manchen Zeiten in Deutschland genug. Dann gab es welche, denen die deutsche Staatsbürgerschaft anerkannt wurde, da deren Vorfahren mal aus Deutschland kamen. Das sind die sogenannten Spätausiedler. Diese wurden meistens von dem höheren Wohlstand im Vergleich zu ihrem Heimatland angelockt. Es gab auch EinwandererInnen die vor Kriegen nach Deutschland flüchteten (Asylsuchende) und nach Beendigung des Krieges in Deutschland blieben. Das sind die wichtigsten Gründe, aber es gibt auch noch viele weitere.

Diese Menschen haben oft einen anderen kulturellen Hintergrund: Andere Praxis der Alltagsgestaltung, sie sind gewohnt auf andere Weisen zu denken. Außerdem geht es den meisten Deutschen ökonomisch gut. Eine große Mehrheit der Deutschen kann sich einen gewissen Luxus leisten, der in anderen Ländern eine krasse Ausnahme darstellt.

Wenn nun die Einwandernden und die Deutschen als zwei Gruppen gesehen werden, so wird klar, wieso die Integration so schwierig fällt.

Zum einen haben die Einwandernden häufig eine andere Art den Alltag zu bewältigen. Das sind nicht nur andere religiöse und kulturelle Bräuche, sondern auch Essgewohnheiten, andere Freizeitbeschäftigungen bis hin zu anderen Arten die Schuhe zu binden. Da wir es gewohnt sind, unsere Art den Alltag zu bewältigen als richtig anzusehen, kann es passieren, dass wir das, was davon abweicht, als nicht richtig bewerten. In diesem Fall kommt es zur Diskriminierung aufgrund der Andersartigkeit der Einwandernden.

"Die sind nicht so wie wir und die wollen sich auch nicht anpassen." Oder sogar "Die sind anders und die werden nicht wie wir, deswegen sollen die fortbleiben."

Zum Zweiten kommen die Einwandernden in Deutschland zu einem Großteil aus Ländern, in denen weniger Wohlstand herrscht. Die Gruppe der Deutschen sieht sich also darin bedroht, ihren Wohlstand zu verlieren. Außerdem kann sie sich als diese andere Gruppe nur definieren, weil die Einwandernden anders denken. So fällt es beispielsweise Frauen in Chefetagen leichter aufzusteigen, wenn sie sich wie Männer verhalten, da das Business von Männern beherrscht ist. Jedoch ist diese Verhaltensanpassung noch kein Garant für die Aufnahme in die Gruppe der Chefetage: Karrierefrauen wird mit Vorurteilen begegnet, da sie ursprünglich in der Gruppe der Männer in Chefetagen fremd sind. Ebenso schwer haben es EinwandererInnen in Deutschland. Selbst bei vollkommener Assimilation (d.h. wenn sie so denken/reden/sind wie Deutsche) sind sie mit Vorurteilen konfrontiert. So werden Personen mit ausländisch klingenden Namen bei gleicher Qualifikation bei der Jobvergabe benachteiligt.

Dies alles zeigt, dass die Gruppe der Deutschen – zu der die Personen gehören, die sich als deutsch verstehen und als deutsch verstanden werden – ihren Wohlstand nicht teilen möchte. Außerdem schätzen sie die Art wie sie ihr Leben bewältigen zu sehr als die richtige Art ein. So entsteht der Integrationskonflikt.

1. Was bedeutet der Begriff "Personen mit Migrationshintergrund"?
2. Wie unterscheidet sich der Begriff vom Wort "Einwanderer"?
3. Aus welchen Gründen wandern Menschen in ein Land ein?
4. Wem wird die deutsche Staatsangehörigkeit anerkannt?
5. Welche Schwierigkeiten gibt es mit der Integration?

Besprechen Sie jetzt Ihre Antworten im Forum.

NEUE VOKABELN

abweichen	der Brauch	der Integrationskonflikt
aufsteigen	die Essgewohnheit	klingend
die Andersartigkeit	fortbleiben	die Verhaltensanpassung
die Aufnahme	der Garant	der Wohlstand

KULTURTIPP

Bundesweit wurden in Deutschland von 1991 bis 1993 zahlreiche Brandanschläge gegen Migranten und Asylbewerber verübt. Am 23. November 1992 verübten Rechtsradikale Brandanschläge auf zwei Wohnhäuser in Mölln, in denen türkische Familien wohnten. Dabei starben drei Menschen und neun weitere wurden zum Teil schwer verletzt. Die Brandanschläge hingen mit einer massiven medialen und politischen Hetze gegen Asylbewerber zusammen. Diese Fälle waren eine Reaktion auf die zunehmende Zahl von Migranten und Asylanten, die in den frühen 1990ern nach Deutschland zugewandert sind, und den Vorschlag der CDU zur Einschränkung des Asylrechts. Kurz danach bildeten sich Gruppen in Deutschland, die sich mit den Problemen der Integration beschäftigten. Sie versuchen das Zusammenleben der MigrantInnen zu verbessern und Aufklärungsarbeit gegenüber rechtsradikalen Gruppen durchzuführen.

SPRACHFUNDAMENT 3:
Präpositionen mit dem Genitiv

Es gibt auch Präpositionen im Deutschen, die nur mit dem **Genitiv** stehen. Einige dieser Präpositionen werden häufig im alltäglichen Gespräch verwendet; andere erscheinen eher in der formellen Sprache einer Zeitung, einer Rede oder einer Präsentation. Die Kategorie der Genitivpräpositionen ist größer, als die der anderen Präpositionen.

Was?	Wie?
Genitivpräpositionen	Die Präpositionen in der Tabelle unten werden immer mit dem Genitiv verwendet. **Beispiel: "während" mit Genitiv** Während **des Fluges** dachte Mehmet an seine Familie in der Türkei.

Die häufigsten Genitivpräpositionen

abseits	innerhalb
anhand	jenseits
anlässlich	laut
anstelle	mangels
aufgrund	mit Hilfe
außerhalb	mittels
binnen	trotz
diesseits	während
inmitten	zufolge

Tipps:

- Die Präpositionen «während» und «trotz» sollten nicht mit den Konjunktionen «während» und «trotzdem» verwechselt werden.
- Oft wird der Genitiv in der gesprochenen Sprache durch den Dativ ersetzt.

  Zum Beispiel: wegen des schlechten Wetters → wegen dem schlechten Wetter
  meinetwegen → wegen mir
- Diese Dativformen werden als umgangssprachlich bezeichnet.

SPRACHARBEIT PRÄPOSITIONEN MIT DEM GENITIV

Aktivität 1: Eine kurze Wiederholung.

Ordnen Sie die Präpositionen in die richtige Kategorie ein.

an *außer* *innerhalb* *von* *zu* *gegenüber* *zwischen*
abseits *mit* *aufgrund* *trotz* *außerhalb* *über* *auf*
anstelle *durch* *unter* *mit* *Hilfe* *entlang*
bis *ab* *infolge* *binnen* *eben* *hinter*
gegen *vor* *nach* *um... willen* *unweit*

AKKUSATIV	DATIV	WECHSEL	GENITIV

Aktivität 2: Ansichten zur Integration.

Ergänzen Sie den Text mit den passenden Genitivpräpositionen.

jenseits *wegen* *trotz* *mangels* *aufgrund* *anhand*

Viele Menschen mit Migrationshintergrund mögen ____________________ aller Schwierigkeiten das Leben in Deutschland. Viele, die ____________________ der Arbeitssuche ihre Heimat verließen, können ____________________ der Behörden und Ämter in Deutschland eine Existenz gründen. Ihre Kinder, die manchmal ____________________ ausreichender Sprachkenntniess sind, kommen in die Schule und lernen ____________________ vieler Sprachkurse und Nachhilfe die Sprache. ____________________ der schlechten Bedingungen, die sie in ihrer Heimat hinterlassen haben, finden viele Zuwanderer das Leben viel besser ____________________ der Grenze des Landes, das sie verließen.

Aktivität 3: Schritte zur Einbürgerung

Ergänzen Sie den Text mit den passenden Genitivpräpositionen.

anstelle *laut* *zugunsten* *anhand* *mittels* *zufolge*

Wer dauerhaft in Deutschland lebt, aber noch nicht deutscher Staatsangehöriger ist, kann sich ________________ eines Antrags einbürgern lassen. ________________ d_______ Einbürgerungsgesetze von 2000, können Ausländer diesen Antrag selbst stellen. Die Eltern müssen ________________ ihr _______ Kinder, die jünger als 16 sind, die Einbürgerung beantragen.

________________ d_______ Antragstellers schreibt das Gesetz nicht vor, wie der Antrag aussehen muss. Es gibt aber Formulare, die in den Einbürgerungsbehörden erhältlich sind. ________________ dieser Formulare kann die Behörde schneller eine Entscheidung treffen. Sehr oft wird der Prozess ________________ viel _______ Missverständnisse verlangsamt. Deshalb empfiehlt es sich vor der Abgabe des Antrags, ein Beratungsgespräch in der Behörde zu führen. Das spart Zeit und unnötige Rückfragen.

VERSTEHEN & MITTEILEN:
Integration - eine Herausforderung überall?

Sie haben oben einen Text von der Webseite der En-Paz Peace Community. In dem Text ging es darum, welche Probleme mit der Integration verbunden sind. Denken Sie, dass es solche Probleme in jedem Land gibt? Wenn ja, beschreiben Sie diese und erklären Sie, wie Ihres Erachtens nach die Integration am besten gefördert werden kann. Wenn Sie glauben, dass dieses ein deutsches Problem ist, beschreiben Sie ebenfalls, was man am besten machen kann, um die Probleme der Integration zu überwinden. Versuchen Sie Ihre Mitblogger zu überzeugen.

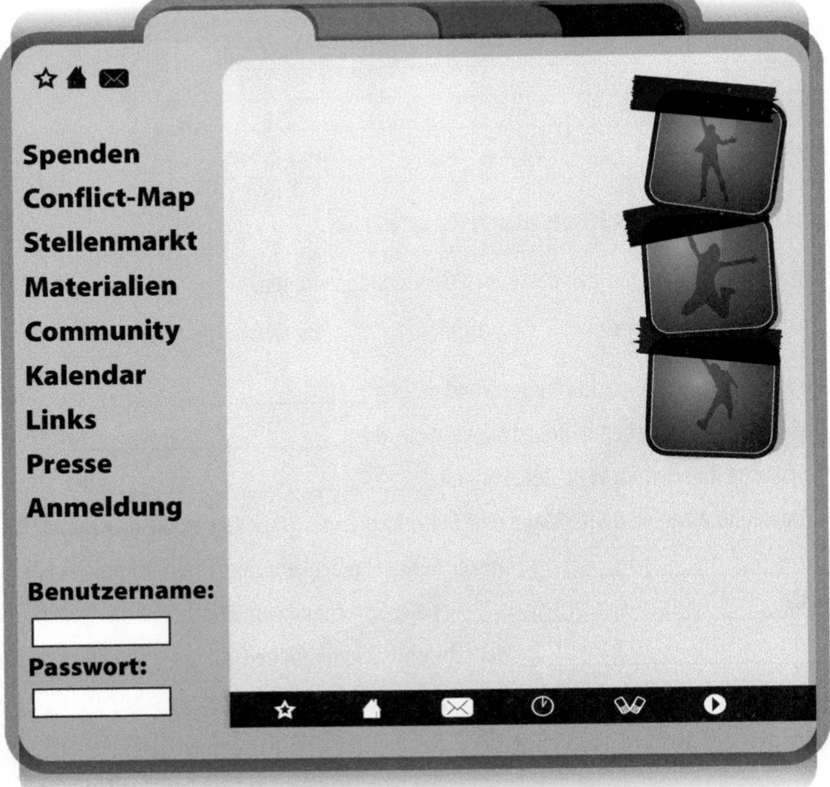

BESCHREIBEN UND ERKLÄREN:
Immigration und Integration in meinem Heimatort

Eine Gruppe aus Deutschland besucht ihre Heimatstadt und möchte mehr über die Geschichte der Immigration und Integration in dem Ort erfahren. Beschreiben Sie:

- Welche Gruppen in Ihrer Heimatstadt vertreten sind;
- wo sie herkamen;
- warum sie für das Leben in der Stadt wichtig sind;
- was gemacht wird oder wurde um die Integration zu fördern.

Begründen Sie Ihr Argument mit konkreten Beispielen! Machen Sie rechts Notizen, auf die Sie in Ihrer Rede zurückkommen möchten.

Aktivität 1: Über die Integration reden

Verbinden Sie die Definitionen, die zu den Begriffen passen.

1. _____ die Andersartigkeit
2. _____ die Aufnahme
3. _____ der Wohlstand
4. _____ die Chefetage
5. _____ die Essgewohnheit
6. _____ der Brauch
7. _____ benachteiligen
8. _____ die Verhaltensanpassung

a. diskriminieren
b. die typische Art und Weise der Ernährung
c. als fremd empfunden
d. die Assimilierung
e. die Akzeptanz
f. eine Tradition
g. ein hoher Lebensstandard
h. die höheren Positionen in einer Firma

HÖRAKTIVITÄT

Le Van Bo ist Architekt und arbeitet an Projekten, die sich mit Fragen der deutschen Identität beschäftigen. Schauen Sie das Video über ihn an und beantworten Sie die Fragen. http://www.youtube.com/user/primeleeberlin?feature=watch

1. Was ist Le Van Bo von Beruf?
2. An welchem Projekt arbeitet er zurzeit?
3. Wie kann man seiner Meinung nach über die Kultur lernen?
4. Welche Stärke der Deutschen, die gleichzeitig eine Schwäche ist, erwähnt er? Wie kann diese Stärke zu Problemen führen?
5. Welches «deutsche» Essen erwähnt er? Warum steht das Wort «deutsch» in Anführungszeichen?
6. Warum ist Le Van Bo nach Polen gefahren? Wie reagierten die Menschen dort auf ihn?
7. Wie beschreibt er das Deutschsein?

INTERNETRECHERCHE

Erforschen Sie das Thema weiter im Internet. Le Van Bo hat eine interessante Geschichte. Recherchieren Sie im Internet seine Biografie und schreiben Sie eine Zusammenfassung davon. Sie können auch eine andere Person mit Migrationshintergrund in Deutschland erforschen: z.B. Fatih Akin, Miroslav Klose, Lukas Podolski, Zafer Şenocak, Ika Hügel-Marshall, oder eine andere Person.

- Wo lebt er/sie?
- Wo wurde er/sie geboren?
- Was macht er/sie beruflich?
- Wie beschreibt er/sie das Leben in Deutschland?
- Wie trägt er/sie zur Diskussion über die multikulturelle Gesellschaft in Deutschland bei?

VERBINDUNGEN UND ERWEITERUNGEN

IM KINO Im Juli

Schauen Sie den Film *Im Juli*. Bereiten Sie sich dann auf eine Diskussion im Kurs vor, indem Sie Notizen zu den folgenden Fragen aufschreiben.

Fragen zum Film

1. Wer ist Daniel Bannier? Mit welchem Problem wird er am Anfang des Films konfrontiert?

2. Wem begegnet er? Warum ist diese Begegnung wichtig für die Handlung?

3. Welches wichtige Symbol kommt im Film vor?

4. Wer ist Melek? Wo fliegt sie hin?

5. Wer ist Juli? Warum fliegt sie nach Istanbul?

6. Warum nennt man den Film ein «Road Movie»? Welche Elemente machen diese Bezeichnung aus?

7. Was bedeuten die Grenzen im Film? Was symbolisieren Sie?

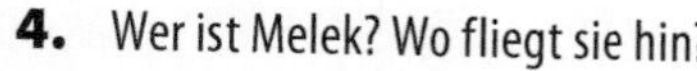

SCHREIBAKTIVITÄT

Interpretationen und Diskussionen

Sind Sie zufrieden mit dem Schluss des Films? Wie hätte er anders ausgehen können? Schreiben oder drehen Sie einen neuen Schluss zum Film. Denken Sie an die Charaktere, die Inszenierung (spielt der Film weiter in der Türkei) und die verschiedenen Beziehungen.

NOMEN

der Abgeordnete, -n	congressman
die Abgeordnete, -n	congresswoman
das Abgeordnetenhaus, -	assembly house
die Alltagsgestaltung, -	daily routine
die Andersartigkeit, -	otherness
das Anrecht, -e	claim
der Antrag, ¨ e	application
das Asyl, -	asylum
der Asylbewerber, -	asylum seeker (m)
die Asylbewerberin, -nen	asylum seeker (f)
die Aufnahme, -n	acceptance
der Ausländer, -	foreigner (m)
die Ausländerin, -nen	foreigner (f)
der Auswanderer, -	emigrant (m)
die Auswanderin, -nen	emigrant (f)
die Auswanderung,-	emigration
der Brauch, ¨ e	custom
die Dachwohnung, -en	attic apartment
die Doppelstaatsbürgerschaft, - (auch doppelte Staatsbürgerschaft)	dual citizenship
die Einbürgerung, -	naturalization
der Einwanderer, -	immigrant (m)
die Einwanderin, -nen	immigrant (f)
die Einwanderung, -	immigration
die Essgewohnheit, -en	eating habits
der Garant, -	guarantor
die Geborgenheit, -en	security
das Gewürz, -e	spice
die Grundlage, -n	foundation
der Hintergrund, ¨ e	background
das Lebensjahr, -e	year of life
der Lebensunterhalt, -	livelihood
die Migration, -	migration
die Nachtruhe, -	quiet time
der Pass, ¨ e	passport
die Regelung	ruling, regulation
die Staatsangehörigkeit, -en	nationality
die Staatsbürgerschaft, -en	citizenship
die Verhalten, -	behavior
die Voraussetzung, -en	prerequisite
das Wahlrecht, -e	voting right
der Wandel, -	change
der Wohlstand, -	affluence
der Zuwanderer, -	immigrant (m)
der Zuwanderin, -nen	immigrant (f)
die Zuwanderung, -	immigration

VERBEN

abweichen	to deviate
anpassen	to adapt
aufsteigen	to advance
aussterben	to become extinct
auswandern	to emigrate
beantragen	to apply for
bedingen	to determine, cause
benachteiligen	to disadvantage
bereichern	to enrich
bestehen	to pass
bestimmen	to dictate, determine
einbürgern	to naturalize
einwandern	to immigrate
einzeichnen	to draw in
erlernen	to learn
erwarten	to expect
fordern	to demand
fortbleiben	to remain away
regeln	to regulate
scheitern	to fail
vermissen	to miss, notice missing
verzichten + auf + AKK	to do without
zuwandern	to immigrate

ADJEKTIVE/ ADVERBIEN

bis dato	to date
gewohnt	used to, familiar
interkulturell	intercultural
klingend	sounding
kommunal	municipal
multikulturell	multicultural
schneebedeckt	covered with snow
überfüllt	overcrowded
zusammenwachsend	growing together

PRÄPOSITIONEN AKKUSATIV

bis	until
durch	through
entlang	along
für	for
gegen	against, about
ohne	without
per	by
um	around, at
wider	against

DATIV

ab	from
aus	out of
außer	except for
bei	at, by
dank	thanks to
entgegen	against
entsprechend	corresponding to
gegenüber	opposite of, across from
gemäß	in accordance with
mit	with
nach	after, to
seit	since
von	from
zu	to, at

WECHSEL

an	on, at
auf	on
hinter	behind
in	in
neben	next to
über	over, about
unter	under
vor	in front of, before
zwischen	between

GENITIV

abseits	apart, beyond
anhand	with the help of
anlässlich	on the occasion of
anstelle	in place of
aufgrund	on the basis of
außerhalb	beyond, outside of
binnen	within
diesseits	within, on this side of
inmitten	in the middle of
innerhalb	within
jenseits	beyond
laut	according to
mangels	in absence of, for lack of
mit Hilfe	with the help of
mittels	by means of
trotz	despite, in spite of
während	during
zufolge	as a result of, in accordance with

GLOSSAR

Deutsch	Englisch	Kapitel
ab	from	7
abbauen	to abolish	6
aber	however	6
der Abgeordnete, -n	congressman	7
die Abgeordnete, -n	congresswoman	7
das Abgeordnetenhaus, ¨ er	assembly house	7
der Abiturient, -en/die Abiturientin, -en	gymnasium graduate	2
der Abschluss	degree	2
abseits	apart, beyond	7
der Absolvent, -en/die Absolventin, -nen	graduate	2
die Abstammung, -en	ancestry	6
abweichen	to deviate	7
ähnlich	similar	1
der Alliierte, -n	ally	5
die Alltagsgestaltung, -	daily routine	7
als	when, as	6
das Alter, -	age	1
am Computer spielen/arbeiten	to work on the computer	1
das Amt, ¨ er	agency, office	3
an	on, at	7
an etwas Beispiel nehmen	to follow an example	6
anders	different	1
die Andersartigkeit, -	otherness	7
andeuten	to foreshadow	5
die Angeberei, -en	showing off	1
angegeben	denoted	3
der Angehörige, -n	family member (m)	5
die Angehörige, -n	family member (f)	5
angeln	to fish	1
die Angst, ¨e	fear	4
anhand	with the help of	7
ankommen	to arrive	1
anlässlich	on the occasion of	7
der Anlaufpunkt, -e	starting point	4
anpassen	to adapt	7
das Anrecht, -e	claim	7
das Ansehen	reputation	4
anstehend	upcoming	3
anstelle	in place of	7
Antrag, ¨e	application, request	3,7
anwenden	to use	3
anwerben	to recruit	5
anziehen	to get dressed	1
die Ära, -en	era	3
das Asyl	asylum	6, 7
der Asylant, -en	asylum seeker (m)	6
die Asylantin,-nen	asylum seeker (f)	6

Deutsch	Englisch	Kapitel
der Asylbewerber, -	asylum seeker (m)	7
die Asylbewerberin, -nen	asylum seeker (f)	7
auf	on	7
auf dem neuesten Stand sein	to be up to date	3
auf etwas stolz sein	to be proud of something	6
aufbauen	to construct	1
aufbauen	to build up	2
aufbauen	to build	5
der Aufbruch, ¨e	departure	4
der Aufenthalt, -e	stay	4
aufgeschlossen	open, outgoing	2
aufgrund	on the basis of	7
auflösen	to dissolve	6
die Aufnahme, -n	acceptance	7
der Aufschwung, ¨e	boom, upsurge	3
das Aussehen	appearance	3
aufstehen	to get up	1
aufsteigen	to advance	7
der Auftrag, ¨e	contract	4
aus	out of	7
ausarbeiten	to devise	3
die Ausbildung	apprenticeship; education	2
der Ausdruck, ¨e	expression	4
auseinandersetzen	to grapple with	5, 6
ausgraben	to dig out	5
der Ausländer, -	foreigner (m)	7
die Ausländerin, -nen	foreigner (f)	7
außer	except for	7
außerhalb	beyond, outside of	7
äußern	to express	3
aussterben	to become extinct	7
der Austausch, ¨e	exchange	6
austauschen	to exchange	5
auswählen	to choose	4, 5
der Auswanderer, -	emigrant (m)	7
die Auswanderin, -nen	emigrant (f)	7
auswandern	to emigrate	6, 7
die Auswanderung,-	emigration	7
auswirken	to affect	3
die Auswirkung, -en	effect, impact	3
auszeichnen	to distinguish, award	3
bahnbrechend	groundbreaking	3
bayerisch	Bavarian	6
beantragen	to apply for	7
bedingen	to determine	7
beeinflussen	to influence	6
der Befehl, -e	command	5

Deutsch	Englisch	Kapitel
begleiten	to accompany	4
der Begleiter, -/die Begleiterin, -nen	chaperone	1
begründen	to give reasons for	3
behandeln	to deal with	5
die Behörde, -n	authority	3
bei	at, by	7
beinhalten	to contain	6
beitreten	to join	5, 6
bekannt	renowned	3
belastbar	able to take on many things	2
beliebt	popular	3
bemalen	to paint	4
benachteiligen	to disadvantage	7
der Benutzer, -	user (m)	3
die Benutzerin -nen	user (f)	3
bereichern	to enrich	7
der Bericht, -e	report	5
der Beruf, -e	profession	1
berühmt	famous	3
die Besatzungszone	occupation zone	5
beschränkt	limited	3
die Beschränkung, -en	constraint, limit	3
die Beschwerde, -n	complaing	5
beseitigen	to clear	5
besetzen	to occupy	4
besichtigen	to view	1
besitzen	to possess, to own	1, 4
der Bestandteil, -e	component	4
bestehen	to pass	7
bestimmen	to dictate, determine	7
bestrafen	to punish	3, 5
betrachten	to examine	3
die Bevölkerung, -en	general public	5
bevor	before,	6
die Bewerbung	application	2
der Bewohner, -	inhabitant (m)	4
die Bewohnerin,-nen	inhabitant (f)	4
bewundern	to marvel at	4
bewusst	conscious(ly	3
die Beziehung, -en	relationship, connection	3, 6
das Bilderbuch, ¨er	picture book	1
die Bildung	cultivation; education	2
binnen	within	7
bis	until	6
bis	until	7
bis dato	to date	7
der Blickwinkel, -	perspective	6

Deutsch	Englisch	Kapitel
die Bombardierung, -en	bombing	5
der Bonbon, -s	candy	1
der Brauch, ¨ e	custom	7
brauchen	to need	1
bunt	colorful	4
der Bürger, -	citizen (m)	4
die Bürgerin, -nen	citizen (f)	4
die Burschenschaft, -en	fraternity	6
der Burschenschafter, -	fraternity member	6
der Campingplatz, ¨e	campground	1
die Chance	chance	2
da	given that	6
die Dachwohnung, -en	attic apartment	7
damalig	at that time	5
damals	at that time	4
damals	back then	5
damit	in order to, so that	6
dank	thanks to	7
darum	for that reason	6
das duale System	work and study program that prepares participants for a profession	2
der Datenschutz	data protection	3
die Dauerbeschäftigung	permanent employment	2
die Demokratisierung	democratization	3
demontieren	to dismantle	6
denken	to think	1
das Denkmal, ¨er	memorial	4
die Denkweise, -en	mindset	6
dennoch	nevertheless	6
der Ossi, -s	someone from the East (sl.)	5
der Wessi, -s	someone from the West (sl.)	5
der zweite Bildungsweg	alternative to achieving a school degree and admission to university study	2
deshalb	therefore	6
die Mauer im Kopf	a wall in one's head	5
die Stunde Null	zero hour	5
diesseits	within, on this side of	7
diszipliniert	disciplined	2
die Doppelstaatsbürgerschaft, - (auch doppelte Staatsbürgerschaft)	dual citizenship	7
drehen	to turn	4
drüben	over there	5
durch	through	7
durchführen	to carry out	3
durchführen	to carry out	4
ehemalig	previous	5

Deutsch	Englisch	Kapitel
ein Thema behandeln	to address a topic	4
einbürgern	to consider	6
einbürgern	to naturalize	7
die Einbürgerung, -	naturalization	6, 7
eine Rede halten	to hold a speech	4
einen Film drehen	to film a movie	4
einerseits.../andererseits...	on the one hand.../ on the other hand...	6
der Einfluss, ¨e	influence	3
einflussreich	influential	6
eingreifen	to come from	6
einreichen	to hand in, submit	3
die Einsamkeit	loneliness	4
einsatzfreudig	engaged	2
einschlafen	to fall asleep	1
einschränken	to constrict	3
die Einschränkung, en	constraint, limitation	3
die Einschulung, -n	beginning schooling	1
einsteigen	to join	5
der Eintrag, ¨e	entry	3
der Einwanderer, -	immigrant (m)	7
die Einwandererin, -nen	immigrant (f)	7
einwandern	to immigrate	6, 7
die Einwanderung, -	immigration	7
einzeichnen	to draw in	7
einziehen + in (AKK	to draft, move in	4
entgegen	against	7
entlang	along	7
entsprechend	corresponding to	7
entstehen	to reflect on	6
die Entstehung, -en	origin, formation	6
entwerfen	to design	3
entwicklen	to develop	3
die Epoche, -n	epoch, era	4
das Ereignis	occurrence/event	1
erfahren	to experience	4
die Erfahrung	experience	1
erfinden	to invent	3
der Erfinder,-	inventor (m)	3
die Erfinderin, -nen	inventor (f)	3
erfinderisch	innovative	3
die Erfindung, -en	invention	3
erklären	to explain	5
erlangen	to acquire, obtain	4
erlernen	to learn	3, 7
ermöglichen	to make possible	3
ermorden	to murder	3

Deutsch	Englisch	Kapitel
die Ernährung	nutrition	4
erneuern	to renew	4
die Erneuerung, -en	renewal	4
eröffnen	to open, establish	3
erreichen	to reach	3
errichten	to erect	5
ersetzen	to replace	4
erstellen	to create	3
erwarten	to expect	7
Es geht um...	it has to do with...	3
Es ist mir egal, dass/ob...	It is unimportant to me that...	1
Es kann sein..., aber...	That's possible, but...	3
essen	to eat	1
die Essgewohnheit, -en	eating habits	7
das Exil	exile	4
das Fach, ¨er	subject, major/area of study	1, 2
die Fähigkeit, en	ability	2
die Fahne, -n	flag	6
der Fahranfänger	beginning driver	1
fahren	to drive	1
die Fahrprüfung, -en	drivers test	1
falls	in the event	6
die Farbe, -en	color	4
die Farbigkeit	chromaticity	4
fehlen	to be absent	5
fernsehen	to watch TV	1
Filme schauen	to watch movies	1
finden	to find	1
die Flagge,-n	flag	6
fleißig	industrious	2
fliehen	to flee	5
flüchten	to escape	5
der Flüchtling, -e	displaced person	5
die Folge, -en	result	3
fordern	to demand, challenge	3, 7
fördern	to advocate, to support	3, 6
fortbleiben	to remain away	7
der Fortschritt, -e	progress	3
fortsetzen	to continue	3
fotografieren	to photograph	1
fränkisch	Franconian	6
die Freiheit, -en	freedom	1
der Freiraum, ¨e	freedom, free space	3
die Freude, -n	joy	1
führen	to lead	3
führen	to lead	5
der Führerschein, -e	driver's license	1

Deutsch	Englisch	Kapitel
für	for	7
für etwas kämpfen	to fight for something	6
furchtbar	terrible	4
der Garant, -	guarantor	7
die Geborgenheit, -en	security	7
der Gebrauch, ¨e	use	4
das Gedicht, -e	poem	4
das Gefühl, -e	feeling	4
gegen	against, about	7
der Gegenstand, ¨e	object	4
gegenüber	opposite of, across from	7
das Geheimnis, -se	secret	3
gehen	to go	1
die Gehirnwäsche	brain washing	3
der Geist, -e	spirit	3
gelten	to matter	1
gelten	to be in effect, count	3
gemäß	in accordance with	7
die Gemeinschaft, -en	community	6
die Gesellschaft, -en	society	3
das Gesetz, -e	law	1
die Gewährleistung, -en	guarantee	3
gewohnt	used to, familiar	7
das Gewürz, -e	spice	7
der Graben, ¨	trench	4
grausam	cruel, brutal	4
die Grenze, -en	border	5
die Grenzüberschreitung, -en	border crossing	5
die Großstadt, ¨e	metropolis	4
das Grundgesetz, -e	constitutional law	3
die Grundlage, -n	foundation	7
das Grundrecht, -e	basic right	3
die Grundschule, -n	grade school	1
haben	to have	1
hamstern	to forage	5
die Hausaufgabe, -n	homework	1
die Heimat	homeland	4, 6
das Heimatland, ¨er	native country	6
heißen	to be called	1
die Herausforderung, -en	challenge	3, 6
herausgeben	to release, edit	3
die Herkunft, ¨e	origin	6
die Herrschaft, -en	governance, authority	4
herstellen	to produce	3
die Herstellung, -en	production	3
hervorrufen	to call forth	4
heutzutage	nowadays	4

Deutsch	Englisch	Kapitel
hilfsbereit	ready to help	2
hineinführen	to lead in	5
hineinschauen	to look into	4
hinter	behind	7
der Hintergrund, ¨e	background	7
das Hobby, -s	hobby	1
Hoffnung/Gefühle hegen	to foster hope/feeling	6
hospitieren	to observe	1
die Hungersnot	famine	5
Ich bin dafür/dagegen, dass...	I am for against the fact that...	1
Ich bin der Meinung, dass...	I am of the opinion that...	1
Ich bin nicht damit einverstanden, dass...	I am in agreement with the fact that...	1
Ich denke, dass...	I think, that...	1
Ich finde es gut/nicht gut, wenn...	I find it good/bad when...	1
Ich gehe davon aus...	I am assuming that...	3
Ich glaube, aber, dass...	I believe, however that ...	3
Ich glaube, dass...	I believe that...	1
Ich halte es für bedenklich, dass...	I consider it questionable that...	3
Ich halte es für richtig/falsch, dass...	I consider it right/wrong...	1
ich interessiere mich für eine Stelle als...	I am interested in a position as...	2
Ich meine, dass...	I think that...	1
der Ideenaustausch, ¨e	exchange of ideas	3
ideenreich	full of ideas	3
im Allgemeinen	in general	3
immatrikulieren	to matriculate	2
in	in	7
in Bezug auf...	with regard to	3
in der Tat...	in fact	3
in Kraft treten	to come into effect	5
in Wahrheit...	in truth	3
indem	by	6
die Industrialisierung	industrialization	4
infolge	as a result of	4
initiieren	to initiate	3
inmitten	in the middle of	7
innerhalb	within	7
innerst	innermost	4
die Integration	integration	6
intensiv	intense/intensively	1
das Interesse, -n	interest	1, 2
das Interessenfeld,- er	field of interest	2
interkulturell	intercultural	7
das Jahrhundert, -e	century	4
das Jahrzehnt, -e	decade	6
jenseits	beyond	7
der Jugendliche,/ die Jugendliche, -n	adolescent	1

Deutsch	Englisch	Kapitel
der Junge, -en	boy	1
der Käfer, -	beetle	6
die Kapitulation, -en	capitulation	5
kehren	to turn	1
kehren	to turn	4
der Kern, -e	crux, core	6
das Kind, -er	child	1
der Kindergarten, ¨	kindergarten	1
die Kinderkrippe, -n	pre-school	1
die Kindheit	childhood	1
klingend	sounding	7
kochen	to cook	1
kommen	to come	1
kommunal	municipal	7
komponieren	to compose	6
komponieren	to compose	4
konstituieren	to constitute	3
konstruieren	to construct	3
kontaktfreudig	likes making new contacts	2
kontrollieren	to supervise, monitor	3
konzipieren	to conceptualize	3
kreativ	creative	2
kreieren	to create	3
der Krieg, -e	war	4
die Kriegsgefangenschaft	war captivity	5
der Kritiker, -	critic (m)	3
die Kritikerin, -nen	critic (f)	3
kritisieren + an (DAT	to criticize	3
die Kuh, ¨e	cow	4
die Kunst, ¨e	art	4
der Künstler, -	artist (m)	4
die Künstlerin, -nen	artist (f)	4
künstlerisch	artistic	4
künstlich	artificial	4
die Lage, -n	situation	5
das Landschaftsbild, -er	landscape painting	4
die Laufbahn, -en	career	2
laut	according to	7
leben	to live	1
das Lebensjahr, -e	year of life	7
die Lebensmittelkarte, -n	ration card	5
der Lebensunterhalt, -	livelihood	7
die Lederhose, -n	leather pants	6
die Lehre, -n	apprenticeship	2
der Lehrer, - /die Lehrerin, -nen	teacher (m)	1
die Leidenschaft, -en	passion	1
der Leistungskurs, -e	major course	2

Deutsch	Englisch	Kapitel
leiten	to lead	4
lernfbereit	eager to learn	2
der Lohn, ¨e	wage	5
machen	to make/do	1
die Macht, ¨e	power	4
die Machtübernahme, -n	seizing of power	4
das Mädchen, -	girl	1
malen	to paint	4
malerisch	picturesque, scenic	4
mangels	in absence of, for lack of	7
die Meinungsbildung	formation of opinion	3
die Meinungsfreiheit	freedom of opinion	3
die Menschheit	humanity	4
die Migration, -	migration	7
Mir scheint, dass...	It seems to me. . .	1
die Mischung, -en	mixture	4
das Missverständnis, -se	misunderstanding	6
mit	with	7
mit der Zeit...	over time	3
mit freundlichem Gruß/ mit freundlichen Grüßen	with friendly greeting(s (used in situations in which one would use "Sincerely"	2
mit Hilfe	with the help of	7
mitgehen	to go along	1
das Mitglied, -er	member	5, 6
die Mitteilung, -en	communication	3
mittels	by means of	7
mitwirken	to conceive of, devise	3
die Mitwirkung, -en	contribution	3
möglich	possible	2
momentan	instantaneous	4
das Motiv, -e	motif	4
multikulturell	multicultural	7
das Muster, -	example	6
der Mut	courage	5
nach	after, to	7
nachdem	after	6
nachdenken + über (AKK	to reflect on	6
die Nachkriegszeit, -en	postwar period	5
nachträglich	after the fact	2
die Nachtruhe, -	quiet time	7
die Nahrung	nourishment	5
die Nation, -en	nation	6
die Nationalhymne, -n	anthem	6
die Nationalität, -en	nationality	6
der Nationalstolz	national pride	6
neben	next to	7

Deutsch	Englisch	Kapitel
der Nebenjob	part-time job	1
niedrig	low	5
das Niemandsland	no-man's land	5
norddeutsch	norther German	6
nützlich	useful	3
obwohl	although	6
öffentlich	publicly	3
ohne	without	7
der Pass, ¨e	passport	7
der Patentanwalt, ¨e	patent lawyer (m)	3
die Patentanwältin, -nen	patent lawyer (f)	3
per	by	7
physisch	physical	5
der Pionier, -e	pioneer (m)	3
die Pionierin, -nen	pioneer (f)	3
das Porträt, -s	portrait	4
prägen	to coin, form	4
prägend	formative	4
die Pressefreiheit	freedom of press	3
der Prozess, -e	process, trial	5
pscychologisch	psychological	5
das Publikum	audience	4
rasch	fast, impetuous	4
ratifizieren	to ratify	6
das Recht, -e	right	3
reden	to talk	1
regeln	to regulate	7
die Regelung, -en	ruling	7
die Reihenfolge, -en	sequence	6
der Respekt	respect	6
der Rosinenbomber, -	candy bomber	5
sagen	to say	1
sammeln	to collect	5
schädlich	destructive, detrimental	6
das Schaffen	creation	4
schaffen	to create	4
schauen	to watch	2
scheitern	to fail	7
der Schießbefehl, -e	orderr to shoot	5
das Schild, -er	sign	5
das Schloss, ¨er	castle	6
der Schmetterling, -e	butterfly	1
schneebedeckt	covered with snow	7
die Schokolade	chocolate	1
der Schriftsteller, -	author (m)	4
die Schriftstellerin, nen	author (f)	4
die Schulaufgabe, -n	school work	1

Deutsch	Englisch	Kapitel
der Schulbus, -se	school bus	1
die Schule, -n	school	1
der Schüler, -/die Schülerin, -nen	pupil	1
das Schulfoto, -s	school/class picture	1
der Schulhof, ¨e	schoolyard	1
der Schulranzen,	book bag/backpack school day	1
der Schulsport	school sports	2
der Schultag, -e	school day	1
die Schultüte, -n	cone filled with treats on first day of school	1
der Schutt	debris	5
der Schutz, -e	protection	3
schützen	to protect	3
die Schwierigkeit, -en	difficulty	6
schwungvoll	bold, spirited	4
sehen	to see	1
Sehr geehrte Damen und Herren	Dear Ladies and Gentleman (used in situations in which one would use "To Whom it May Concern")	2
sein	to be	1
seit	since	7
seitdem	since	6
der Sektor, -en	sector	5
die Selbstständigkeit	self-reliance	1
die Selbstüberschätzung	overconfidence	1
selbstverständlich	obvious	3
sich ärgern	to be annoyed	1
sich ärgern + über (Akk)	to be angry about	2
sich ausruhen	to relax	1
sich ausruhen	to relax	2
sich bedanken	to thank	1
sich bedanken + bei (Dat)	to thank	2
sich beeilen	to hurry	1
sich beeilen	to hurry	2
sich befinden	to be located	4
sich beteiligen	to take part	1
sich bewerben + um (Akk)	to apply	2
sich einigen	to agree upon	2
sich entscheiden	to decide	1
sich entscheiden + über (Akk)	to decide	2
sich entschuldigen	to excuse	1
sich entspannen	to relax	1
sich erkundigen + nach (Dat)	to find out about	2
sich ernähren	to nourish oneself	5
sich freuen + auf	to look forward to	1
sich freuen + auf (Akk)	to look forward to	2
sich freuen + über	to be happy about	1
sich freuen + über (Dat)	to be happy about	2

Deutsch	Englisch	Kapitel
sich fürchten	to be afraid of	1
sich gewöhnen	to get used to	1
sich gewöhnen + an (DAT)	to get used to	5
sich informieren + über (Akk)	to inform oneself	2
sich interessieren	to take an interest	1
sich interessieren + für (Akk)	to be interested in	2
sich langweilen	to be bored	1
sich langweilen	to be bored	2
sich merken	to notice	2
sich solidarisieren	to come together	3
sich streiten + mit (Dat)	to argue with	2
sich treffen	to meet	1
sich treffen	to meet	2
sich überlegen	to consider	2
sich überlegen	to consider	6
sich verabreden + mit (Dat)	to make an appointment	2
sich verständigen	to make oneself understood	2
sich vorbereiten + auf (Akk)	to prepare for	2
sich vorstellen	to introduce	2
sichtbar	visible	3
singen	to sing	1
sitzen	to sit	1
sodass	so that	6
solange	as long as	6
sonderlich	special, particular	5
sondern	however	6
die Souveränität	souvereignty	6
das Spielzeug, -e	toy	1
sprachenbegabt	good with languages	2
der Spruch, ¨e	saying	4
der Staat, -en	state, country	6
die Staatsangehörigkeit, -en	nationality	7
die Staatsbürgerschaft, -en	citizenship	7
stammen	to come from	6
stattfinden	to take place	5
stehen	to stand	1
steigen	to climb	1
sterben	to die	4
der Stereotyp, -en	stereotype	6
stereotypisch	stereotypical	6
steuern	to direct, steer	4
die Stilrichtung, -en	artistic style	4
der Stoff, -e	subject, material	4
der Stolz	pride	6
stolz	proud	6
das Studium	studies	2
stürmen	to storm	6

Deutsch	Englisch	Kapitel
die Suche, -en	search	5
die Süßigkeit, -en	sweet(s)	1
sympathisch	congenial, likable	2
das System, -e	system	5
das Tagebuch, ¨er	journal, diary	1, 5
täglich	daily	5
tatsächlich	in fact	3
teamfähig	able to work in a team setting	2
technisch begabt	talented with technology	2
teilnehmen + an (DAT)	to participate	3
die Teilung, -en	division	5
der Tod, -e	death	4
die Toleranz	tolerance	6
traditionell	traditional	6
die Träne, -en	tear	1
der Traum, ¨e	dream	4
trinken	to drink	1
trotz	despite, in spite of	7
die Trümmer	rubble	5
die Trümmerfrau, -en	rubble woman	5
der Typ, -en	type	2
über	over, about	7
der Überfall, ¨e	assault	5
überfüllt	overcrowded	7
das Überleben	survival	5
überrascht	surprised	1
der Überrest, -e	remnant	4
überschreiten	to cross	5
die Übersetzung, en	translation	6
überwachen	to monitor, oversee	3
überwinden	to overcome	6
überwinden	to overcome	5
um	around, at	7
umweltfreundlich	environmentally friendly	3
unabhängig	independent	4
die Unabhängigkeit	independence	1
unter	under	7
die Unterhaltung, -en	entertainment	3
die Unterlage, -n	document	2
unterschiedlich	different	1
unterstützen	to support	3
die Untersuchung, -en	examination	3
unterzeichnen	to sign	5
unzählig	countless	3
der Ursprung, ¨e	orgin, source	6
die Verantwortung, -en	purpose	3
verantwortungsbewusst	responsible	1

Deutsch	Englisch	Kapitel
verantwortungsbewusst	responsible	2
verbessern	to improve	5
verbreiten	to distribute	3
die Verbreitung, -en	distribution	3
verbrennen	to burn	4
die Verbrennung, -en	burning	4
verdeutlichen	to clarify	4
der Verein, -e	club	2
die Verfolgung, en	persecution	6
die Vergangenheit, -en	past	5
die Vergangenheitsbewältigung	overcoming of the past	5
verhalten	to behave	4
das Verhalten, -	behavior	7
das Verhältnis, -se	relations, relationship	3
verhandeln	to bargain	5
verknüpfen	to connect	3
verkörpern	to embody	6
verlassen	to leave	1, 4
verleihen	to award	3
vermindern	to reduce	1
vermissen	to miss, notice missing	1, 7
vermisst	missing	5
vernichten	to annihilate	3
die Vernichtung	destruction	3
die Versammlungsfreiheit	freedom of assembly	3
verschieden	different	4
versetzen	to relocate	5
versorgen	to provide for	5
das Verständnis	understanding	6
der Versuch, -e	attempt/experiment	1
der Vertrag, ¨e	contract, treaty	5, 6
die Vertraulichkeit, en	confidentiality	3
der Vertreter, -	representative (m)	4
die Vertreterin, -nen	representative (f)	4
verursachen	to cause	1
verursachen	to cause	4
verwirklichen	to realize, achieve	4
verzichten + auf + AKK	to do without	7
die Vielfalt	diversity	6
vielfältig	diverse	1
vielfältig	diverse	6
vollständig	complete	5
von	from	7
vor	in front of, before	7
voranschreiten	to proceed	5
die Voraussetzung, -en	prerequisite	7
vorlesen	to read aloud	4

Deutsch	Englisch	Kapitel
die Vorstellung, -en	idea; introduction	2
das Vorurteil, -e	prejudice	6
Vorurteile abbauen/überwinden	to abolish/overcome prejudices	6
vorwiegend	predominant	4
wachsen	to grow	4
die Wahl, -en	vote, election	5
die Wahlfälschung, -n	election falsification	5
das Wahlprogramm, -e	manifesto	3
das Wahlrecht, -e	votin right	7
der Wahnsinn	madness	4
während	whereas, during	6
während	during	7
während	during	4
die Währung, -en	currency	5, 6
die Währungsrefom, -e	currency reform	5
der Wandel, -	change	4, 7
wandern	to hike	1
wegräumen	to clear away	5
weil	because	6
weinen	to cry	1
weitentfernt	far-away	6
der Weltmeister, -	champion	6
wenn	if	6
der Werdegang, ¨e	development	2
werden	to become	1
das Werk, -e	work	4
wertvoll	valuable	5
wider	against	7
Widerstand leisten	to resist	4
der Widerstand, ¨e	resistance	4
der Wiederaufbau	rebuilding	5
das Wirtschaftssystem, -e	economic system	5
die Wissenschaft, -en	science	3
der Wissenschaftler, -	scientist (m)	3
die Wissenschaftlerin, -nen	scientist (f)	3
wöchentlich	weekly	5
der Wohlstand, -	affluence	7
wohnen	to live (in a house/apt.	1
die Wohnungsnot	housing shortage	5
zeichnen	to draw	3
zeigen	to show	4
die Zeitleiste, -n	timeline	5
der Zeitzeuge, -en	eyewitness (m)	5
die Zeitzeugin, -nen	eyewitness (f)	5
das Zelt, -e	tent	1
zensieren	to censor	3
zensiert	censored	3

Deutsch	Englisch	Kapitel
die Zensur, -en	censorship	3
zerstören	to destroy	3
zerstört	destroyed	5
das Ziel, -e	goal	6
das Zitat, -en	quote	5
zu	to, at	7
die Zuckertüte, -n	cone filled with candy/treats	1
die Zuflucht	refuge	6
zufolge	as a result of, in accordance with	7
zufrieden	content	5
der Zugriff, -e	access	3
zulassen	to allow	4
zum Ausdruck bringen	to express	4
zurückkehren	to return	4
zurücktreten	to back out, abdicate	4
der Zusammenhang, ¨e	connection	4
zusammenschließen	to combine	6
zusammenwachsend	growing together	7
zusätzlich	additional	5
zuverlässig	reliable	2
die Zuverlässigkeit	reliability	3
der Zuwanderer, -	immigrant (m)	7
die Zuwandererin, -nen	immigrant (f)	7
zuwandern	to immigrate	7
die Zuwanderung, -	immigration	7
der Zweck, -e	purpose	3
zwingen	to force	4
zwischen	between	7

Every effort has been made to determine copyright owners.
In the case of any omissions, the publisher will be happy to make suitable acknowledgement in future editions.

List of Illustrations in Order of Appearance

KAPITEL 1

Schoolgirl with candy cone © nlnet

Two Schoolgirls © Foto: Stefan Essinger

Bundesarchiv, Bild 183-2005-0830-507 © Foto: Kemlein, Eva | 1948

Detlev Jöcker © Menschenkinder Verlag

Einschulung 1 © Foto: M. Muecke (www.kankuna.de)

Iceskating © C.P. Jobling

Pferdehof © Last Hero

Trainingseinheit auf Schalke © dsteffek

Schule und Freizeit © Anne Ackermann (http://www.yaez.de/Mitreden/177-Schule-und-Freizeit.html)

me and my driving license © Thomas R. Koll

121/365: I go to the movies alone... © Betsssssy

First day of school © Benjamin Rabe

Wanderung © BundesForum

graduation ceremony © Last Hero

Meine beste Freundin © Michael Beat

Führerschein mit 17: Modellversuch hat sich durchgesetzt © Ineke Haug | 23.08.2011

KAPITEL 2

Der Schulhof der Ludwig-Meyn-Schule in Uetersen © Huhu Uet

Hauptschule Fröbel, Volksschule Hirten, Schülerhort, Kulturzentrum Graz Nord © Günta

Sign on building of Friedrich-Schiller-Gymnasium © Jürgen Rose

Schematische Darstellung der Bildungsgänge im Deutschen Bildungssystem © Andreas 06

An der Universität des Saarlandes © http://www.erslebach.de/wp/?p=558

KAPITEL 3

Erste elektrische Straßenbahn von Siemens & Halske, die Bahn Lichterfelde–Kadettenanstalt. © public domain

Printing house engraving by Jost Amman, 1568; printed by Sigmund Feierabend, 1568
© public domain

Phillip Reis, one of the inventors of the telephone. © public domain

Benz erster Serienwagen 1888 © http://www.zeno.org - Zenodot Verlagsgesellschaft mbH

Albert Einstein by Oren Jack Turner, Princeton, N.J. © public domain

Jeans by Oktaeder © public domain

Johann Philipp Reis Telefon © public domain

Rotary dial wall telephone. c. 1930s. © Infrogmation of New Orleans

Gottlieb Daimler © public domain

Carl Benz © public domain

Occupy Frankfurt. Plakat mit dem Zitat "Friede den Hütten, Krieg den Palästen". © Gessinger.bildwerk

Flagge Bündnis 90/Die Grünen © public domain

Otto Dix Sturmtruppe geht unter Gas vor (1924) © Marshall Astor

KAPITEL 4

Der Kaktusliebhaber by Carl Spitzweg © public domain

Mädchen unter Bäumen / Mädchen im Grünen by August Macke ©public domain

"East Side Gallery" in Berlin. © Artico2

Berlin Street Scene by Ernst Ludwig Kirchner © public domain

Der arme Poet by Carl Spitzweg © public domain

Borsig's Maschinenbau-Anstalt zu Berlin by Karl Eduard Biermann © public domain

Die Ernte by Robert Zünd © public domain

Blaues Pferd I by Franz Marc © public domain

Tennisspieler am Meer by Max Liebermann © dangreen2012

Adele Bloch-Bauer's Portrait by Gustav Klimt © public domain

Composition No. 7 by Vasily Kandinsky © Public Domain

Vier Bäume by Egon Schiele © Public domain

Kühe-rot, grün, gelb by Franz Marc © public domain

Interieur by Ernst Ludwig Kirchner © Rufus46

Kämpfende Formen by Franz Marc © public domain

German Gun World War I by Unknown © public domain

Berlin, Bücherverbrennung © Bundesarchiv, Bild 183-30858-001 / Klein / CC-BY-SA

Thousands of books smoulder in a huge bonfire as Germans give the Nazi salute during the wave of book-burnings that spread throughout Germany.© U.S. National Archives and Records Administration

Commemorative plaque Nazi book burning 1933 on ground of Römerberg square in front of Frankfurt city hall, Hesse, Germany © ArcCan

Thomas Mann © Carl Van Vechten

Bertolt Brecht © Bundesarchiv, Bild 183-W0409-300 / Kolbe, Jörg / CC-BY-SA

Berlin, 1. DSV-Jahreskonferenz, Anna Seghers © Bundesarchiv, Bild 183-E1102-0025-001 / Franke, Klaus / CC-BY-SA

Bertolt Brecht © Yuma

East Side Gallery © George Nell

East Side Gallery in Berlin © Artico2

"East Side Gallery" in Berlin. © Artico2

East Side Gallery in Berlin, Gemälde mit dem Titel «Vaterland» von Gunther Schaefer © Jensen

East Side Gallery in Berlin, Birgit Kinder "Test the Best" © Jens Lordan

KAPITEL 5

Berlin Wall on 16. November 1989. © Yann

Berlin, Brandenburger Tor, Wasserwerfer © Bundesarchiv, Bild 173-1282 / CC-BY-SA

Berlin, Grenzübergang Bornholmer Straße © Bundesarchiv, Bild 183-1989-1118-028 / Unknown / CC-BY-SA

Berliners watching a C-54 land at Berlin Tempelhof Airport, 1948. © public domain

General view of the Bavarian city of Nuremberg. In the distance, the Frauen Church; Behind the destroyed buildings the Hauptmarkt ID: HD-SN-99-02986 © public domain

Spielzeuge Rosinenbomber © ???

Dresden. Frau bei Trümmerbeseitigung © Deutsche Fotothek

Voucher for food, Germany 1950 © public domain

Berlin, Trümmerräumen am Reichtag © Bundesarchiv, Bild 183-M1203-303 / Donath, Herbert / CC-BY-SA

Deutsche Allgemeine Zeitung 1939 © Viborg

Trümmerfrauen bei der Arbeit © Bundesarchiv, Bild 183-Z1218-315 / Kolbe / CC-BY-SA

Luftwege während der Berliner Blockade © Leerlaufprozess

Bonn-Mehlem, Schamotte-Stein Werk © Bundesarchiv, B 145 Bild-F012396-0005 / Müller, Simon / CC-BY-SA

Berlin, DDR-Gründung, 9. Volksratsitzung, Präsidium © Bundesarchiv, Bild 183-S88622 / Igel / CC-BY-SA

Berlin, im Hintergrund die zerstörte Kaiser-Wilhelm-Gedächtniskirche, Juni 1948 © public domain

Berlin, Trümmerfrauen © Bundesarchiv, Bild 183-Z1218-318 / CC-BY-SA

Jongleur auf der Berliner Mauer am 16. November 1989. © Yann Forget

A section of the East Side Gallery in Berlin, Germany. © BrokenSphere / Wikimedia Commons

Leipzig, Montagsdemonstration © Bundesarchiv, Bild 183-1990-0922-002 / CC-BY-SA

Brandenburger Tor am 1. Dezember 1989. © public domain

Photograph of the U.S. President Reagan giving a speech at the Berlin Wall, Brandenburg Gate, Federal Republic of Germany. © public domain

A view of Checkpoint Charlie, the crossing point for foreigners who are visiting East Berlin © public domain

KAPITEL 6

Flaggensymbol der deutschen ISAF-Truppen in Afghanistan. © public domain

150 years of Hambacher Fest, Ausgabepreis: 50 Pfennig, First Day of Issue / Erstausgabetag: 5. Mai 1982, Michel-Katalog-Nr: 1130, Designer: Blase © public domain

Bicycle in Ludwigshafen-Rheingönheim, Germany © Immanuel Giel

Deutsche Fußballnationalmannschaft vor dem Qualifikationsspiel zur Fußball-Europameisterschaft 2012 gegen Österreich am 3. Juni 2011 im Wiener Ernst-Happel-Stadion (2:1) © Steindy

Türkisches Kinderfest 2007 in Uetersen © Huhu Uet

Die Flagge, Berliner Mauer, Berlin, 2008 © Onanymous

Volkswagen Käfer, Typ11, Modell 1302S in Kansasbeige © Manfred Braun, Mb1302

Deux garçons allemands portant une Lederhose traditionnelle dans les années 1890. © public domain

Heinrich Heine © public domain

Barrikade in der Breiten Straße (Kreidelithografie) Berlin, März 1848 © Public domain

'Fanmeile' in Berlin während der WM 2006 am Finaltag zur Feier der deutschen Mannschaft. © Times

Euro sign at Gallusanlage with European Central Bank building in Frankfurt, Hesse, Germany © ArcCan

Schengen-Grenze Bayern-Tirol © BlueMars

The flags of Germany, France, Poland and the EC at the City Hall of Nancy © Claudie Podvin

Stalin monument in Grutas Park, Grutas village, Lithuania. (moved from Vilnius) © Wojsyl

Europäischer Rechnungshof © Euseson

KAPITEL 7

Director Fatih Akin at the closing ceremony for the 2009 Venice Film Festival © Nicolas Genin

Selbstgemachte deutsch-türkische Fahne, gesehen im Sommer 2006 während der Fußballweltmeisterschaft in Berlin-Neukölln. © Rainer Zenz

Untere Wernerstraße 81 in Solingen © Frank Vincentz

Hagen, Firma Carl Brandt Zwieback und Bisquit © Bundesarchiv, B 145

Bild-F038498-0030 / Wienke, Ulrich / CC-BY-SA

China Restaurant © Wildfeuer

Personalausweis, Bundesministerium des Innern © Public Domain

Walsum, Unterricht Gastarbeiter © Bundesarchiv, B 145 Bild-F013070-0005 / Wegmann, Ludwig / CC-BY-SA

Mario Gómez (FC Bayern München), deutsche Fußballnationalmannschaft © Steindy

Turkish-Germans at the Euro 2008 match between Germany and Turkey. © Arne List

Ausländer in Deutschland, Graphics by Haase, Ausgabepreis: 100 Pfennig, First Day of Issue / Erstausgabetag: 10. März 1994, Michel-Katalog-Nr: 1725 © public domain

German immigrants at Quebec City, Canada. © public domain

Signpost in the yard of the Domeier grocery store, a neighborhood business, on South Minnesota Street in New Ulm Minnesota. © public domain

Islamischer Kulturverein Lügde © public domain

Auswandererschiff «Samuel Hop» © Bundesarchiv, Bild 137-041316 / CC-BY-SA

Griechische Weinstube «Zur Stadt Athen» in Neckargmünd © public domain

Wolfsburg, VW Autowerk © Bundesarchiv, B 145 Bild-F060159-0008 / Engelbert Reineke / CC-BY-SA

Lager Friedland, Familie aus Sibirien © Bundesarchiv, B 145 Bild-F079037-0017 / CC-BY-SA

Lukas Podolski (1. FC Köln), deutsche Fußballnationalmannschaft © Steindy

Restaurant der Grieche in Preußisch Oldendorf, Kreis Minden-Lübbecke, Nordrhein-Westfalen. © TUBS

Walsum, Gastarbeiterfamilie © Bundesarchiv, B 145 Bild-F013072-0008 / Wegmann, Ludwig / CC-BY-SA

Untere Wernerstraße 81 in Solingen © Frank Vincentz

Ortaköy Mosque, along the Bosphorus, in Istanbul, Turkey. © Darwinek

TEXT CREDITS

KAPITEL 1

Detlev Jöcker: Mein süßer erster Schultag © Menschenkinder Verlag

Schule und Freizeit © Anne Ackermann (http://www.yaez.de/Mitreden/177-Schule-und-Freizeit.html)

Führerschein mit 17: Modellversuch hat sich durchgesetzt © Ineke Haug | 23.08.2011

KAPITEL 2

Wege in die Ausbildung © http://www.erslebach.de/wp/?p=558

Der Europass © www.europass-info.de

KAPITEL 3

"Der Hessische Landbote" by Georg Büchner, July 1834 © public domain

Schleswig-Holsteinische Grüne legen vor – auch netzpolitisch © Konstantin von Notz (http://von-notz.de/2011/11/schleswig-holsteinische-gruene-legen-vor-auch-netzpolitisch/)

Zu Hause im Netz: Was passiert mit meinen Daten im Internet? © fluter.de: 11.11.2008 | Frauke Poganatz

KAPITEL 4

Kunstform Grafitti © Markus Agerer (www.kunstkurs-online.de)

KAPITEL 6

Caput IX (excerpt from "Deutschland. Ein Wintermärchen.") by Heinrich Heine © Hoffmann und Campe, Hamburg, 1844

Europäer sollten mehr kommunizieren: Rede und überwinde Vorurteile! by Anna Brakoniecka © Christian Spannagel (http://cspannagel.wordpress.com/2009/08/27/europaer-sollten-mehr-kommunizieren-rede-und-uberwinde-vorurteile/)

Werte des Erasmus Student Network Deutschland © SOLUNO (http://www.esngermany.org/index.php/mission-werte-vision.html)

KAPITEL 7

Auswanderer © http://www.planet-wissen.de/alltag_gesundheit/gastarbeiter_und_migration/auswanderer/index.jsp

Deutschsein - Eine Aufklärungsschrift (Auszug) by Zafer Şenocak © Hamburg: Edition Körber-Stiftung, 2011, S. 9-10.

Integration und Identität (Auszug) © http://en-paz.de/konflikt/integration-identitaet

AUDIO/VIDEO AND OTHER MEDIA

Ars Electronica 2011 © fhSPACEtv

Die Öffnung der Berliner Mauer 1989 - Reichstag (engl. Untertitel) © Creative Commons

Video: Einige Zeitzeugen und Zeitzeuginnen reden über den Tag, an dem die Mauer fiel.

© Projekt: das Kollektive Gedächtnis Name des Zeitzeugen/Name des Interviewers/ Jahr der Interviewaufzeichnung. Körber-Stiftung BegegnungsCentrum Haus im Park. www.kollektives-gedaechntis.de

Die Sendung mit der Maus: 27.06.2010, Deutschlandflagge © WDR VideoPodcast

Wir sind Wir © Paul van Dyk und Peter Heppner